北東アジア学創成シリーズ

第 3 巻

現代中国の省察
「百姓（ひゃくせい）」社会の視点から

李 暁 東

国際書院

A Series of Initiative Learning on North-east Asia
Volume 3

Reflections on Modern China:
A Perspective of "BaiXing" Society
by
Li XiaoDong

Copyright © 2018 by Li XiaoDong
ISBN978-4-87791-290-1 C3031 Printed in Japan

亡き恩師　宇野重昭先生に本書を捧げます

北東アジア学創成シリーズ　第3巻
現代中国の省察：
「百姓(ひゃくせい)」社会の視点から

目　次

プロローグ：
「大禹治水」と「通」……………………………………………………… 9

第1章　「百姓」から語る現代中国……………………………………… 13
一　現代中国の課題　15
1　危機を乗り越えるための発展　15
2　公正・公平を守る制度の構築と「つながり」の再建　17
3　本書の立場――「特殊」と「普遍」の間　21
二　「百姓(ひゃくせい)」の視角　29
1　「天民」と「国民」　29
2　「市民」と「人民」　32
3　「大衆」・「下層階層」と「百姓」　36

第2章　「生」と「易」からとらえる伝統……………………………… 47
一　生と生を営む「場」　49
1　西洋の「生」と共同体　49
2　中国の場合　55
二　中国の自然法――『易』　91
1　進化論と易　91
2　易とは　93
3　易を語る意義　98

第3章　デモクラシーと立憲原理の再考 ……………………………… 109
一　中国から考える権力の制限とデモクラシーの原理　111
1　権力制限の歴史　112
2　デモクラシーの論理　119
二　議会の役割における「制限」と「調和」　125
1　三権分立論と有機体論　125
2　「権力制限」VS.「上下一心」　128
3　「即自的同一性」VS.「通」論　132

第4章　立憲の中国的論理 …………………………………………… 139
一　清末・民初立憲の歩み——二つの十年　141
二　清末の立憲制の受容の論理　145
1　『易』にみる中国伝統の政治観　145
2　「上下一心」から見る封建論と議会論　149

第5章　厳復と立憲政治 ……………………………………………… 171
一　厳復のなかにおける「自由」と「民権」　173
1　自由の量化と自治の精神　173
2　民権の強調　180
二　三権分立論の「牽制」と国会の「通」の間　185
1　法治の重視　185
2　三権分立への違和感　187
三　伝統と現実の間　195
1　厳復の現実に対する認識　195
2　厳復の狙い　200

第6章　「双軌政治」、「協商民主」と現代中国 ……………………… 205
一　憲政民主と双軌政治——1940年代の文化論争に見る梁漱溟と費孝通　207

1　論争　207
　　2　考察　214
　二　合法性と代表性から問う正当性——人民代表大会制度から　219
　　1　問われる正当性　219
　　2　合法性から問う正当性——法実証主義との関連で　221
　　3　代表性から問う正当性　226
　三　「協商民主」と討議デモクラシー（deliberative democracy）、
　　　その可能性　231

第7章　現代中国社会の課題と社区……………………………………　241
　一　現代中国社会の課題　245
　　1　「つながり」から「公」の創出へ　245
　　2　曖昧な「第三領域」　248
　二　「社区建設」からとらえる中国社会構造の変動　253
　　1　「単位体制」から「社区体制」へ　253
　　2　社区における「公」と「私」　259
　　3　社区の構成とその特徴　265
　　4　社区における課題　268

第8章　中国における「公」の伝統：
　　　　井田、郷約、社倉、善会・善堂……………………………　279
　一　伝統中国の「公・私」の世界　281
　　1　官・紳・民関係に見るアンビバレンス　281
　　2　「オオヤケの公」の二つの「顔」　284
　二　「公」の実践と二つの「公」の間の消長　288
　　1　公の思想：井田の理想　288
　　2　郷約　289
　　3　社倉　292

4　善会・善堂　296
　三　示唆　301

第9章　国家と社会の間のキー・パーソン：
　　　　居民委員会と「社区精英」……………………309
　一　社区における居民委員会の位置　311
　　　1　結節点としての居民委員会　311
　　　2　居民委員会の組織と社区の中での活動　314
　二　国家と社会とのあいだ　321
　　　1　「半国家・半社会」をめぐる異同　321
　　　2　居民委員会にとっての国家と社会　324
　三　曖昧な国家・社会関係の空間における協働　331
　　　1　「志願者活動」　331
　　　2　党の権威の利用　334
　　　3　人代制度の活用とその可能性　336
　まとめ　342

第10章　総括と展望……………………347
　一　生の伝統から見えたもの　349
　二　易の伝統から見えたもの　355

あとがき……………………361

参考文献……………………365

索引……………………381

プロローグ 「大禹治水」と「通」

「大禹治水」の伝説は中国でよく知られている話である。禹は儒教における「三代」の聖人の一人である。禹の最大功績は治水だった。「大禹治水」に関する伝説として、たとえば、『山海経・海内経』の中で、「洪水滔天、鯀窃帝之息壌以堙洪水」と記されているように、禹の父親である鯀が滔天の洪水を治めるために、「息壌」——絶えず自己増長して水の勢いを止めることのできる土壌——をもって洪水を堙ごうとしたが、結局、それに失敗した。鯀が死んだあと、禹は父親の事業を受け継いで治水事業にあたった。禹は洪水を塞ぐというやり方の代わりにそれを疎通するという方法を取った。「決九川距四海」(『尚書・益稷』)、つまり、禹は川を疎通して(「決」)洪水を海に流して、最終的に治水事業に成功したのである。

禹による治水は『孟子』の中でも述べられている。

「(堯の命を受けて)禹は九つの河の川筋を通じ(「疏」)、済・漯の河の水を海に流し込みこれを治め、汝・漢の河の水路を切り開き、淮・泗の河を浚ってその水を揚子江に流し込んだ。このようにして中国の地は安心して生活できるようになったのである」(『孟子・滕文公上』)。

「天下に生民があってから久しいが、その間、治まったり乱れたりしている。堯の時に、(洪水で)水が逆行して中国に氾濫し、蛇や竜がはびこり、民は安住するところがなくなった。(中略)堯は禹に命じて洪水を治めさせた。禹は土地を掘りさげて水を海に流し込み、蛇や竜を草沢に追いやった。水は掘り下げた低いところを流れるようになった。こうしてできたのが、揚子江・淮水・黄河・漢水などの川である。険阻が遠ざかり、人を害する鳥獣が除かれて、そこで初めて民は平地に住めるようになったのである(『孟子・滕文公下』)[1]。

ここでは、治水方法として、鯀による「堙」と禹による「疏」・「決」、わかりやすく言い換えれば、「塞」と「通」とが鮮明な対照をなしており、「塞」によってもたらした失敗と「通」による成功とが語られている。そして、治水における「一治一乱」はそのまま天下の治乱をも意味したものだっ

た。

　さらに、「塞」と「通」とは、『易』において、「否」と「泰」として表現されており、両者は『易』において対をなす卦である。すなわち、「泰」とは、「天地交はりて万物通ずるなり。上下交はりて其の志同じきなり」(『易・彖伝』)。一方の「否」とは、「天地交はらずして万物通ぜざるなり。上下交はらずして天下邦无(な)きなり」(同上)。

　ここでは、「塞」と「通」とは、「天・地」の間のみならず、人間社会における「上・下」の間にも適用されている。「上・下」が通じて交われば、志を同じくすることができ、逆に、「上・下」が通じず、交わっていなければ、国が乱れることになる。

　「大禹治水」の伝説における「塞・通」の寓意は、いわば、政治社会にも通ずるものである。

〈注〉

1　原文:「禹疏九河、瀹済漯而注諸海、決汝漢、排淮泗而注之江、然後中国可得而食也」。
　「天下之生久矣、一治一乱、当堯之時、水逆行、氾濫於中国、蛇竜居之、民無所定、(中略)使禹治之、禹掘地而注之海、駆竜蛇而放之菹、水由地中行、江・淮・河・漢是也、険阻既遠、鳥獣之害人者消、然後人得平土而居之」。

第 1 章 「百姓」から語る現代中国

一　現代中国の課題

1　危機を乗り越えるための発展

　1988 年に、後にベストセラーになった『山間の窪地にある中国——問題・困難・苦痛の選択』（何 1988、以下、『山』と略す）という書物が出版された。発行部数が 500 万部に達したともいわれる本書の著者何博伝は、1972 年にローマクラブが出した報告書『成長の限界』に触発され、「危機」をキーワードに、中国が直面した産業構造、エネルギー、交通、生態、教育などにある難題と不安とを指摘して、2000 年までに GDP の「翻両番」（4 倍増）と「小康社会」を建設することという、鄧小平が 1984 年に出した目標に対して疑義を呈した。

　1988 年と言えば、ちょうど「改革・開放」の 10 年目に当たり、中国は高度成長を維持し、社会も人々の観念も 70 年代と比べて大きく変貌した一方、経済改革に伴う負の側面が社会的に大きな問題となった時期でもあった。翌年、天安門事件があったのはまだ記憶に新しいであろう。改革開放が一つの曲がり角に差し掛かった時期に、中国が直面した問題を冷静に見つめ、警鐘を鳴らした本書は社会的に大きな反響をひき起こした。

　『山』は、中国は改革・開放政策を実施して一山を超えたが、課題が依然として山積しており、改革の道のりはまだ長い、という危機意識に基づいていた。この書物がベストセラーになったということは、そのような危機意識が岐路に立たされた中国の人々の間で共有されていたことを意味している。そして、このような危機意識は強い使命感にも裏打ちされていたことがこの書物の大きな特徴だったと言える。

　その後、中国はさらに 20 年にわたる高度成長を経て、ついに世界第二位の経済体として発展を遂げた。その成長ぶりは『山』の著者の疑義は悲観的なものだったことを証明しただけでなく、世界の多くの人々の予想をも覆し

た。急成長に伴い、『山』のような危機意識を喚起する声がすっかり力を失い、その代わりに、自己主張は声高に唱えられるようになった。

　しかし、『山』の危機への危惧がもつ意義は色あせていない。なぜなら、危機は成長によって消えたどころか、むしろ高度成長の副産物として増幅し続けてきたといってよい。

　たしかに、一方では、80年代の改革・開放を実施して以来、政権は数々の政治的経済的危機を乗り越え、持続的な経済発展を遂げて、一種の安定感を創出している。その過程で台頭した中国は国際社会でも発言力を強め、多くの局面で存在感を示している。しかし、他方では、80年代から抱えていた課題も、中国経済とともに「急成長」してきたといってよい。『山』で挙げられていた課題がこれまでの発展によって乗り越えられたものもあるが、急成長の影で進行した大気や水の汚染などをはじめとする生態環境の破壊がもたらした危機が深刻化し持続的可能な発展に対する厳しい挑戦となっただけでなく、80年代には十分に想定できなかった政治的社会的危機も生み出されている。

　とくに深刻な課題として挙げられるのは社会的格差の問題と権力の腐敗の問題である。格差や腐敗は社会的断裂と人々の不満を招き、全国各地で「官」に対する「民」の抗議活動（「群体性事件」）を頻発させている。社会の安定維持（「維穏」）の課題と政権の「安全」は、現在、政権にとって至上課題になっている。これらのことからわかるように、現在の中国における社会的不安の深刻さはもはや80年代の比ではない。これらの深刻な課題は、これまで、経済の高度成長によってカバーされていたこともあり、大きな危機を生み出すことに至らなかったが、高度成長が維持できなくなったなかで、これらの課題をさらに悪化させないために、本格的な対応策は強く求められている。

　以上のような強さと脆弱さとを併せもっている中国は、危機を抱えながら発展し、発展することで危機を乗り越えようとしている。そして、危機と発展との両者は今後も拮抗し、競い合いながら前進していくのであろう。かつ

て鄧小平は「発展こそが真の道理だ」(「発展才是硬道理」)と述べたが、その路線は現在も変わっていない。ただ、現在の「発展」が意味するところは、従来のような、遅れた状況から脱出するための経済発展というよりも、危機を乗り越えるための「発展」の性格が強い。そして、危機が先行しバランスが崩れることを防ぐために、経済面の発展のみならず、社会、政治面の変革も避けては通れない課題になっているといわなければならない。

2 公正・公平を守る制度の構築と「つながり」の再建

　以上、格差問題と腐敗の問題を注目すべき深刻な課題としてあげたのは、この二つの問題は中国社会の人々にとって、もっとも身近に感じている問題だからだけでなく、同時に、腐敗問題と格差問題とは、「公正・公平」が欠如していることと社会が断裂しているという現状とのより根本的な課題を指示しているからである。そして、この二つの課題を言い換えれば、「法治」と「自治」の課題である。

　まず、格差問題は経済的高度成長がもたらした副産物の一つだといってよい。文革時代の「階級闘争」論から大きく路線転換して実施された改革開放路線は、巨大な富を生み出した一方、大きな社会的格差をも生み出した。「不平等国家」、「貧者を喰う」中国という現実は、皮肉なことに、社会主義イデオロギーからもっとも離れた地点にあるといわなければならない。格差の拡大に伴い、中国では、「階級」ならぬ「階層」論が盛んに議論されるようになった。そのことは、広がる一方の格差が社会を分断していることを表している。このような状況に対して、「断裂社会」(孫 2003)[2]である中国社会はこのまま行くと、「社会的潰敗」(清華大学 2012)を招くことになると警鐘を鳴らす学者もいる。そして、とくに経済的な急成長が一段落して新たな段階に突入した(「新常態」)現在、格差問題は社会的不安をもたらす大きな要素になっている。分配できる「パイ」がこれまでのような勢いで増えることができなくなると、経済発展がもたらした利益の配分のなかで相対的に

恵まれていない、とくに社会的に弱い立場にある「弱勢群体」と呼ばれている人々の間で不満が募るからである。

のみならず、中国では都市化が近年急速に進められている。その過程で、出稼ぎ労働者が億単位で農村から都市に流入している。都市化と大量の流動人口とは都会のあり方を大きく変えている。都市部において、従来の「単位（ダンウェイ）」[3]体制を中心とした社会システムが機能しなくなっている。その代わりに基層社会に新たなコミュニティを構築すべく、「社区」の体制が建設されることになったが、まだ形成途上にある社区において、人々は十分に「つながり」を持たず、一体感を欠いている。

以上のような人々が階層的に分断され、人々の間のつながりが失われている状況に加えて、日常生活のなかで、腐敗による司法、警察などの公権力の公信力の低下と、医療、教育などの分野で多発している公的機関と人々の間との対立、また、環境汚染や食品安全問題への不安やメディアへの不信など、人々の公的機関に対する基本的信頼感も低下している。このような信頼感が欠如している社会では、場合によってはホッブズがいう「自然状態」を疑似体験をさせているようである。

このように、分断され、求心力を失いつつある「断裂社会」としての中国社会について、いかにして「潰敗」していく勢いを食い止めることができるのかは、中国にとって、長期にわたって対応すべき重大な課題だといわなければならない。断裂社会を再建するには、人々の間のつながりを再建し、そのなかから共同、そして、公共[4]を形成させていくしか方法がない。その意味で、断裂してバラバラになっている社会の再建の課題は、「自治」の課題でもある。

しかし、人々を分断し、一体感を失わせた格差問題が深刻だからと言って、人々はかつての平均主義や、「大鍋飯」という悪平等の時代に戻ることを望んでいるということを決して意味しない。格差の現状に直面している人々は「平均」という結果的平等よりも公正と公平を求めているのである。

中国の社会学者たちの研究によれば、現在の中国社会の人々は、能力差に

よる分配の格差は認めるが、制度の差異による分配の格差は認められない傾向にある。つまり、利益と富の格差は、公開の競争や、同一のルール、公認された手続きを経たものであれば受け入れられるが、逆に、制度的手続きを踏んでいなければ、不公正だと感じて認められない、ということである（張静 2008：7-8）。人々にとって、格差そのものよりも、公正・公平でないことが問題だというのである。1980年代以降、中国の人々は「一部の人が先に豊かになるべきだ」（鄧小平）ということを広く受け入れるようになり、「平均主義」から脱却して、公正・公平を保障するルールや制度を求めるようになったということができる。

さらに、人々は公平・公正さの欠如の原因を何よりも権力の腐敗という問題に求めている。急成長した中国が生み出した巨大の富はごく一部の人々に集中しており、しかも、それらの多くは権力の不正利用や権力と金との癒着を通して蓄積されたものである。不公正と不公平は何よりもまず権力の腐敗によるものだと考えられているのである。

深刻な腐敗の問題もまた改革開放によってもたらされた副産物である。80年代半ば以降、公権力を不正に利用しブローカー行為を通して巨大な利益を得るという「官倒」[5]と呼ばれる腐敗現象が蔓延り、人々の強い不満が募った。それがやがて天安門事件につながる直截な原因の一つとなった。しかし、富が爆発的に増長した現在、権力の不正利用や権力と金との癒着という腐敗現象は、その規模からしても、程度からしても、もはや80年代の比ではない。現政権が周永康のような最高指導部のメンバーだった者や、軍のトップクラスのリーダーをも含む権力の中枢部にまでメスを入れたことは、腐敗がすでに権力の核心部まで浸食していることを意味している。このような深刻な腐敗は人々によりいっそう不公正・不公平さを感じさせているのは言うまでもない。

このような人々不公正・不公平感を解消するには、公平なルールと制度の構築と確実な実行と、法の前ですべての人が平等であることとの実現以外に方法はない。それは「法治」という課題である。

実際、権力の不正や、権力と金との癒着を防ぎ、社会的公正と公平を維持するには、法治がもっとも有効な手段であることを現政権も知っている。現政権が現在もっとも力を入れている取り組みは、蔓延った腐敗を取り締まることであることは周知のとおりである。2014年の中国共産党第18期4中全会で打ち出された「法による国家統治（依法治国）」の方針は、現政権の「法治」に対する強い関心を示している。習近平自身も「権力を籠に閉じ込める」と強い決意を示している。「法治」は腐敗を取り締まり、公正と公平を創出するための不可欠な手段だとよく認識されており、それは共産党の正当性にかかわる問題でもあるのである。しかし、一方で、2008年の12月に、「党天下」を批判し、「自由・人権・平等・共和・民主・憲政」などの理念を謳い、三権分立や司法独立などの主張を打ち出した「〇八憲章」が発表され、大きな反響を呼び起こしたという出来事以来、「立憲」や「憲政」に関する議論は抑えられ、言論統制はむしろ強くなってきている。

　こうして、「法治」という問題をどのようにとらえ、また、どのように確立するべきかを考察することも避けては通れない現代中国の課題である。

　そこで本書は、格差と腐敗がもたらした社会的な断裂の克服の課題と、人々が要請する公正・公平を保障する制度構築の課題とを研究対象とするものである。前者は「自治」の課題として、主として基層社会の「社区」における人々の間の「つながり」の再建と共同、公共の創出の問題としてとらえ、後者は「法治」の課題として、議会制度と思想とを中心に考えることにしたい。

　さらに、「自治」と「法治」の課題は、国家の権力の在り方と被治者である人々との関係を抜きにしては語れない。本書では、とくに次の二つの「緊張」に心がけることにしたい。

　すなわち、一方では、腐敗を防ぎ、公正・公平を保障するために、権力に対する制御や、法の下ですべての構成員が平等であること、制度、ルールなどの規範の確実な遵守、などは中国社会の一般の人々の要請に応えるための根本策だといわなければならない。他方では、経済を発展させるのに成功し

た現政権は、公平な分配の面では十分にその役割を果たしていない。腐敗問題は、公共を担っているはずの国家権力が既得権益集団に侵食されていることを示しており、格差問題は、国家が人々の生活を守るという公共の役割を十分に果たしていないことを意味する。国家がその本来の公共性を十分に果たすには、そのリーダーシップを発揮しなければならないということが求められている。このような「公」を担う「強い国家」の創出という課題は、権力の独占と腐敗を防ぐための法治の課題とは、ともに国家に課せられている肝要な課題である一方、両者の間に緊張をはらんでいる。

また、近年、国家は「社会ガバナンス」(「社会治理」) のことを提唱している。とくに基層社会において、党の領導を強調する一方で、住民による自治を提唱し推進している。人々の間のつながりを形成し、共同、公共を創出する過程で、「政治」はいかなる役割を果たすべきか、基層社会における「治理」のなかからどのように中国社会の「自治」を展望することができるのか、などを考察する際に、社会の活力を引き出し自立させることと、党の領導の堅持との間にも緊張をはらんでいる。本書はこの二つの緊張に留意しつつ議論を進めていきたい。

3　本書の立場：
「特殊」と「普遍」の間

法治と自治の課題は様々な角度から議論することが可能である。そして、何よりもまず、中国の現政権も「法治」と「自治」の目標を高く掲げている。そのため、議論を進める前に、まず本書の立ち位置を明らかにしなければならない。

中国の課題について考察するときに、単純化して言えば、「普遍」と「特殊」の二つの立場があると言える。「普遍」的な立場は、中国が抱えている問題性を摘出してこれらを分析しまたは「処方箋」を出すときに、中国の課題を現在広く受け入れられている「普遍的」な価値や枠組みに照らしながら

位置付ける、という方法をとっている。例えば、「民主」・「法治」・「自由」・「平等」、あるいは、「三権分立」・「市民社会」などが中国を分析し判断するための基準として用いられることが多い。このような視点で中国をとらえると、中国は一党独裁で、権威主義的支配の国であり、民主化すべきである、中国は人治・徳治の国であり、法治を実現すべきである、などの結論が導き出される。これらの結論の多くは綿密な実証分析と研究に基づいており、筆者としても異論はない。しかし、これらの主張は結論としてよりもむしろ研究の出発点にすべきではないかと思われる。つまり、中国が民主や法治などの目標を目指すべきだということを自明の前提としたうえで、われわれはさらにその先を探求しなければならないということである。

　この点について、天児慧は現在の中国研究によくある「上からの統治」対「下からの自治」、あるいは全体主義・権威主義体制から民主主義体制への移行、という二元的対立の構図に疑義を呈して、「中国自身の古くから伝統的に内包する自治の構造があり、それが時代の波を受け変容を余儀なくされながらも、基本的な構造としては連続しているととらえられる『何か』を想定し、そこから変容のダイナミズムを見ていくことが必要」(天児 2000：7)⁶ だ、と指摘している。最近の研究では、天児は、「先知先覚」論や「道器」論、そして、「関係」・「圏子」(関係ネットワーク)などの中国の伝統から中国社会の「基底構造」の特質に迫り、「多様な多元的権威的ガバナンス」を特徴とする中国政治の「権威主義的カスケード型階層秩序」(天児 2018：222)を描き出している。

　また、中国経済学者の加藤弘之は経済の視点から中国の制度の独自性に注目した。加藤はその独自性を「制度に埋め込まれた曖昧さ」と表現しており、その根源を中国の歴史的に形成された文化的信念に求めている。その場合、加藤は、「包」(請負)の倫理紀律という中国社会の伝統を手掛かりに、中国の制度における組織、責任、ルール、目標モデルなどの面における「曖昧さ」を考察して、「国家・社会」をはじめとした二元構造の二項対立だけで捉えきれない二つの領域が重なる部分をとらえる「曖昧さ」の有効性を説

いた（加藤弘之 2013）。

　本書は両氏と立場を共有しているところが大きい。また、費孝通が提起した「圏子」や、「曖昧」などの特質も本書が注目したところである。ただ、本書は、これらの特質をもって中国の基層社会を考察することにしたい。

　同時に、中国の独自性に注目して研究する際に、「特殊」に対する強調がもちうる問題点にも留意したい。

　前記の「普遍」性を重視する立場に対して、ほかにも、例えば、「中国特色」・「中国道路」・「中国模式」などの言葉や、また、そのような表現を使わなくても、中国は特殊である、などの主張に象徴されているように、中国の「特殊」性を強調する研究が少なくない。たしかに、中国は、膨大な数の人口や長い文明の歴史のなかで醸成された伝統文化をもっているだけでなく、中国文明はこれまでの歴史の中で絶えず周辺の地域を巻き込みながら自己変容を遂げ、また、外部の文明や文化を受容するときに、常に「外来」のそれらを読み換えて「中国化」する力をもっている。歴史的に見ても、仏教は現世的な儒教との共存を図らなければ、消える運命にあったかもしれない。マテオ・リッチが中国で宣教するときに、キリスト教と儒教との和合を図るための「適応」方策をとらなければ、「普遍的」なキリスト教を広げることができなかった。また、マルクス主義は「中国特色」に合わせて読み換えられなければ、根付くことはなかっただろう。そして、まだ記憶に新しいこととして、「社会主義市場経済」という造語は中国においてでなければ生まれることはなかったと言っても過言ではない。

　だが、中国について、中国は特殊である、と説明するだけでは、たとえ中国に対する理解が深まることはあるにしても、そのような説明自体も特殊なものになってしまうと言わざるをえない。中国はより普遍的な視野のなかでとらえることが求められているのである。

　以下、この点について、具体的に「社会主義核心的価値観」（以下「核心的価値観」と略す）を例に、少し具体的に考えることにしたい。

　中国の政治に関心をもっている人は、「核心」がつく三つの言葉をよく耳

にするはずである。「習核心」、「核心的利益」、そして、「核心的価値観」がそれである。そして、どの「核心」についても様々な議論がある。例えば、最初の「核心」は最高指導者への権力集中を意味し、それは党内の政治的民主化の後退として映る。次の「核心的利益」の場合、「核心」という言葉の安易な使用は中国と周辺国との関係をぎくしゃくさせることになり、台頭した中国の強引な態度の現れとして国際社会に受け止められる。そして、最後の「核心的価値観」は本格的に議論しようとすることさえあまりないようである。

「核心的価値観」とは、「富強、民主、文明、和諧、自由、平等、公正、法治、愛国、敬業、誠信、友善」という24文字からなる12の価値観のことである。この12の価値観自体に決して問題があるわけではない。それらのほとんどはむしろ現代社会の普遍的な価値観と合致しているものだといってよい。しかし、普遍的で当たり前の価値がずらりと並べられているだけで、スローガンとしては、例えば、「中国の夢」と比べると影が薄い。中国の各地で盛んに宣伝が行われているが、実際にそれらを全部言える人がどのぐらいいるだろうか。

その理由は、それらが覚えづらいということよりも、実は、「核心的価値観」で挙げられている理念が正しくても、あまりとりあげるに値しないと考える人のほうが多いことにあるように思われる。理念と現実とはかけ離れているため、理念の中身が空疎になっているからである（あるいは、視点を変えれば、これらの価値が欠如しているからこそプロパガンダが必要だ、と言うべきかもしれない）。

例えば、「自由」・「平等」は具体的にどのような内容なのか、「権力を籠に閉じ込める」とは「法治」に当たるが、しかし、それは結局、法治（rule of law）よりもただの法制（rule by law）にすぎず、それなら、中国における伝統的な「法家」と異ならないのではないか、という疑念が残る。また、「愛国」の「国」は誰のものなのか、などを問わなければ、理念だけが先走りして、空疎で無意味なものになる。さらに、「資本主義国家のような民主、

憲政」とは異なる「中国特色」の「民主」や「法治」が唱えられているが、中国はそれらを「核心的」な価値観として位置付けるならば、本格的にそれらの「特色」を検証し理論化すべきではないか。しかし、そのようなことが行われている気配はない。そもそも、「核心的価値観」の中身に関する理解は、中国の人々の間でもコンセンサスがあるとは思えないのである。

　たしかに、自由、民主、法治などの近代的理念は、近代の「ウェスタン・インパクト」を通じて中国の人々に受容され唱道されて以来、すでに百年以上の歴史をもっている。革命と戦争とが繰り返された激動の時代の中で、これらの理念は時の知識人や為政者によって高く掲げられ続けてきた。しかし、理念そのものは普遍的であっても、異なった時代の人々がこれらの普遍的価値を掲げて立ち向かう時代の政治的課題はそれぞれ異なっていたはずである。普遍的な価値は、時代という「とき」と、普遍的価値を定着させようとする「場」の歴史・文化との緊張のなかでとらえなければ、結局、理念だけが先行して、やがて現実離れした空疎なものになってしまう恐れがある。

　ただし、ここで、普遍的な価値が「とき」や「場」によって常に変化するものだということを強調したいわけではない。たしかに、例えば、「デモクラシー」は「衆愚政治」とされていた時期が長く、普遍性を獲得したのは実は歴史的にそれほど古いことではなかったこと、また、「立憲民主主義」における「立憲」と「民主」とはそもそも緊張をはらむ概念であったことなど、現在、普遍的だとされている価値も絶えず新しい中身を賦与されてきたものである。しかし、それよりもここで強調したいのは、ある時代になぜある理念を高く掲げたのか、それらの理念にはその時の人々のどのような思いが込められていたのか、より具体的に言うと、西欧発のこれらの理念や概念が中国という「場」で掲げられたとき、それらはどのような文脈で使われ、どのように理解されていたのかに注目しなければならないということである。つまり、そうした緊張のなかでこれらの普遍的な概念をとらえなければ、およそ議論は噛み合うことはないということである。

　したがって、研究者は「法治」や「民主」、「自由」などの概念を研究の前

提として用いる場合、それは、これらが現代世界で通用する普遍的価値であるからだと無媒介に承認することはできない。というのも、それだけでは、例えば、「核心的価値観」に対して、それをただのプロパガンダだと一蹴して無視する以外に方法はなく、その問題性を摘出して有効な批判をすることができないからである。実際、中国に民主や法治が必要だということは、「核心的価値観」を打ち出してこれを宣伝している人々もよく知っている。しかも、それは決して欺瞞ではなく、そこに百年以上にわたる中国の人々の希求を継承している側面があることは否定できない事実である。しかし、そこに明らかに何か問題があることもまた事実である。問題のひとつは西欧に源をもつ「普遍」的な理念と長い歴史の中で形成された中国の「特殊」の伝統や文化との間のずれに存すると思われる。したがって、中国は何を目指すべきか、どうすべきか、を問うときに、ただ普遍的な近代的理念を並べて、近代的制度をもって中国を測るだけでは、「核心的価値観」に対する有力な答えにはならない。なぜなら、「われわれも同じ理念を掲げているではないか」と直ちに反論されるだろうからである。中国という課題に取り組むには「普遍」と「特殊」との間のずれを確認し架橋する作業から始めなければならない。筆者自身が、これまで、「誤読」・「附会」・「読み換え」などをキーワードにこのようなずれに注目して研究を重ねてきたのもこのような思いからであった[7]。

　外来のものを「中国化」するという大きな力が中国の強靭な伝統からきていることは、しばしば指摘されている。伝統が強靭なのは、それを育みだした「場」に根付いているからである。伝統が、現代のわれわれからすれば、正と負との両側面をもつことは当然である。このような強い伝統の前で、負の伝統を改造するための闘いには忍耐強さが必要である。逆に、伝統が強靭だからこそ、それを時代に合わせて近代的価値を創新することに生かすこともまた重要だといわなければならない。そして、伝統を革新するには、伝統の本質を再確認して近代的価値の精神と同じ土台に載せて両者の異同を考察し吟味しなければならない。

以上を踏まえて、本書は「普遍」的な価値を念頭に置きつつ、中国の「特殊」性とその特徴とを明らかにして、「法治」と「自治」という現代中国の課題について考察することにしたい。具体的には、伝統中国という歴史的文脈のなかで中国の人々の政治観や法制度をめぐる認識、そして、「自治」の歴史的特質を伝統中国との関連において構造的にとらえて、これらの特質をどのように現代に生かすことができるのか、について考えたい。

〈注〉
2　孫立平は中国社会を「断裂社会」と表現している。「断裂」とは、「社会の中のもっとも進んだ部分は社会全体と関係を失っている」(孫2003：8) 状態である。社会の諸々の構成部分が完全に異なった時代の発展レベルにあり、社会は社会的意義において分裂している（同上：11）、ということである。
3　現代中国において、「単位（タンウェイ）」とは、人々の勤め先である機関・組織・企業などの部門のことを指す。
4　本書は「共同」と「公共」とを区別する一方、両者をパブリックの公を意味する「共同、公共の公」として捉えたい。詳しくは、第7章第二節の2を参照されたい。
5　「官倒」とは、価格の「双軌」制——計画価格と市場価格が併存し、計画生産を上回った超過生産部分を市場価格で販売する権限を国有企業に与える改革であり——を利用して、権力を不正に利用して計画価格で購入した資材を市場価格で販売して暴利を得ることである。
6　天児 (2000)「地方と農村から見た構造的変容の多面体」、天児・菱田2000。
7　拙著 (2008、2009、2010、2013) の諸論文を参照されたい。

二 「百姓(ひゃくせい)」の視角

　「法治」と「自治」との課題は、中国の人々にとって、まずは公平・公正を保障する法制度の構築や確実な実行と、人々の間のつながりの再建そして公共の形成との問題であることは本書の立場である。これらの課題について、筆者は「百姓」の視角から考察したい。「百姓」とは、広く基層社会における一般の人々のことを指している。

　政治的支配の客体であり主体でもある中国の「民」は、これまで様々な形で語られてきた。天民・生民、国民、市民、人民などがそれである。以下、「百姓」から語ることの意義を、様々な形で議論されてきた「民」に対する整理と考察を通して提示することにしたい。

1 「天民」と「国民」

　「民は惟(こ)れ邦(くに)の本なり、本固(もとかた)ければ邦寧(やす)し」(『尚書・五子之歌』)、「天視(み)るは我が民の視(み)るに自(したが)い、天聴くは我が民の聴くに自(よ)う」(『尚書・泰誓』)、「民を貴(たっと)しと為(な)し、社稷(しゃしょく)これに次ぎ、君を軽しと為(な)す」(『孟子・尽心下』)などは、中国古来の民本思想を象徴する言葉としてよく語られている。このような思想は歴代の儒者によって脈々と伝えられ、時折ラディカルに主張されることもあった。例えば、明末清初の黄宗羲が、その有名な『明夷待訪録』の中で、「天下の治乱は一姓の興亡に関係しないで、万民の憂楽にかかっている」、「してみると天下の大害をなすものは君主なのだ。もしも君主がいなかったとしたら、人々はおのおの自己本位に行動できたのである、人々はおのおの自己の利益を追求しえたのである」[8]と主張したのはその典型であった。そして、なにより、民本思想は非道の君主を倒す「易姓革命」に正当性を与える論理として、儒教イデオロギーにも組み込まれていた。

　このような「民貴君軽」の思想は、近代中国の代表的な啓蒙思想家厳復が

言っているように、その精神は民主そのものである。また、島田虔次も、黄宗羲の民本思想について、「もし思想のベクトルというものを考えるならば、それは明らかに民主の方向を指している」（島田 1997：136-137）と高く評価している。

一方、民本思想は民を本としているにしても、民主ではないということもしばしば指摘されている。近代以降、多くの識者が、デモクラシーに対する「人民の、人民による、人民のための」というリンカーンの定義を引き合いに出しながら、儒教的民本思想は、「人民による」(by) のモメントが欠如している点でデモクラシーと区別される、と論じてきた。例えば、梁啓超は、「孟子は『民為貴、社稷次之、君為軽』、『民事不可緩』、『保民而王』を唱え、民権思想の先駆けとなったが、しかし、孟子はただ『保民』や、『救民』、『民の父母』だけを言って、民による自治を言ったことはない。近世のいわゆる of the people, for the people, by the people の三原則は、孟子はただ of と for の意義しか発現しておらず、by の意義を発現することはできなかった。これはその欠点である」（『専集 40』：37）[9] と述べたのはその代表的なものであった。言い換えれば、「民惟邦本」といっても、それはあくまでも支配者の視点から見たものであり、民はあくまでも支配される客体であり、主体性をもつ存在ではない、ということである。

こうした事実が示すように、民の主体性が強く意識されるようになったのは、近代の啓蒙知識人たちが、主体的な民＝国民の創出こそが近代国家の創出という至上課題を実現するための急務であると認識した時からであった。近代西洋による「外圧」への対応はナショナルな国民形成を要請する十分な理由であった。日清戦争後の厳復は「民力を鼓舞し、民智を開き、民徳を新しくする」（「鼓民力、開民智、新民徳」）[10] ことを唱え、梁啓超は「民を新たにする」（「新民」）[11] ことを力説した。

厳復によれば、中国の富強を実現するためには、近代的な立憲政治を導入しなければならず、人々が各々中国を私する（「各私中国」、『合集 1』：68）、つまり、近代的な国家意識を養成し民権を伸張して、初めて「富強」を実現す

ることが可能である。一方の梁啓超も、『大学』における「新民」概念を換骨奪胎して、独立自主の国民の創出という斬新な近代的意義をそれに賦与した。

　厳復や梁啓超の主張は同時代の中国、ないし東アジア知識人たちに共通する認識であった。中国より早く近代国家建設を始めた日本においても、自由民権運動に象徴されるように、やはり民の主体性が明確に主張されていた。

　以上の流れが、「ウェスタン・インパクト」による影響を大きく受けていたことはいうまでもない。そのため、西洋の「近代」と中国の「伝統」との対比のなかで、主体性をもつ能動的な近代西欧の民と、受け身で客体としての東洋の民という図式が成立した。アジア知識人たちが受容する西洋の「近代」には、すでにヘーゲルの「東洋的専制」論やマルクスの「アジア的生産様式」のような枠組みが用意されていた。そのような枠組みに規定されつつ、日本では、例えば、福澤諭吉は「一身独立して一国独立す」を主張し、中国では、梁啓超が何よりもまず中国の人々の「奴隷根性」を取り除くこと目指した。これらは、言い換えれば、いずれも近代的な国民を創出するための主張でもあった。優勝劣敗、適者生存という進化論的世界観の支配下で、啓蒙知識人たちにとって、近代国家の確立は国家の存続と独立を保つための至上命令だった。そのために、何よりもまず、主体性を欠く「バラバラの砂」のような民を近代的な国民に改造しなければならなかったのである。

　しかし、注意しなければならないのは、逆に、近代的国民の創出という絶対的命令を前提にしなければ、近代的な意味において主体性をもたない民が、直ちに臣民・ドレイであることを意味しなかったことである。この点について、例えば、「天が民を生ずるのは、君の為にするのではない、天の君を立てるのは、民のためにする」（『荀子・大略』）などの歴代の儒者の主張から、溝口雄三は、「この生民は、天に依拠して生きるのであって、朝廷・国家まして官に依拠して生きるのではなく、少なくとも原理的に、天の民であって、朝廷・国家の民ではない」（溝口1995：60）と指摘している。

　その意味では、近代的国家建設の課題に取り組むということを前提にした

とき、主体性をもたない民は従順な「臣民」であり、「奴隷根性」をもつ、などの批判は痛烈だったと言える。しかし一方、民はそもそも「生民」・「天民」であったという性質がそれによって見落とされてはならない。たしかに、近代的「国民」の創出という課題の前では、従順な「臣民」も「バラバラの砂」である「生民」も、近代国家の指向性に反するものとして克服されるべき対象である。同時に、「民の欲する所、天必ずこれに従う」（『尚書・泰誓上』）と言われているように、「生民」は自分たちの「生」に関しては決して受動的ではない、という事実を無視することはできない。人々は自分たちの生のために様々なつながりを形成し、共同、公共を実践していたことを歴史が物語っている。それらは国民の創出という視点からはとらえられないのである。

2 「市民」と「人民」

　中国の近代国家建設はまだ途上にあるが、しかし、少なくとも近代的な国家の枠組みが辛亥革命以降すでにできていたことは否定できない。そこで問われるのは国家が成り立つ原理である。

　その場合、西欧との比較でまずとりあげられたのは「市民」に関する議論である。例えば、増田四郎が「都市の原理が国家の原理になっている」（増田 1994：18）と述べているように、西欧の国家は都市のなかに形成されていた諸々の原理や制度を国家大の規模に拡大したものだった。西欧近代国家原理はブルジョア社会の形成の原点である中世西欧都市の都市民自治に遡ることができる。それは「外圧」のような「外」からの力や、または「上」からの力による「民」の結集ではなく、都市民たちが内側から自らの力を結集することによって、自治を獲得したという歴史であった。

　"西欧対西欧以外の世界"という比較を通してこうした理解に説得力を与えたのは、マックス・ウェーバーだった。ウェーバーによれば、西欧の中世には、都市居住者からなるもろもろの職業団体が、誓約兄弟盟約を交わし、

「市民身分」に結集し、都市外に住む都市支配者から自治を勝ち取った。これらの中世の都市団体は、自律的かつ自主的であり、管理機関としての参事会とその長とをもっていた（ウェーバー 1965：107）。それに対して、ウェーバーによれば、中国においても、ギルドや職業団体が力をもっていたが、「都市市民のゲマインデそれ自体を代表しうるごとき・何らかの共同の団体〔例えばとくに都市参事会〕は、存在していない」（同上：45）。つまり、中国においては職業団体はたしかに「自治行政」をもっていたが、しかし都市全体は——村落と非常に違って——自治行政をもっていなかったのである。

　ウェーバーの視点は後のアジアの学者に大きな影響を与えた。例えば、清水盛光は、都市の自由の獲得過程が、「ギルド勢力の外延的拡大と内包的増進」とにかかわっているとし、中国の場合には、「支那ギルドの政治的無力は、第一に割拠主義によって外延的に規定せられ、第二に国家官僚勢力の存在によって内包的に規定せられている」（清水 1939：45）ととらえている。そして、清水はそこから中国に関するウェーバー流の結論を導いている——「都市の空気は自由ならず」。

　ここでの「割拠主義」とは、強烈な同郷意識に根差すものであり、ギルドを細分化させた主な原因である（同上：37）。結局、ギルドは孤立主義的な「封鎖的な自治団体」（同上：39）となった。要するに、中国のギルドは、その発展過程において、何らかの特権あるいは政治上の実力を取得することができなかったのである。

　また、増田四郎も、同様に、中国において、国に反抗して都市全体が一つの共同体を維持することが乏しかった、とみている。すなわち、手工業者、商人の無数の同職仲間が政治権力と個別的に結合して特権を得る。同職仲間は一丸となって都市的団結を形成するよりも、相争って各々の利益を追求し、組織内的に結合が強固であり、対外的に排他的である。そして、その団体精神が都市自治にほとんど関係をもたず、権力に寄生し依存的であった（増田 1994：31-34）。

　これらの議論から共通して読み取れるのは、中国の都市社会におけるギル

ドは、支配権力に対峙し対抗していくのではなく、むしろ逆に各々個別的に権力への寄生、またはそれとの結託を通して職業団体の「自由」を得る、という性格をもっていたことである。これらの性格が西洋市民社会の性格と鮮明な対照をなしていることは言うまでもない。しかし、ウェーバーをはじめとしたこれらのとらえ方が、実際の伝統中国社会の一面しかとらえていないことは、すでに多くの研究によって実証されている[12]。

それでも、1970年代に、「市民社会」(civil society) という概念は、「初めて権威主義的な共産主義的『政党国家』への対抗シンボルとして使用され」る（千葉 2002：120）ようになった。ポーランドにおける「連帯」運動に象徴されるように、権威主義国家における民主化運動のなかで、「市民」は反体制派を意味し、「国家に抗する市民社会」（同上）という認識枠組みが定着した。そのような背景もあって、「市民社会」論は依然として現代中国を分析する場合の有力な枠組みの一つになっている。「国家VS市民社会」の枠組みの延長上で、中国における「市民」の欠如論や、あるいは、中国の政治的現実を鑑みて国家と市民社会の「良性互動」（鄧 1997）を唱える議論をも含めて、中間層や、中間団体、NGO・NPOなどの可能性について検討する研究は、いずれも中国社会に市民社会形成のリソースを見出すことを前提にしているといってよい。

一方、上記の自由主義の視点からの「市民」に関する議論と対照する形で、「人民」という視点からの議論がもう一つの流れをなしている。

かつて、ルソーは、人民の主権は決して代表されえないものだと主張し、代議制を批判して次のように述べている。「イギリスの人民は自由だと思っているが、それは大まちがいだ。彼らが自由なのは、議員を選挙する間だけのことで、議員が選ばれるやいなや、イギリス人民はドレイとなり、無に帰してしまう。その自由な短い期間に、彼らが自由をどう使っているかを見れば、自由を失うのも当然である」（ルソー 1954：133）。

ルソーの批判を念頭に、現代フランスの哲学者アラン・バディウは、現代議会制民主主義のあり方を、そこにおいては、惰性的でアトム化された人間

の集合で構成された「人民」が「国家の権限を支えるカテゴリー」となっており、「いかなる真正な政治的主体をも構成しない」（バディウ 2015：11）と厳しく批判した。彼は、アリストテレスの「中間的な人々から組織された国にもっとも善き政治が行われる」（アリストテレス 1961：204）というテーゼに依拠しつつ、「中流階級」が5億人に成長した中国において民主主義が到来しつつあると主張する論調を皮肉って、「中流階級とは、資本主義的寡頭制の『人民』である」とし、その「人民とは中流階級の満足した人々の全体であり、資本主義的寡頭制の権力が民主主義的に正当なものだと承認すべく集団を形成している」（バディウ 2015：18-19）と喝破した。

　逆に、アラン・バディウにとっての真の人民は、一つの政治的カテゴリーとして、例えば、民族解放戦争のような、植民地主義的、帝国主義的支配、あるいは侵略者の支配によって実存しようという企図が否定されるなかで、自らの歴史的実在を獲得しようとする場合、または、移民のような、国家が正当だと承認する「人民」から排除された少数の中核グループのなかに、存するのである。言い換えれば、人民とは、自らの存在が否定され抑圧された者が自分たちの存在を獲得し解放すべく、主体的に闘争をする人々のことである（同上：20）[13]。

　たしかに、例えば、「人民、人民だけが世界歴史を創造する原動力である」（毛 1991：1031）という毛沢東の言葉からわかるように、長年の革命と戦争時代とをくぐった毛沢東は人民の力を熟知していた。「農村から都市へ」という戦略を立て、土地革命を通して農民の広範な支持を取り付けた毛沢東の共産党が最終的に政権を奪取できたのは、抑圧された民衆を「人民」に組み替えて、その力を最大限に活用したからであった。

　ただし、ここで注意しなければならないのは、「人民」は、革命を推進し、歴史を創造する主体ではあるが、同時に啓蒙と動員との対象でもあることである。歴史を創造する主体として、人民の力はマグマのように爆発するときに、巨大なエネルギーとなり、絶大な破壊力をもつ。そしてその爆発は、人々が自分たちの生活の破壊に対する最終的な自己防衛の手段でもあっ

た[14]。しかし、革命のために結集した民の力は、革命後、やはり「プロレタリアートの先鋒隊」と自認する共産党によって「代表」される運命から逃れられなかった。農民一揆や革命はルソーが指弾した選挙とは異なるが、人民が一揆や革命を起こしてもやはり一時的な自由を得たにすぎないということに変わりはない。

　以上のように、一つの政治社会における「民」のどの部分に力点を置くかで、「市民」と「人民」とに関する考え方は大きく異なってくる。しかも、「市民」や「人民」に関する議論は往々にして自由主義・資本主義や社会主義などのイデオロギーを連想させるのである。その意味では、現在の中国を考察する際に、いわゆる「中流階級」や、または、自らの存在が「代表」されるような「人民」ではない、既定のイデオロギーからより自由になる視角が必要である。

3　「大衆」・「下層階層」と「百姓」

　では、現在の中国社会における「民」はどのようにとらえることができるのか。これについて考えるために、まず、康暁光の研究を見てみることにしたい（康 2002）。

　康暁光は中国社会の政治的安定性を分析する際に、「エリート・大衆」という二元的社会構造で中国社会をとらえ、さらに、1980年代以降のエリート層をさらに政治エリート、経済エリート、知のエリートに分けた。

　康暁光によれば、80年代後半、中国大陸は全体主義から権威主義体制への移行を完成した。90年代以降、政府は個人や家庭に対するコントロールを放棄し、その代わりに、公共領域を厳しくコントロールするようになった。その結果、大衆だけでなく、経済エリートと知のエリートとのいずれも「バラバラの砂」という状態になった。このような分断されている経済エリートと知のエリートとは、その一部がやがて政治エリート層に取り込まれた。政治エリート層は階級を超越した存在であり、他のあらゆる階級に対し

て権威主義的統治を行う。彼らは自分たちの利益だけを追求する。

　政治エリートは、まず、経済発展を至上命令とする政策のなかで、独立労働組合の禁止や、情報の操作、環境基準を下げるなどの「合法」手段と、国有資産の私有化や、脱税、密輸などの不法手段とを通して、経済エリートたちが利益を挙げるのに有利な環境を創った。また、知のエリートたちは、一方では、共産党の改革政策と改革の成果とに対する評価、他方では、旧ソ連邦崩壊の教訓や、東南アジアやラテンアメリカの一部でのデモクラシーの現実への幻滅、そして、「反中国的」米国への反発などから、いわゆる「新左派」の興起に象徴されるように、権威主義的政治を受け入れるようになった。政治エリート層は、さらに、一部の有力な経済エリートや知のエリートを政府、人民代表大会、政治協商会議などの政治的機関に吸収して籠絡した。このように、政治エリートと経済エリートと、知のエリートとの間に同盟が成立し、さらに利益交換のネットワークが形成された。康暁光によれば、「『三つの代表（理論）』はエリート同盟の政治的宣言にほかならなかった」（康 2002：10）。このようなエリートの同盟に対して、一方の大衆は全面的に受け身の状態に置かれたことになった。

　以上の分析を踏まえて、康暁光は、中国政治は利益集団政治の特徴を現しており、国家は今後、国家コーポラティズム的性格をもつ管理体制を敷く傾向にあると見ている。

　日本の場合、例えば、経済学者加藤弘之が異なった視点から上記のエリート同盟を利益集団として議論を展開している。加藤は中国における「権貴資本主義」（呉敬璉）、「官製資本主義」（呉軍華）の中国経済システムが権力をバックにした「権貴階層」の利益を増進させている現実に注目している。彼によれば、官僚、党支配層による利益集団は国有企業のような「国家利益」と「商業利益」との「二重の利益」を追求するという特徴をもっており（加藤 2013：151）、このような利益集団は1990年代に形成しはじめ、21世紀初頭に完成した。利益集団の形成はそれまでの「中立的な政府」（disinterested government）――自主性をもち、全体の利益を注視し、い

かなる社会集団からも制約されない政府——の変容を意味するものだった（同上：156）。加藤はマクレガーの「中国株式会社」という表現を借りて、最高指導部の一員であった周永康をトップとしていた利益集団「石油閥」を例に説明している。すなわち、「中国株式会社」の中身とは、トップ利益集団を頂点として、中央の政府各部門と企業とを核とした利益集団から地方の各レベルに「親魚」が存在し、これら大小様々な親魚の周辺に無数の小魚が集まって形成しているものである（同上：175）。

以上のように、加藤は利益集団とその特徴とを鋭く抉り出している。ただ、利益集団に対する加藤のとらえ方には、「国家」と利益集団とが必ずしも明確に区別されておらず、この点において、「国家」と「エリート」とを明確に区別しなかった康暁光の場合と共通している。

これに対して、康暁光の二元社会とやや異なった形で、温鉄軍は、農業・農村・農民という「三農問題」を例に、異なった主体間の「制度の収益とコストとの非対称性」（温 2014）の問題を提起している。具体的には、温鉄軍らによれば、主導的地位にある利益集団は収益を増やすために制度を推進するが、あらゆる制度の変遷のなかに、つねに収益とコストとの間の非対称性が存在している。すなわち、制度による収益は主導する集団がこれを獲得し、一方の制度的コストは弱勢群体に転嫁される、のが現実である。温鉄軍らによれば、ここ 30 数年来、農業分野におけるエリートの利益集団が形成され、この集団は新しく形成された「劣紳」と呼ばれる郷村基層社会の公務員やスタッフ集団と同盟を結び、中央政府の「和諧社会」建設の路線と相反する「資本を元とする」発展主義を推し進め、様々な形で各地で農民の資源を占有し続けてきた。それが中国郷村における新たなガバナンス危機をもたらしている。利益集団の問題性に注目した点において、温鉄軍の議論は上記の研究と共通している。ただし、温鉄軍の場合、利益集団と「国家」を代表する中央政府とが明確に分けられているのが特徴である。

さらに、利益集団に関する研究として、注目すべきは社会学者孫立平らの研究である（清華大学 2012）。当研究によれば、中国が現在真に警戒すべき

は、「体制移行の罠」(「転型陥穽」、Transition Trap)である。「転型陥穽」とは、「改革と体制移行の過程で形成された既得利益構造がさらなる変革のプロセスを阻止して現状維持を要求し、過渡的な特徴をもつ体制の要素を定型化して、その利益の最大化にもっとも有利な(新旧体制が混合する)『混合型体制』を形成させようとすることで、経済社会発展の畸形化と経済社会問題が絶えず蓄積される結果をもたらすもの」(清華大学 2012：125)だと定義づけられている。

ここでの既得利益の集団は、主として、「権貴集団」と、大、中型国有企業からなる国有壟断集団と、そして、金融・バーチャル経済集団とのことを指している。孫立平らによれば、今日の問題は、これらの既得利益者による改革を阻止し現状を固定化する要求だけでなく、それよりも深刻なのは、特殊利益集団による国家や社会に対する「拉致」も起こりうるという問題である。そして、このような大きな影響力をもっている利益集団を前にして、体制移行期の改革を進めるには、利益集団に「拉致」されない、トップ指導層による設計(「頂層設計」)は、選択肢が狭まれているなかで希望をもちうる方法である。ただ、その場合、民衆の改革への参与と、政治的コントロールが失われることを防ぐこととがもっとも重要な条件である。

このような権威主義体制を支える論理とも受け止められる主張から、現在中国が直面している既得利益層の影響力の深刻さに対する強い危惧を感じさせる。そして、この場合、孫立平は「国家」を意味する「頂層設計」と既得利益集団とを峻別して両者を対立したものとして捉えている。

以上の新しく形成された利益集団に関する議論からは、ウェーバーの中国に対する論断が容易に思い出されよう。あたかもウェーバーが描いた中国の歴史の再現のように、市場で新興した勢力やエリート層の一部が自分たちの利益を確保するために、権力と結託し共謀することによって、各々の利益を確保する。ただ、歴史にあったギルドなどと異なっているのは、これらの利益集団がただ一方的に権力に依存するのではなく、自分たちの利益のために政治を「拉致」することである。彼らは権力と結託して、利益を獲得するた

めに制度や構想を打ち立てるが、それらは往々にして「自由主義」や、あるいは、逆の「新左派」の看板を掲げている。一方、制度がもたらしたコストを担わされるのは一般の人々である。

　以上の諸研究は、政治、経済、社会というそれぞれ異なった視点から利益集団がもたらした問題性とその深刻さをあぶり出している。この座視できない現象は現代中国社会を理解するのに重要な視点だといってよい。そのために、現代中国の課題を考察する際に、この利益集団の現象を組み込んで考えなければならない。

　以下、【図1-1】を用いながら本書の視角について説明していきたい。

【図1-1】分析視点概念図：

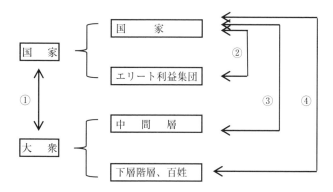

（出所：筆者作成）

　まず、「国家」の視点からすれば、概念図における①は康暁光の「エリート・大衆」二元枠組みを示すものである。康暁光においては権力エリート層と「国家」とを必ずしも明確に区別していないように読める。しかし、両者は「権力エリート」を核とする利益集団と「国家」とに分けて考える必要がやはりあるように思われる。なぜなら、そもそも国家の正当性は公共性を担うことにあるからである。現状では、公共性を担う国家の一部は上記のような「権力エリート」を中心とした利益集団によって浸食されているが、両者はイコールではない。国家が経済エリートや知識エリートを体制内に取り込

み、支配の基盤を強化すること——これは康暁光が意味するところの「国家コーポラティズム」の性格を帯びる——と、一部の権力エリートが経済エリートと知識エリートとを取り込み同盟を結ぶことによって利益集団を形成することとはやはり異なっている。なぜなら、前者はたとえ権威主義体制（したがって民主化する必要はあるが）であっても、やはり国家の公共性を担う存在であるが、それに対して、後者は国家よりも閉鎖的に自らの利益を追求する存在だからである[15]。実際、現在進められている腐敗根絶キャンペーンや、「核心」指導者への権力集中は単純な権力闘争として理解することができず、国家と、権力と金とに癒着する特定の利益集団との間の対立という側面をもつことを無視することはできない。国家と特定の利益集団との区別は「国家コーポラティズム」の視点からは看過されやすいのである。

それに対して、概念図における②は、国家と利益集団との違いを明確に分けて考える温鉄軍や、孫立平らの研究視点を示す。②の視点からすれば、いかに「国家」の中立性と自主性を確保するかは優先課題となる。もちろん、それは権威主義に対する無条件な支持ではないことは孫立平らの研究で明らかである。

次に、一方の「大衆」の視点からすれば、上記の「市民」・「人民」に関する議論と関連して、より細かく分け入ってみる必要があるが、ひとまず「中間層」と「下層階層」とに分けて考える必要があるように思われる。この点に関連して、まずいくつかの「階層」に関する研究を見ることにしたい。

近年、経済発展が深刻な格差問題をもたらし、中国社会の「階層」に関する研究が数多くなされた。もっとも影響力があるものの一つは社会学者陸学藝を中心とした階層に関する共同研究だと言える。この研究は、職業分類を基に、組織的資源と、経済的資源と、文化的資源とに対する保有状況を基準にして、現代中国社会の階層を10のクラスに分けた（陸2002:8-9）。ジー・チェンはその分類に基づいて、さらに「上層階層」、「中間層」、「下層階層」の三つにまとめなおした。すなわち、上層階層に属する人たちは、国家問題・社会問題担当行政人員、私営企業家で、下層階層は、自営業者、サービ

ス業労働者、工業労働者、農民、および無職、準無職集団を指しており、そして、中間層は、経営人員、専門職、事務職労働者を指す。チェンの北京、成都、西安の三都市に対する実地調査のデータによれば、上層階層は2.5％を占め、中間層は24.4％、下層階層は73％を占めている（チェン2015：60）。「中間層」を主要な研究対象としたチェンは、これら新興中間層は、ポスト毛沢東時代に、中国の国家が展開した政策や布告によって作り出されたものであり、「中間層は一党独裁国家に大きく依存するようになってきている」（同上：63）と指摘している。したがって、中間層の台頭が民主化を促進すると楽観的に考えることはできず、あくまでも条件次第だというのが、著者のチェンの結論である。

　以上の階層論の研究と康暁光らの研究を組み合わせてみると、「エリート」層はほぼ「上層階層」と重なり、一方の「大衆」は「中間層」と「下層階層」とを含むことになる。「中間層」に民主化の促進を期待するとらえ方は、「市民」意識形成への期待にほかならい。一方、「下層階層」には「労働者、農民」が属している。彼らは本来、「人民」の主体であり、国家の「主人公」であったはずだったのである。つまり、康暁光が意味しているところの「大衆」をさらに分け入ってみると、大きく「中間層」と「下層階層」に分けられ、前者は「市民」の担い手として、後者は新たな「人民」の予備軍として、研究者によって想定されている場合が多い。概念図でいうと、前者は国家と市民社会との関係を中心にとらえ（③）、後者は国家と下層階層を中心とした人民との関係の中でとらえる（④）という視点である。

　チェンの議論から明らかになったように、中国において、中間層が「市民」として成長し、民主化の先兵になるというとらえ方はあまりにも楽観的すぎる。「市民」の予備軍としての中間層はたしかに「国家」と対抗するモメントをもっていないわけではないが、彼らはこれまでの国家が推進した政策の受益者であり、国家に大きく依存する保守的な性格が強いからである。したがって、例えば、ポーランドの「連帯」運動の経験を中国に当てはめようとするのは中国の現実からかけ離れていると言わざるをえない。そして、

客観的状況からしても、東欧革命や旧ソ連邦の崩壊後に、中国政府がもっとも警戒してきたのは、まさにそれらの諸国のような轍を踏まないようにすることだった。国家は中間層に対して、一方では取り込んでいき、他方では強力な統制を行い、国家の対抗軸としての「市民社会」の成長を非常に難しくさせている。その意味では、中国における「中間層」とは、「国家に抗する市民社会」の議論における「市民」の予備軍というよりも、むしろ、「国家の権限を支えるカテゴリー」（バディウ 2015：11）としての「中流階級」の「人民」と考えたほうが近いように思われる。

　上記を踏まえて、本書はチェンの中間層に対する判断、すなわち、概念図における③のとらえ方よりも④のとらえ方にに立って、「下層階層」と位置付けられている人々と「国家」との関係について考察を進めていきたい。

　この場合、「下層階層」の「人民」と必ずしも国家と対抗関係にある存在とみなすわけではない。言い換えれば、それを「既存の国家の廃棄」（バディウ 2015：21）を求めて、国家を闘争すべき対象と考える存在ととらえるわけではない。その代わりに、社会的に周縁化されており、多数を占めている人々に対して、国家がいかにその公共性を体現すべきか、また、「社会」の自立に国家が果たすべき役割とは何か、という点に注目するのが本書の視点である。本書の冒頭で述べた中国の課題に引きつけて言えば、一方では、格差で分断された社会を再建し、社会の自立、自治を実現することによって社会の活力を引き出し、他方では、腐敗問題と深くかかわっている既得権益集団による資本の寡頭制形成を阻止し、国家の公共性を復権させて公正・公平な政治を実現していく、という諸課題に取り組む場合、国家は中間層よりも下の層の人々を念頭に置き、彼らと協働しなければならないことを示すのが本書の意図だということになる。

　中国共産党は、2000年に、従来の「プロレタリア先鋒隊」、言い換えれば、抑圧された人民の代表という自らの位置付けを「三つの代表」――先進的生産力、先進的文化、広範な人民の根本的利益の代表――に変えて、かつてブルジョアジーと見做されていた階層の人々をも党員として受け入れるように

なった。それは一見、共産党という「パーティ」がそのプロレタリアートの代表という「パート」の性格を放棄して全人民を代表する政党へと発展したように見えるが、しかし、それによって、逆に、抑圧された人民を代表するという本来の性格があいまいになっているといわなければならない。

　その意味では、概念図における④の視点は、すでに形骸化した社会主義の伝統の課題にも通じていると言えるかもしれない。また、「天民・生民」を念頭に置きより長い歴史の伝統の中でとらえるならば、それを「民惟邦本」、「民貴君軽」という民本主義の伝統の延長上の課題として位置付けてもよい。ただし、中国における「人民」という特定の政治性を含意する用語を避け、また、もっぱら伝統的な意味での「天民・生民」とも区別するために、本書は、基層の社会で生を営む人々という意味で、「百姓」という言葉を使用し、中国の「百姓」の社会と国家との関係について考えることにしたい。

　本書の構成として、まず、中国における「生」をめぐる価値観と易との伝統を中心に、西欧の場合と対比しながらその特質を明らかにした上で、現代中国の課題にアプローチするための内発的視点を確立する（第2章）。次に、第3章からは「法治」の課題を中心に論を進める。まず、中国の伝統的政治論を近代政治原理との関係においてその特徴を確認した上で（第3章）、清末の立憲制を受容する過程に見られる特徴と易との関係を考察する（第4章）、その後、具体的にモンテスキューの翻訳者である厳復の立憲政治観を『法の精神』の翻訳に対するテキスト分析を通して、清末の立憲における中国的な論理を明らかにする（第5章）。そして、このような中国的論理から出発して、現代中国の法治の問題について考察して、その可能性を展望する（第6章）。さらに、第7章から、現代中国の都市部基層社会の「社区」に焦点を当てて「自治」の課題について考察する。まず、第7章では、「自治」の問題を基層社会における「公」の創出の課題として捉え、都市部の「社区」建設の現状と課題を明らかにする。その後、一旦歴史に遡って、伝統中国の地域社会における「公」の伝統とその特徴を確認して、そのような伝統が現代中国社会に与える示唆について吟味する（第8章）。そして、第9章

では、伝統中国社会の「自治」の伝統と現代中国基層社会との異と同とを念頭に置きつつ、フィールドワークに基づいた具体的な事例を通して、現代中国の基層社会における「自治」の可能性について考察する（第9章）。そして、最後の第10章では、本書の総括と展望を行う。

〈注〉

8　黄宗羲 2005。なお、訳は、黄 1964、に従った、以下同じ。

9　梁（1989）「老孔墨以後学派概観」『飲氷室合集・専集40』中華書局（以下、『専集』または、『文集』と略記する）。

10　厳復（1998）「原強修訂稿」、林載爵主編『厳復合集1・厳復文集編年（一）』財団法人辜公亮文教基金会（以下、『合集』と略記する）、62頁。

11　梁（1989）「新民説」『専集4』、を参照されたい。

12　例えば、後述するロー（1984）、大谷（1991）、夫馬（1997）などの研究を参照されたい。

13　なお、「人民」という概念の整理は、ほかに、佐々木・金（2002）における加藤哲郎論文「人民」、を参照されたい。

14　ただし、文化大革命中の毛沢東による大衆動員は、生活破壊ではなく、イデオロギーと毛沢東のカリスマ性に原因を求めるべきであろう。中国の全体の歴史のなかで、特殊な事例に属すると思われる。これについては別の議論を用意する必要があろう。

15　現実において、両者を単純に分けることができないのは言いまでもないが、分析概念として、両者を区別することが必要である。

第2章 「生」と「易」からとらえる伝統

法治と自治という現代中国の課題を「普遍」と「特殊」との間の関係において とらえるにあたっては、それらをより構造的にとらえることができるように、現代社会で「普遍」性をもつとされる近代的諸価値およびその原理を念頭に置きつつ、まず、中国の長い歴史のなかで形成された数多くの伝統のなかから、今なお現代中国を何らかの形で規定し、またはそれに影響を与えているものを筆者の問題関心から限定したうえで、原理的に考えることにしたい。そのような伝統は、根本的には中国の人々の「生」をめぐる価値観と、人々の世界観を規定する「易」の哲学との伝統に求められるであろう。それは、そもそも人々が互いにつながりをもち、協力し合う、言い換えれば、共同、公共を追求するのは、根本的には自分たちの生のためであると考えられるし、近代的な立憲制度と思想とを中国の伝統的な政治観という文脈のなかでとらえ直したいからである[16]。

一　生と生を営む「場」

1　西洋の「生」と共同体

（1）　古典古代ギリシアの場合

　「生」は、洋の東西を問わず、人間社会の普遍的なテーマである。生きるために、人々は共同で生を営む場を作る。それは家であり、郷・村であり、国である。人々が生を営む「場」としての人的共同体として、国家が決して唯一の結合形態ではないことは明らかである。そして、様々な共同の場に対して、人々のそれらへの帰属意識はそれぞれ異なっている。そのことは人々の政治観の違いをもたらしている。以下、西洋の場合と対比しつつ、中国の生と共同、そして、公共の意識とその特質とについて考えることにしたい。

　まず、古典古代のアテネの場合、例えばアリストテレスは、オイコス＝家を「食卓を共にする」という「日々の用のために自然に即して構成せられた共同体」として位置付けた。逆に、「日々のではない用のために」最初にできた共同体はまず村であり、そして、終極的な共同体はポリス＝国家であった。アリストテレスによれば、国は「ほとんど完全な自足の限界に達しているものなのであって、なるほど、生活のために生じてくるのではあるが、しかし、善き生活のために存在する」（アリストテレス 1961：33-34）ものである。

　ここでは、「日々の用のために」構成された「家」と、「日々のではない用のために」構成された終極形態としての「国家」とは鮮明な対照をなしている。前者は日常的な「生」のために生じ、後者はポリス内の一人ひとりの自由民がそれぞれの自然なる本性を完成するという「善き生」のために存在する。

　アテネは典型的な都市国家であった。人口は極めて不確かだが、30万人

規模だと推計されており、その3分の1は奴隷であった（セイバイン 1953：3）。一方、自由民である18歳以上の成人男子市民の数は3500人から4万人を超えたことがない（フィンリー 2007：38）、という対面社会であった。

　商人や、職人、農民などからなる市民はそれぞれのオイコスの家父長であった。家長は、結婚を許されず、したがって自分の家を持ちえなかった奴隷の支配者だっただけでなく、子どもと妻を治める存在でもあった（「各家長がその子どもや妻を治める」――アリストテレス 1961：34）一方、「市民たる資格こそアテネ人の最高の光栄」（セイバイン 1953：15）であった。ポリスの直接民主主義の担い手として、市民たちは進んで政治に参加していた。ギリシア民主制の指導者ペリクレスが彼の有名な「葬送演説」の中で、「アテネの市民は自分の家のやりくりに心を使うからといって国家をおろそかにする様なことはない。実業に従事している人々でさえも、こと政治に関しては極めて立派な考えをもっている。公事に関心を持たぬ人間をば、無害ではなくむしろ無用の性格とみなしているのは、ひとりわれわれのみである。……われわれはすべて政策の健全な判断者ではあるのだ」（同上：17）と自負したように、アテネ人にとって、「家も友も財産も、それらすべてはかの至上の善――すなわちポリス自体の生命と活動のうちに己れの部署をもつという至上の善を構成する要素となる場合にのみ、最高度にそれらのよろこびを享受出来るのである」（同上：15）。これこそがアテネの政治生活の理想であり、アリストテレスがポリスを人々の「善き生」を実現する場とした所以であろう。「国的共同体は、共に生きることの為ではなく、立派な行為のためにあるとしなければならない」（アリストテレス 1961：145）のである。

　同時に、アテネ人の共同生活の中で、宗教も、祭祀も公的なものであった。ポリスは同時に祭祀共同体でもあった。ウェーバーが述べているように、「いかなる共同体行為であれ、それに対応する特殊神をもたないものは存在しないし、またその共同体関係が永続的なものとして保証されるために、そういう神を必要としないものはない。一つの集団または共同体関係が、ひとりの権力者の個人的な権勢としてではなく、真の『集団』としてあ

らわれる場合には、そこで常にその集団だけの特別な神が必要とされる」のである（ウェーバー 1976：22）。古代ギリシアもその例外ではなく、「シュノイキスモス」（本来、「集住」を意味することば──同上、第1節訳注25参照）はまさに「一個のポリスの神を戴いた祭儀共同体の新しい構成」（ウェーバー 1976：25）だったのである。このように、至上の善とされるポリスは同時に公的祭祀によって支えられていた神聖な存在であり、ポリスは同時に聖なる国家でもあったのである。

ここで指摘したいのは、古典古代のギリシアの民主制の裏にあった奴隷制の存在や、ポリスにおいて、政治と宗教とが未分化であったことではない。筆者が確認したいのは以下の諸点である。①ポリスアテネの民主制の担い手であった一人ひとりの市民は、同時にそれぞれのオイコスにおける支配的立場に立つ家長であったこと、②オイコスは「生きる」ための共同体であり、ポリスは「善く生きる」ための共同体であったこと、③国家は共同体の終極的目標であり、市民にとって自己実現の最高の場であったことである。一方、家は国家に従属的であり、それが国家との関係において位置付けられて初めて意味をもつものであったといってよい。

では、近代以降のヨーロッパにおいて、人々の生や、共同体としての「家」・「国」はどのような在り方にあったのだろうか。

（2） 近代的「生」：個人と共同体の間

ここでは、イギリスの自由主義思想家ロックをとりあげることにしたい。王権神授説を唱えて君主による家父長支配を正当化しようとしたフィルマーに対する批判を意図して著したロックの『統治二論』における議論はもっとも代表的なものだからである。

フィルマーのアダム家父長権論を論破するために、ロックにとって、家族についての議論はやはり避けては通れないものであった。

家族に関する議論の中でも、ロックの近代的契約説が貫かれている。ロックによれば、人間は生まれながらにして自由で平等な存在である。そのよう

な平等で自由な存在である男と女とが婚姻という「自発的な契約」によって、「最初の社会」（ロック 2010：384）である家庭を作る。

　そして、家族の中での子どもの位置付けについては、フィルマーが唱えたように父親が子どもに対して家父長権を行使するのではなく、子どもに対して父と母がもつ支配権は一時的なものにすぎず（同上：357）、子どもの未成年期が終わるとともに、支配権も終わることになる（同上：368）というのがロックの主張であった。ロックによれば、それは、子どもは両親の作品ではなく、同じく両親を創造した全能の神の作品であり、両親は神によって子どもたちを保全し、養育し、教育する義務を課せられるからであった（同上：357）。

　ロックはこのように近代自由主義的家族観を確立した。家族に関するロックのとらえ方が原型となって、その後、カントやヘーゲルらによって受け継がれた（杉田 1996：64）。例えば、ヘーゲルはロックのような原子論的な立場とは異なるものの、家族に関して、ヘーゲルもやはり婚姻を「両人格の自由な同意」（ヘーゲル 1991：331）によるものだとしており、そして、子どもが成人に達して法権利上の人格をもつようになった時点で、「家族の解体」が承認される（同上：346）、と表現している。いうまでもなく、この場合の家族はもはや伝統的身分制的世襲的なものではなく、人格的関係からなるものであった。

　一方で、ロックは、男女間の自発的な契約によって作られる「婚姻社会」を「政治社会」と厳格に区別する。ロックからすれば、「婚姻社会」は「政治社会」には達しないものである。フィルマーの王権神授説を批判し、家父長権と政治権力とを厳格に区別するロックにとって当然のことだったといってよい。家族の主と妻、子ども、家僕そして奴隷との間の従属的関係は政治的共同体における従属関係と全く異なっている。それは前者の従属関係は政治共同体の場合に比べて、期間の点でも範囲においても制限されたものであり、しかも家長は生殺与奪の権力をもっていないからである（ロック 2010：392）。逆に、生殺与奪の権力をもつ政治共同体の場合、ロックは、「政治社

会が存在するのは、ただ、その成員のすべてが、〔自然法を自ら執行する〕その自然の権力を放棄して、保護のために政治社会が樹立したほうに訴えることを拒まれない限り、それを共同体の手に委ねる場合だけ」(同上：393) だと強調する。

「婚姻社会」と区別された「政治社会」の目的について、ロックが「政治社会の主要な目的は、固有権（プロパティ）を保全することにある」(同上：391) と述べているように、人的共同体としてのcommonwealth[17]は人々の固有権＝プロパティを保全するための存在である。プロパティは、いうまでもなく、資産や財産だけではなく、人間の身体にかかわる生命や健康、人格にかかわる自由まで含むものである（同上：93）。ロックにとって、「神の作品」である人間は、神の所有物であり、各人は自分自身を保存し、他人の生命、健康、自由と所有物を侵害すべきでない（同上：298-299）、と義務付けられている。コモンウェルスは、まさに人々がそれぞれの「生」を基本とする固有権を守るために契約を交わして作られたものである。

ここにおいて、コモンウェルスは一人ひとりの自由・平等な人間の間の契約によって作られたものであり、言い換えれば、政治社会であるコモンウェルスと向き合うのは個々人であり、家族ではない。

以上、ロックは、人間は「神の作品」であり、神に対して「自分自身を維持すべき」義務を負っているとしている。それは言い換えれば、「生」は神によって課せられた絶対的な義務である。それはプロパティの基本として、そして、コモンウェルスの主要目的として位置付けられている。コモンウェルスの意義は何よりも「生」を基本とする構成員のプロパティを守ることにあるのであった。

ロックの所説に代表される近代的な観念は古典古代のギリシアのそれとは多くの点において異なっているが、われわれは両者の間にやはりいくつかの共通した点を見出すことができるように思われる。

まず、第一に、「生きること」は共同体が成立する主要目的だということである。家族も国家も例外ではない。そして、国家は終極的な「生の共同

体」として想定されている。

　アリストテレスは「生」の営みを「家」に、「善く生きる」営みをポリスに帰したが、たとえ「善き生」に理想を置くポリスでも、「生」を当然の基礎としていた。一方、ロックにとって、コモンウェルスは自己と他者の「生」を保存するための装置であった。その場合、人間に先立って存在するポリスと人間の作為の産物としてのコモンウェルスとは、その成り立ちは根本的に異なり、また、至上の善であるポリスに自らを捧げることと、権力と個人の自由との緊張対抗関係が強く意識される近代とはその指向性が逆であるが、それでも、ポリスもコモンウェルスも人的共同体として、そして、人々の生の営みの終極的な共同体として想定されていたことは同じである。

　第二に、この終極的な共同体において、ポリスは自由民からなり、コモンウェルスは自由・平等な個人からなる、と語られており、共同体の構成原理として、個人は国家に直結している。その間にある家族は無視されたわけではないものの、個人が直接に国家に向き合うなかで、家族の影が薄められている。たしかに、ヘーゲルは、家族は「個人」と「市民社会」とを媒介する存在として、その意義を重視しているが、彼の「家族の解体」という言葉に象徴されているように、家族は個人主義的市民社会までの時限的なものだと位置付けられていた。

　そして、第三の共通点としてあげられるのは、家の観念の私性である。ペリクレスのポリスの「公事」に関心を持たない者は無用だという言葉に表れているように、オイコスは「私」の世界に限定されていた。家長としての側面と自由民としての側面とはそれぞれ異なった論理でできていた。一方のロックの場合、「婚姻社会」は「政治社会」に到達しないものだと両者を峻別した。「家」における支配・従属関係は期間も範囲も限定されており、しかも政治共同体におけるような生殺与奪権力を伴わず、あくまでも政治共同体と区別された「私」の世界に限定されていた。

　以上の特徴を確認しながら、次に中国の場合を考えることにしたい。

2　中国の場合

（1）　中国人の「生」と家

a．生へのこだわり

　まず、中国人の「生と死」に関する表現を通して、中国人の生死観について考えてみたい。およそ人間は「死」に直面するときに「生」を切実に考えることはないだろう。中国においては、以下のことわざなどの表現がすぐに思い浮かぶ。①「玉となって砕けても瓦となって全うしない」（「寧為玉砕、不為瓦全」）、②「首を刎ねられても茶碗口大の傷口にすぎない、俺様は二十年後にまた好漢として生まれ変わる」（「砍頭碗口大疤子、爺们二十年後又是条好漢」）、③「青山さえ残してあれば、燃やす薪がないなどという心配はない」（「留得青山在、不愁没柴焼」）、④「立派に死ぬよりみじめでも生きているほうが良い」（「好死不如頼活」）。

　ここでは、死に対する態度として、①、②と③、④とは鮮明な対照をなしている。前者は生死を度外視する表現であり、後者はあくまでも生にこだわっているからである。言葉を使っている者の価値観が多様である以上、対照的な表現が存在するのは当然ではある。しかし、一方で、①、②と③、④との間にもう一つ注意すべき対照がある。それは、前者はいわゆる一般でないもの、すなわち、①はとくにエリートである士大夫たちが生命よりも「忠」・「義」・「気節」を重んじる気概を表すときによく用いられるもので、②はアウトロー世界の「好漢」、「盗賊」たちが命を賭して生きている姿の表現である。それに対して、後者は平常な世界の中で生きる人たちの心情を代弁しているように思われる。つまり、③と④こそは中国の一般の人々の生死観をよく表しているように思われるのである。

　「生」の保持、「生」への追求は、東西を問わず、人間の普遍的な問題であり、中国ももちろん例外ではない。しかし、それでもここで強調したいのは、中国人の「生」への執念である。このことは「頼活」（みじめでも生き

ていく）という言葉によって象徴されている。「頼活」はアリストテレスの「善き生」とは対照な言葉であることは言うまでもない。もちろん、それは善く生きること、自己実現することが望ましくないということではなく、それよりも、「頼活」はより根源的に生きることを重要視する。たとえ「善き生」でなくても、たとえ自由、尊厳を犠牲にしても、生きることは中国の人々にとって何よりも重要だということである。

　「頼活」について、例えば、岸本美緒の明末清初の中国地方社会と郷紳に関する研究が大いに参考になる。岸本は明末清初という交替期の時代状況を次のようにとらえている。すなわち、従来の社会秩序が崩れることによって、人々が従来の狭く安定した生活圏から不安定な生存競争の世界に放り出された、という状況だった。そのようななかで、バラバラに放り出された個人は、あるいは、郷紳などの有力者に身を寄せ（「投献」、「投靠」）奴僕になるなど、有力者に対する「全人格的隷属」の方法をとり、あるいは、士人や下層民衆同士で「盟」・「社盟」を結ぶという「全人格的結合」方法をとり、垂直的結合と水平的結合の両方を通して、自分たちの生存戦略とした（岸本 1999：第 1 章）。

　例えば、顧炎武の『日知録』に古からあった奴僕の現象が紹介されている。「任官されると、輩（奴僕のことを指す――筆者注）たちは競って門下に入り、これを身を寄せる（「投靠」）という」（顧 2011：586）。顧炎武によれば、同時代の江南地域の士大夫にこのような風潮があり、奴僕が多い場合は千人を超える。顧炎武が問題にしたのは、これらの奴僕は主人の言行を掣肘して、主人である士大夫の名節を毀損したことになったことだったが、奴僕の現象は広く存在しており一つの社会現象になっていたことを物語っている。

　このような奴僕である人たちが自ら進んで隷属的な生き方を選択して自分たちの生存戦略としたのは、まさに「頼活」の特徴をよく表す一例だったと言える。

b．生と「圏子」

　ただ、個々人の生命の保存への重視は、例えばロックの場合も同じではないか、という反論もできるのであろう。なぜなら、ロックは生命の保存を神との関係においてその意義を語り、生命の保全を神の作品である人間が超越的な神に対して負うべき絶対的義務だとしたからである。したがって、問題は、超越的な神が存在しなかった中国において、個々人の「生」の意義はどこに求められるのか、という点になる。

　また、これと関連して、「頼活」の一側面に光を当てた岸本は、自らの接近方法を「個々人の動向から社会の動きを考えようとする」「方法的個人主義」（岸本1999：序ⅶ以降）だと述べている。もちろん、岸本は、自らの研究対象としての実際に明清交替期の不安に析出された個々人は、決して例えば西洋におけるような自立的な個人ではない、と指摘している。では、明清交替期という大きな社会的不安のなかで懸命に生きようとした個々人の「生」についてどのようにとらえればよいのだろうか。

　筆者は岸本の指摘に共感を持ちつつも、さらに、そこでの個々人の生存戦略としての選択行為がそのままアトム化された個人に還元できるものではない、ということにも注目したい。岸本自身も指摘しているように、上記の全人格的隷属や結合は、「一種の血のつながりの感覚をもってとらえられていた。擬制的卑属としての奴僕、義兄弟的関係の結成という古代以来のイメージを伴う盟約、これらの観念は、本来血縁関係にない赤の他人をも主観的血縁格の中に包摂しようとするものであった」（同上：8）。言い換えれば、生存戦略としての結合そのものは実は血縁、または擬似的なそれに基づいた「家」の論理の延長上のものだったということができる。そして、そもそも個々人の行為の動機から出発して考えるときに、個々人の生存戦略の動機もやはり個人に還元するだけでなく、同時に個々人が所属するそれぞれの「家」の生存戦略でもあったのではないか。つまり、岸本が明末清初における「社会の流動化の中で形成される諸集団や私的支配は、具体的個人間の結合に止まって」（同上：22）いたと指摘しているが、その「個人間の結合」

は個々人による選択だったに違いないが、その個々人の選択を左右するもっとも重要な要素のひとつはやはり「家」だったということができる。

「個」と「家」との関係については、費孝通の「差序格局」(序列的な構造・配置という意)論が注目に値する。費孝通は、西洋社会において、個々人からなる家庭を含む団体が明確な内外の境界線をもつ「団体格局」であるのに対して、中国社会における家や、地縁関係を基にした「近所」(「街坊」)という輪(「圏子」)は、境界線があいまいで、伸縮自在の「差序格局」だとしている (費 1998：24-30)。

費孝通はこのような「差序」的な人間関係を水面に広がる水の波紋に譬えている。すなわち、すべての人がその社会的影響によって広がった輪の中心であり、この輪の波紋が及ぶところはその人の人間関係をもつ範囲である。もっとも重要な親族関係はそうだし、地縁関係に基づいた「圏子」も同じである。当然、すべての人はそれぞれ異なった人間関係のネットワークをもっているため、完全に一致したネットワークはない。したがって、個々人のもつネットワークや「圏子」はそれぞれの力、富の差などによって及ぶ範囲が伸縮するし、一つの組織も一人ひとりがもつ無数のネットワークや、「圏子」の交錯からできたものとして、固定した団体ではなく、境界があいまいな「範囲」でしかない。

なお、費孝通が述べたこの伸縮自在の「圏子」説と相似した形で、中根千枝は「類」の原理を説いている。すなわち、日本の社会結合原理は「家」という「場」の共有にあるのに対して、中国の家族の場合は、父系血縁という「類」を共通とするネットワークである (中根 1982：101)[18]。そして、このような「類」に基づいた組織原理は、村落などのような「場」に限定されずに、外に向かって広がっていくものである。

そして、このような人的関係のネットワークは、費孝通によれば、団体におけるようにみんな一つの平面に立っているのではなく、水の波紋のように外に広がれば広がるほど薄くなっていくものである。親族関係でいえば、血縁関係は輪が広がれば広がるほど薄くなっていき、親族関係の親密さも広

るにつれ下がる。そもそも、儒教における「五倫」の「倫」は本来、「輪」を意味するもので、儒教はまさにこのような一人ひとりの私人の間の「差等」的な関係のための道徳の教えである。

　ここで、「差等」関係とともに注目すべきは、人的関係の輪という「圏子」は家を起点に外に向かって広がっていくものだ、ということである。つまり、「圏子」はたしかに血縁関係を起点としているが、だからと言って、必ずしも閉鎖的排除的なものではなく、「差等」的ではあったが、同時に、外に向かって開かれた構造になっているのである。「圏子」は明確な境界がなく、その伸縮自在の性質は「内」と「外」を厳格に区別しない。そのなかで、血縁関係と地縁関係も一つの連続のなかでとらえられている。言い換えれば、血縁関係に基づく「家族」・「宗族」と地縁関係に基づく「郷団」・「郷党」とは、一つの連続でとらえられている、ということである。これは、儒教の『大学』における「修身・斉家・治国・平天下」という同心円的な広がりの構造と対応していると言える[19]。

　中国をめぐる以上の分析に関連して、西洋の場合と比較しつつ、いくつかのポイントをあげておこう。

　まず、第一に、家にせよ、国家にせよ、それは人々の生を営む場であり、どこまでも人的共同体であったという点は共通している。

　第二に、西洋の共同体の構成原理においては、個人は終極的な共同体である国家と直接に向き合うが、中国の「個」は、社会契約論のように自然状態の措定から生まれた概念ではなく、初めから人間関係のネットワークの中に埋め込まれていた。言い換えれば、個人の「生」は、個々人がもつそれぞれ異なったネットワークによって織りなされた世界の中に位置付けられていた。「個」という「自我」にとって、すべての価値はいずれも「己」を中心としつつも（費1998：28）、それぞれがもつ家を中心としたネットワークに「生」の営みを頼っていた。「自我」と「家」とは血のつながりで一つの生命の連続体として統一されている。一方、国家（朝廷）は、人々にとって、自分たちの生を営むために近づき、各々の人的ネットワークに組み込む対象

（例えば、科挙を通して）であったが、そうでなかった場合、とくに基層社会における百姓たちにとって、国家という存在は関心の薄いものだった。

　そして、第三に、共同で生を営む場としての家は、国家と峻別された「私」であるよりも、むしろ、共同の拡大の起点であった。

　ウェーバーは、宗教的義務について中国の場合とプロテスタンティズムの場合とを比較して、前者はつねに「近親関係または近親的な・全く情誼的な関係に基づいていた」のに対して、後者は「血縁共同体に対する、甚だしくは家族に対してすらの、信仰団体および倫理的な生活様式共同体の優越性」（ウェーバー 1971：393）を確立したと述べ、そこに両者の違いの本質を見出している。この場合、ウェーバーにとって、プロテスタンティズムにおける家族をも超越した倫理的優越性は外に向かって「同胞」へとつながっていくものだったのに対して、中国の宗教的義務は、血縁、あるいは疑似的な血縁関係という、内部においてだけ効果を表すという閉鎖的なものだった。しかし、中国における「家族」を起点とする人間関係は、たしかに、その「差等」性は排除を生む論理にもなるが、一方の水の波紋の譬えが象徴しているような「推己及人」の論理は外に向かってつながっていく開かれたものだという側面を見落としてはならない。個々人がもつそれぞれのネットワークには、「家」という血縁関係を起点にして「差等」原則に従って同心円的に広がっていく。その延長として「地縁」関係もネットワークの形成にとって重要な要素になっており、人々の生にとって必要不可欠なネットワークの一環をなしていた。

　このように、中国において、個人の「生」は、ロックの場合のように純粋に個人の自然権として神との関係の中で語られるわけではなく、あるいは宗教に頼って来世への投企との関係で語られるわけでもない。中国において、常に「家」、またはその延長との関係において語る必要があるのである。

（2）　家族主義と近代

　しかし、中国における「家族」・「宗族」や、村落・郷村の伝統の特質を考

察するときに、近代中国に対する「ウェスタン・インパクト」を抜きにしては語れない。そもそもその衝撃がなければ、伝統社会を西洋社会の視点からとらえて、その特質を考える必要性もあまりなかったからである。中国の伝統に近代という烙印を打たれているのは、言わば不可避であったのである。

近代的国民国家は、本来、中国の人々にとって自明なものではなかった。それは近代のウェスタン・インパクトによってもたらされた強迫観念だったといってもよい。近代国家の樹立が時代の至上の課題になったなかで、時代の先頭に立った人々にとって、それぞれの「家族」の「生」にしか関心をもっていないという家族主義の伝統は最大の妨げとなっていたのである。

周知のように、孫文は中国のことを「バラバラの砂」(「一片散砂」)として表現している。彼は次のように述べている。

「外国の傍観者は中国のことをバラバラの砂だと言っている。その理由はどこにあるかというと、一般人民には家族主義と宗族主義しかもっておらず、国族主義をもっていないからである。中国人は家族と宗族については団結力が非常に強い。宗族を守るために、自分の命を犠牲にしてもよい。……国家のことについていえば、大きな犠牲の精神をもってやったことはない。したがって、中国人の団結力は宗族に及ぶのに止まり、まだ国族まで拡張していない」(孫 1957：590)。

「バラバラの砂」はアトム化された孤立した個人を指すのではない。孫文はここで、個々人がそれぞれの家族や、宗族に自己アイデンティファイしており、国家意識をもっていない、と指摘しているのである[20]。

そのような意識もあいまって、人々の道徳意識も閉鎖的で、公共性に欠けるものだったとされた。近代中国でもっとも代表的な啓蒙知識人の一人である梁啓超は、清末にその代表作「新民説」の中で、中国の国民にもっとも欠けているもののひとつは公徳である。中国における道徳の発達は非常に早かったが、いずれも私徳に偏重している。中国において、国のことを自分のことと見る人が一人もいないのは、公徳が発達していないからだ、と指摘している(『専集4』：12)。

以上のような国家意識の欠如と家族主義に対する批判は、1910年代の末からの「五・四新文化運動」期になって一つの頂点に達したといってよい。「五・四」の「新青年」たちは「民主」・「科学」という近代的価値を掲げて、家族制度は専制主義の根拠であり、進化の妨げ（呉 1962）だと批判し、家族の論理を基にした儒教は「人を食う礼教」だと糾弾して、若い青年たちが「封建的牢獄」という旧い家庭の束縛から脱出し、近代的な生活を追い求めた。

中国の公的歴史において、五四運動は新民主主義革命の幕開けとして位置付けられており、現代中国は革命を通して人々を封建的圧迫から解放したというところから出発したものである。一方の伝統的な家族主義観は「封建的」＝前近代的なものとされ、一蹴された。このような革命史観、階級史観は長く中国研究を大きく規定してきたと言える。しかし、近年、民国期の費孝通や、梁漱溟らによる中国社会に関する議論が再び脚光を浴びるようになり、90年代に、商会、会館、社団などに関する研究が盛んになってきている[21]。

一方、日本の場合、中国伝統社会の特質に迫る研究が、戦前から戦後にかけて、汗牛充棟といえるほど蓄積されている。そのなかで、階級論的視点から伝統中国の「家」およびその延長である村落共同体の「封建」性・前近代性をみる研究は主流だった。

血縁共同体である「家族」・「宗族」について、例えば、旗田巍によれば、家族主義は中国社会の全般に機能する原理であり、家族の共同関係の上に奴隷制的な支配の性格をもつ家父長の絶対的支配が成立していた。このような認識は、旗田のみならず、仁井田陞、清水盛光など多くの研究者にも共有されており、さらに、津田左右吉に遡ることができる（旗田 1973：16、18）。これに対して、尾形勇はヘーゲルの「家父長制的家族国家観」に通じる中国論を西欧、中国、そして日本における系譜を整理して、その問題点を指摘している。すなわち、「家族国家観」は中国の歴史における内的発展の契機を認めがたい「専制」国家論や「停滞論」をもたらし、戦前の「国体論」と密

接なかかわりをもつとともに、「世界史」から隔絶されたところのエキセントリックな中国像を作りあげた。それだけでなく、「家族国家観」は家族主義を国家秩序に直結し、両者を同質で未分化のものとしてとらえて、このような無媒介の結びつきは私権と公権との混同に帰着することになった（尾形1979：序章）、ということである。

　一方の地縁関係からなる村落・郷村について、例えば、戒能通孝（戒能1943）のように、中国の郷村には、近代社会の形成に寄与する西欧のようなゲノッセンシャフト（「組仲間的共同体」）がなく、内面的協同意識が希薄のため、中国社会の近代化の可能性に悲観的な見解を示した。あるいは、逆に、清水盛光がその『支那社会の研究』（1939）のなかで、中国の伝統的な村落を著しい集団性と封鎖性をもつ共同体としてとらえ、それが中国の専制主義の基礎だとした。両者は、伝統的村落が共同体であるか否かという点において、見解は真反対だったが、村落の前近代性という点では一致している[22]。

　近年、西洋中心主義に対する批判から、「中国に歴史を発見する」（コーエン1988）、「方法としての中国」（溝口1999）という視点から中国自身に即した優れた研究が数多く現れ、より豊かな中国像が描かれるようになった。欧米では、ウィリアム・ロー（1984）や、マリー・ランキン（1986）らによる中国都市における公共空間の研究が現れ、日本では、従来の反西欧的で「大アジア主義」的な伝統美化論や、近代化論、そして、階級分析論が克服、止揚されたうえで、近年、「地域社会」の視点（森2006：第3巻）の提起や、中国の都市史の研究（斯波2002、吉澤2002、小浜2000）、そして、「善堂・善会」や、「郷董」（夫馬1997、大谷1991）などの緻密な研究成果があげられており、研究は活況を呈している。思想史研究の面でも、「もう一つの『五四』」や「郷里空間」（溝口2006、2011b）の提起がこの流れと呼応している。

　本書は、これら数多くの優れた先行研究に触発されながら、中国伝統社会の特質と現代中国社会との連続性を意識して、両者の関連について考察した

い。長年中国の基層社会のフィールドワークをしてきた筆者にとって、両者の関連性を感じずにはいられないと同時に、基層社会の百姓という視点から現代中国の課題を考える場合、中国の人々の中に根付いた価値観念や文化——正負両面を含めて——と向き合いながら取り組むべきだと思われるからである。

　以下、まず本書の問題関心との関連で先行研究を参照しつつ、基層社会の中国の人々が生を営む場としての「家」、「郷」の特質を整理しつつ、その意義について考えることにしたい。

（3）　生の営みの場としての「家」・「郷」、そして、国家

a. 血縁に基づいた「事業体」

　西欧では、古典古代のポリスにおけるオイコスには、結婚を許されなかった奴隷が含まれていたが、近代的家族は親と子どもからなる核家族を指す。子どもの生育、扶養を主な役目とする家庭は、子どもの成人に伴いその役目を終えるという時限的なものである。それはヘーゲルが「家族の解体」と表現した所以でもある。

　核家族の基本的な役割は、中国の場合も異ならない。しかし、中国は「家族の解体」にはなじまない。その理由は主として以下の二点に求められる。すなわち、第一に、西欧における核家族は共同体として明確な境界線をもつのに対して、中国の核家族は厳格な境界線を持たず、より大きな家＝「家族」[23]に開かれた境界のあいまいな存在だからであり、第二に、中国の人々にとって、「家族」はただ子どもの巣立ちまでという時限的な養育の場ではなく、それは自分たちの生が頼っている、綿々とつないでいく「場」だからである。

　その理由についてより具体的に言うと、まず、第一の場合、中国において一つの核家族は父系の血縁関係に沿って、より大きな「家族」へと拡張していくことができる。費孝通によれば、中国の「家族」は人類学における氏族（氏族がさらに拡大すれば部落になる）に相当するものであり、政治、経済、

宗教などの機能をもつ事業体である。そして、「家族」は事業体であるため、事業の効率性のために規律を重んじており、例えば、「家法」はすなわちそれであった（費 1998：41）[24]。

では、核家族と「家族」とはどのような関係にあるのか。均分相続が伝統である中国では、たとえ現在の農村であっても、婚姻関係をもって独立した家庭の確立とするのではなく、家を分けるという「分家」をもって新たな核家族の誕生とするのである。家を分けるということは家の縮小である反面、新たな家の成立と「家族」の不断な再生産でもある。しかも、「分家」は完全な独立ではない。つまり、家を分けることは「家族」の分裂を意味せず、親の扶養と祖先祭祀が同時に継承される（麻 2009：108）。分けられた家と家との間をつなげるものは同根の家族意識にほかならない。このような意識の下で、本家と分家の間や、分家同士の間は優先的に経済的協力をし、共同の文化儀礼活動を持ち、そして対「外」的に一致団結する（同上：110）。

次に、第二の場合、「家族」は生育扶養を中心とする家庭のような時限的なものではなく、綿々と続く共同体である。清水盛光の表現を借りれば、同一祖先からの共同出自を基にした親族関係は「恩愛を間柄の根底とした生命繋属の関係」（清水 1942：12）である。ここの「繋属」の「属」はそもそも「親」や「族」に通ずるものである（『礼記・大伝』）[25]。個々人の「生」は血縁関係に基づいた「家族」を通じて、世帯を超えつながっていくということである。また、「親族」の語源から見ても、「親」とは「恩愛狎近」を意味し（『爾雅注疏・釈親』）[26]、なかでも父母の情はその最たるものである。一方の「族」は聚まること（『白虎通・宗族』）[27]であり、集住することを意味している。「家族」は、すなわちこのような血縁関係と集住に基づいた地縁関係をもとにしているものである。農耕社会の定住性は、血縁関係とその投影である地縁関係によって強化され、安定した社会と安定、調和を志向する人々の意識を形成した。

それに止まらず、清水はデュルケムが「血縁」と「法律的紐帯」で家族を定義づけたことに異議を唱え、「家族」はそれを構成する人の間の親和感情

によって支えられるだけではなく、血縁に基づいた「恩愛」の情[28]に加えて、「共同的行為」が不可欠な要素だと論じた。ここの「共同」は、例えば上述した「分家」――家を分けた――の後に親の扶養と祖先に対する祭祀とが継承されることが象徴しているように、現世の親と先祖とに対する扶養、祭祀という共同行為がこのような「生命の繋属の関係」を強くし維持していくのを担保するものである。ここでの「共同的行為」は費孝通の「事業体」という表現に通じていることは明らかである。このように、「家族」は一つの政治的、経済的、宗教的機能をもつ総合的な事業体として、「共同的行為」が必須条件となる。「家族」は西洋の時限的共同体のように、やがてその役目を終えて解体していくのではなく、「分家」を通して逆に広がっていくものである。それは血縁関係に基づきながら、一つの共同で生を営む事業体として絶えず継続していく存在である。

　また、人間関係を示す「輪」――「倫」の理である倫理は、中国では「家族」共同体に基づいて説明されるのは周知のとおりである。血縁関係と共同の行為によって持続的安定的に維持された「家族」は、さらにそれを基にして創出された倫理道徳観によって支えられているのである。「孝」を核心とする儒教の教えは、基層社会に浸透したことによって、「家族」の伝統をさらに強固なものにしたといってよい。

　たしかに、家族について、親はわが子を愛し、子は親孝行するという基本的家族倫理は中国だけが有したものではなく、人間世界の普遍的な倫理だと言える。ただ、家族倫理について、どのように説明するかは中国と西洋とで異なってくる。例えば、ロックは、両親は子を養育し、保全し、育成することと、子は両親を尊敬することを神による人類という種族の存続という偉大な計画だとしている（ロック 2010：369）。つまり家族倫理の根源を神に求めたのである。それに対して、超越的な神が存在しない中国では、この生命の存続、「繋属」のための基本的人倫は、何よりも事業体でもある共同体「家」の維持、存続の基本的論理と、秩序原理とされる。家というネットワークに埋め込まれた一人ひとりの「生」は、家の存続を前提にしているか

らである。ウェーバーはこれをとらえて、このような氏族＝「家族」は経済的にも、社会的にも、「異郷とくに都市で生活する者をも含めた氏族成員の生存のための、唯一の望みの綱」（ウェーバー 1971：159）だったと述べている。家の永続性が追求されたなかで、子孫（「香火」）を残して血脈を伝承していくことが重要視された。逆に、重い刑罰の一つ「族刑」は犯罪者のみならず、その親族の連帯責任を問うなど、家族の論理は郷土社会のみならず王朝政治を規定する根本的な規範でもあった。

したがって、西洋との比較で明らかなように、人間はそれぞれの生のために共同体を作る。この点は洋の東西に違いはない。しかし、中国人にとって、自分たちの生は神や神の計画とは関係はなく、また、信仰に頼り、生まれ変わって来世に期待することもできない。あくまで現世に止まっている中国人は自分たちの生を家と緊密に結び付けて、血がつながる生命の伝承に自分たちの身を捧げ、そして、その義務を自分たちの望みとともに次世代に伝承していく。生の伝承のために、たとえ自己の尊厳を犠牲にしても厭わない。生そのものは取って代えられない価値だったからである。そこに人々の生への並々ならぬ執念を感じさせる。人々は自分たちの来世よりも自分たちの次世代に期待をかけ、例えば古典古代のアテネの人たちのように国家の中で自己実現を追求したのではなく、それぞれの家の中で自己実現を追求し、「生命の繫属」を実現する。しかも、「分家」と「均分相続」という伝統の中で、世代交代により、家運を変えることが可能である。科挙制度もまた人々が家運を上昇させるため重要な手段であった。これら伝統や制度は「家族」に自らの生を託した人々に希望を与えたものだった。

さらに、上記の「家族」を原理的に規定しているのは儒教的倫理であった。儒教の教えに従えば、「吾が老を老として、もって人の老に及ぼし、吾が幼を幼として、もって人の幼に及ぼす」（「老吾老以及人之老、幼吾幼以及人之幼」（『孟子・梁恵王上』）、家族成員間の恩愛の情は「家族」外部の他人にも及ぶものである。儒教の核心的価値である「仁」は開かれたものである。しかし、一方、孟子は墨子の博愛（「兼愛」）を攻撃する。儒教の「仁」

はキリスト教の愛とも相容れない。儒教における恩愛の情は、序列化されているからである。孟子からすれば、「兼愛」は無差別の愛であり、それは父はあってもないのと同然（「無父」、『孟子・滕文公下』）であり、決して許されないものであった。

このような「差等」愛の観念は中国社会の人間関係における「差序」構造を支えるものであった。それには二つの面を併せもっている。一つは、「老吾老以及人之老」のように、仁愛の情は血縁関係を超えて他者に及ぶものであり、人間関係のネットワーク・「倫」＝「輪」も境界線があいまいのままで広がっていくもので、言わば、開かれた性質をもつ。一方、愛の情や人間関係に「差」があること、言い換えれば、優先度がつけられていることが明白であり、これは閉鎖的で排他的な論理にもなるのである。

b. 地縁に基づいた「郷党」と「市」

地域社会における共同は、これまで見てきたような「家族」という血縁関係に基づいた「事業体」のなかに止まらなかった。地縁関係に基づいた地域の共同もその延長として人間関係を織りなす重要な共同態であった。

清水盛光は伝統中国社会の県と村里との中間的地域である郷を「地縁結合の可能的限界」（清水 1951：2）として位置付けている。そして、このような郷を共にする人々は「郷党」と呼ばれている。「郷党」とは、例えば、清代に地域社会の民の教化のために発布された「康熙聖諭」を敷衍した雍正帝による「聖諭広訓」に対する解釈には、「郷党とは何か。それは各村々の近所の隣人のことである」（「広訓衍」）、また、「郷党とは何か、それは同じ土地の上に住む人たちのことである」（「盧直解」）[29]と説明されている。「郷党」は、宗族という血縁共同態に対して、地縁共同態であることを意味している。「聖諭広訓」の「和郷党以息争訟」の条には、「緊急の時に郷党ほど恃めるものはない」、「天下は郷党を積み集めたものである」[30]と書かれているように、このような地縁的共同態は地域の人々の生活にとって、もっとも重要なネットワークとして期待され、教化がなされていたのである。

郷村における地域の共同の形態について、その代表的なものの一つは「郷約」組織であった。その嚆矢は宋代に創られた「呂氏郷約」に遡ることができる。郷党の修養と互助を目的とする「郷約」は、「徳業相勧」、「過失相規」、「礼俗相交」、「患難相恤」などの準則を立て遵守を約束し合った郷村の自治組織であった。このような官治の外に創設された空前の「郷人による自治の団体」（蕭 2005：354）は、やがて朱子や王陽明らによって宋明時代に各地に広められた。また、郷約と関連して、朱子による「社倉法」の成立も共同態一つの好例である。飢饉などの際に、救済を施すために設けられた米などの貯蔵施設「社倉」は、「義倉」や「常平倉」など政府による荒政の措置と異なって、民間を主体とする自己管理の救済制度であった。こうした社倉法は明清時代にも継承されていた。さらに、「義田」、「義荘田」は、本来、宋の范仲淹が創始した血縁的な宗族内の互助措置を指すものだったが、それに止まらなかった。それは南宋時代に地縁に基づいた「義役」の風俗のなかで取られた措置でもあった。郷村の徴税責任者が管轄内に割り当てられた定額を完納できない場合にその代納の義務を負わされていたため、「義役」はその救済のために創られた。すなわち、税戸が田を出し合って、「義田」、「義荘田」の名のもとにこれを出租し、その収入をもって徴収額の不足分を補い、それによって役戸を助けようとする措置であった（清水 1951：215）。「義田」、「義荘田」はこのように、血縁関係を超えてその延長である地縁関係においても機能していたのである。

一方、官に目を転じれば、周代に「郷遂」の制度が実施され、郊門の内と外にそれぞれ「郷」と「遂」を最大単位とした行政区画がなされた。「郷」の場合、「五家を比と為さ令めて、之をして相保た使む。五比を閭と為し、之をして相受け使む。五閭を族と為し、之をして相葬ら使む。五族を党と為し、之をして相救わ使む。五党を州と為し、之をして相賙わ使む。五州を郷と為し、之をして相賓せ使む」（『周礼・地官司徒』）とあるように、戸数で上下六層に分け、それぞれの単位に「相保、相受、相葬、相救、相賙、相賓」などの協力関係の義務を規定した（同上：290）。官の側も地縁関係に基

づいた郷人の間の互助を教化していた。

　「郷遂」制度は後世にも長く影響を残した。実際、明や清の「保甲制」などの行政組織は事実上、自然村を尊重したうえで創られた（同上：40）。また、「郷約」は当初、宋代に民間から出発した自治形態だったが、それはやがて地方官主導によるものへと移り変わっていった。政治権力は次第に郷村に対する教化を強め、皇帝が自ら「聖諭」（明の「太祖聖訓」、清の「康熙聖諭」）を発布して、「勧民教化」の最高準則とするに至った。しかし、それでも地方官による「上」からの告示——したがって国法の性格をもつが——は、決定性を欠いており、それは「流動的な形で存在する個々人の行動基準（風俗——原注、以下同）を事実的に変化推移（移易）させることを通じて機能し、またそれを通じてしか機能しなかった」（寺田 1994：109）。つまり、上記の歴史的事実は、視点を変えれば、政治権力は郷村の地縁関係に基づいた共同の伝統に沿う形でないと、郷村に浸透することはできなかった、ということを意味している。

　さらに、このような特質は現代中国の中からも見出すことが可能である。それを示唆しているのは田原史起の研究である。田原は清水盛光の「自律的自治或は生成的自治」（以下、「生成的自治」と略す）と国家による「他律的自治或は構成的自治」（以下、「構成的自治」と略す）という村落自治の二重性の見解を応用して現代中国農村社会をとらえ、国家は農村において、「行政的な枠組みの再活性化を人為的に押し広めるのではなく、（中略）社会的な凝集力すなわち『生成的自治』作用を活性化させ、『構成的自治』の枠内に再編成することを通じて、間接的な村落統治効果を高めようとしている」（田原 2000：111）と指摘している。伝統社会と現代とは構造的な連続性の中でとらえることができることを示した好例である。

　また、上記の「郷党」の視点に止まらず、斯波義信の研究は別の角度から中国社会のもう一面を示した。斯波は社会経済の観点から中国社会を「競合的で細胞状の社会」（斯波 1983：173）と表現している。ここでの細胞の比喩はバラバラの砂のようなものではなく、「細胞状の結節化」であり、つま

り、細分化されている細胞間は結節しているのである。

　まず、結節について、斯波は宋以降の「商業革命」に伴う中国社会の変化を、村落ではなく「市(いち)」の発達を通してとらえている。半自給の社会で、人口の増加や余剰が生まれたことが交通や商業の刺激を受け、集落に無数の「村市」を発生させた。村市をもつ集落が100〜1000戸あまりのサイズに成長すると「鎮市」（町、半都市）となる（同上：205-207）。この「市」こそは細胞を結節させる働きをするものであった。斯波はウィリアム・スキナーの「中心地階層論(セントラル・プレース・ハイアラキー)」を援用して、村落を伝統中国で機能する社会としての最下層のコミュニティ単位としてとらえるのではなく、むしろ「原基市場町(スタンダード・マーケティング・タウン)」こそが中国社会の細胞の基礎単位である（同上：224）と指摘している。そして、これに統属する十数村をユニットとして成り立つ社会環節は「原基市場圏」である。このようなスタンダード・マーケティング・タウンは、スキナーによれば、「農産物と手工業製品が市場取引組織のさらに上層部へむかって上方に流れる起点となり、その上、農民の消費用に販入された品目が下方に流れる末端をなす」（スキナー 1979：8）という結節点的な存在であり、農民の実際の社会範囲は、村よりも「原基市場圏」の境界線によって規定されていた（同上：46頁）。この規模の社会は古代アテネのように面識可能な範囲であり、「市」は商業交易だけでなく、金融、婚姻、娯楽などが行われた社交の場でもあった。斯波は、「こうした市場の網で社会が結節化され、市を核とした細胞が遍在し、それが社会の構造単位となっていた」（斯波 1983：208）と評して、このような構造は、血縁が近隣に勝るような華南の社会へのストレートな適用ができないと保留しつつも、「近隣」原理による環節の凝集が「市場」を媒介にして、社会を下層から上へと組織していたと指摘している（同上：224）。

　上記の研究はいずれも、血縁のみならず、地縁関係も地域社会のネットワーク形成の重要な要素であったことを明確に示している。そして、都市もこのようなネットワークの延長線上に位置づけることができる。

　もっとも、このような中国社会の性質のとらえ方については、論者によっ

て見解が分かれている部分もある。清水は郷党道徳の「年長者への尊重」（「尚歯」）と「親和」という特徴に注目した一方、郷と郷の間の社会的公共性の欠如（清水1951：2）という閉鎖性にも注目しており、さらに同じ郷のなかにおいても、異姓間の分離的傾向と家族のもつ自家本位主義などの要因が村落結合を阻害する側面を指摘している。つまり、清水は血縁関係の延長で地縁関係をとらえる一方、前者は後者の結合を阻害する要因にもなるということである。それに対して、斯波は閉鎖性よりも競争性を強調する。斯波は19世紀の商工業が発達し外来者の比重が高い都市に注目して、外来者同士の競争や、土着民との間の競争が激しく、出先都市で競争に打ち勝つために、郷里における人的・物的資源を極限に生かすことに連なるが、同族の動員だけでは数が少なく、郷里という地縁関係が動員されることになる（斯波2002：136）。同郷の絆で作られた「郷幇」、同郷仲間でできた「会館」や「公所」などにおける同郷関係は、下は鎮（町）のレベルから上は省（1省ないし2、3省）のレベルまでの、上下に層をなす空間単位を、高下縦横、自在に組み上げる（同上：137）ことができるものであった。そんな中で、郷の境界は曖昧である。斯波からすれば、このような同郷の原理をてこにしたギルドは、決して頑迷で利己的な組織に終始しているものではなかった。彼は都市部における「善堂」「善会」の普及という例を挙げて、「繁栄している都市はおのずからコスモポリタンな社会に変容してゆく道理であり、そのプロセスで郷党の利害に沿った商利の追求を脱皮して、全市規模の〝市政〟への関与、福祉公共にギルドが乗り出した例は決して少なくない」（同上：144）と指摘している。この指摘はウェーバーが描いた中国の都市ギルドは都市への忠誠心を持たず、同郷の利害に引きずられる世界とは大きく異なっていることは言うまでもない。近代の都市における実質的な自治をめぐる実証的研究は、ウィリアム・ロー（1984）、夫馬進（1997）、吉澤誠一郎（2002）、馬敏（2003）、など数多くあり、例えば、ローは「行会」という都市社会組織の研究を通して、ウェーバーの中国の都市自治伝統の欠如という指摘を批判し、中国の市民社会の成立問題をめぐる議論を引き起こし、吉澤は、江南

出身の善士集団が一定の自律性のもとで、華北地域で社会救済事業に尽力したことを考察したことなど、示唆に富むものである。

　農業社会を中心とした伝統中国社会では、集住性は地域社会の特徴であった。相対的に固定した人間関係と半自給自足的な生活スタイルは地域社会に高度な安定志向をもたらした。一方で、人口が多く、一人当たりの土地が少ない「生」をめぐる競争的な社会の中で、このような安定志向は、「差等」的に優先度がつけられて、「外」に対して排他的になりやすい。人々の生への追求と家の伝承は「家族」の存続や発展と直結しており、家族の論理は排他的に優先される一面をもつ。しかし、このような閉鎖性や排他性は、生という根本的なこだわりの前ではあくまでも相対的なものであった。生のために、環境や状況次第で伸縮自在の人間関係のネットワークは幅を利かせ、開かれたものに変わっていき、その過程で公共的空間が形成されえたのである。

　このように、中国社会における「家族」の論理は、「差等」を原則とする閉鎖的で排他的一面をもつのは否めないことだが、一方、他者につながっていく人的ネットワークを形成する開放性をも持ち合わせていた。実際、血縁と地縁・近隣性に根ざす社会組織は、競争・排他原理が働く一方、一つまたは複数の宗族からなる村落の「村廟」という祭祀共同体（麻 2009：92）や、擬似的血縁関係に基づいた秘密結社、「盟」などの組織と、地縁関係に基づいた都市のギルド「会館」・「行会」などとを通して様々な形をとってつながっていた。さらに、近隣性・地縁に根ざした「市」を媒介にして、よりオープンな形の社会の結節化は基層社会の活力を生み出した。したがって、中国社会は決して「家族」論理における閉鎖的な一面で語れるものではないことは明らかである。地域社会から都市まで、西洋と異なった意味での様々な「自治」が存在していた。

　そのなかで、国家は欠かせないアクターとしてその存在感を示していたが、それも地域の「自治」に影響を及ぼす一つのファクターにすぎなかった。

c. 地域社会の論理に依存する国家

　近代の国民国家は、自由、平等の理念に基づいて創出された均一的な国民の集合体である。そのような近代的な視点からすれば、伝統中国は前近代的で、「封建」的であったことは明らかである。

　儒教における「上・下」関係を示す「三綱」と「中心・周縁」関係を示す「差等」とは、それぞれ「縦」と「横」という異なった指向性をもつが、不平等だという点では共通している。これはまさに儒教が家父長的支配を正当化する体制イデオロギーとして厳しく糾弾されてきた所以でもある。ウェーバーが指摘しているように、伝統と支配者（「ヘル」）の人格への「ピエテート」（肉親の情）とは、家父長的支配の権威の二つの根本要素であった（ウェーバー 1960：147-148）。伝統中国の中央集権的な家父長的支配の原理は「家族」における「孝」という原理の延長で成り立っていたのである。それは「上・下」と「差等」を含む不平等な原理でもあった。

　まず、「上・下」関係では、費孝通は、物理的なパワーに頼ることを意味する「横暴権力」と人々の間の平等な契約に基づく「同意権力」以外に、さらに「教化権力」を提起している。それは共同体の一体性を維持のために、共同体成員が共通の「礼」というルールを守り「家族」の成員を共同体の文化に合致するように教育するという伝統的な強制力である。そして、このような教化を中身とする支配関係を費孝通は「長老支配」と名付けている。実際、家族論理を基にしている王権の支配もその延長線上にあり、王権もこの論理に従い、「民の父母と為す」ことを唱える一方、基層社会の長老、郷紳層による教化を通して間接的に支配を行っていた（費 1998：67-68）。

　次に、「差等」の場合、儒教における君臣・父子・兄弟・夫婦・朋友からなる「五倫」は、等距離で同等な価値をもつものではなく、前述のように、「倫」＝「輪」として、あたかも水の輪のように、中心から周縁に広げていき薄くなっていくものである。つまり、血縁、地縁関係の遠近によって親疎

が決まるということである。このような「倫」からなる社会は「差序」（費孝通）を前提にしているのはいうまでもない。血縁関係に基づいた「家族」は、「五服」・「九族」[31]を範囲としており、親子関係を中心に、同心円的に周辺に向かって薄めていく。また、「同郷会」や「会館」、「行会」、「商会」などの組織によって示されているように、地縁関係も親疎関係を図る重要な基準になっていた。

　このように、「上・下」・「差等」という不平等な「家族」の原理の延長線上で、前近代的な家父長的支配が成り立っていた。たとえこのような不平等性を維持したものが赤裸々な暴力ではなく、「礼」という道徳的強制の性格が強く、よりソフトに見えたとしても、不平等な本質という点では変わりはなかったし、そして、なによりも、王朝国家が人々の生殺与奪の権力を手にしていたという現実は厳然として存在していたことも忘れてはならない。

　ただし、「家族」社会と国家との原理的一致は、時の現実的社会における両者の一致と直結することを意味せず、むしろ逆であった。

　孫文が指摘した中国社会の「バラバラの砂」という状態は、まさに「家族」と「国家」との間の断絶を物語ったものである。地域社会の人々は血縁を基にした「家族」の成員との間で「共同的行為」を取るが、国家に「共同」性を感じることはなかった。言い換えれば、地域社会の人々にとっての「公」は、自分たちが生を営む「家」の中、そしてその延長として、地縁関係に基づいた地域社会に止まっており、国家・天下という共同体にそもそも「共同」の感覚が薄かったのである。

　孫文の心情は同時代のウェスタン・インパクトを受けた近代の知識人たちの心情を代弁している。知識人たちは政治的立場を問わず、王朝国家が直面した未曾有の危機を救うには、西洋のような近代国家を建設する以外に方法はない、という認識を共有していた。そのような認識から、彼らがもっとも問題にしたのは、中国の人々が国家意識をもたなかったということであったのである。

　そのような国家意識をもたなかった人々からなる広大な地域社会の秩序の

維持は、国家による「上」からの支配だけでは成り立たなかった。行政官僚機構が設けられたのは県のレベルに止まっていたが、例えば、唐代から清代を通じて、行政都市の総数は県城クラスが1300内外、府州城クラスが300足らずというパターンが1000年余りもほとんど変わらなかった。官僚総数は3万人弱で推移していたが、唐代から清代にかけて総人口は8倍も増えていた（斯波 2002：116）。このような状況下で、国家は、地域社会の秩序を維持するには「郷紳」と地域社会の「家族」の長老とに頼らなければならなかった。つまり、基層社会における秩序は血縁、地縁関係に基づいた地域社会の「自治」に委ねられていたのである。「社会統制の面では宗族や郷党の自治にたより、またそれを奨励せざるをえず、族内の事柄は族人自身の処理に任せた」（陳 1994：26）のが実情だった。

　国家が「長老」や「家長」の手を借りて支配を行うことは、実は、西欧にも見られる現象であった。西欧において、すでに見てきたように、「家」は基本的に私の世界に属するが、しかし、例えば、19世紀初めのドイツは異なっていた。ドイツにおいては、家を単位にした旧身分制秩序は崩壊し、個人を公民として解放する方向が目指されたが、かつて旧い家とその家長たちから構成された共同体に課せられていた任務を引き受けるだけの備えは、新しい国家には能力的にも財政的にもなかった（杉田 2011：注7）。そのため、国家権力が個々人に直接に達しえず統制できないところでは、国家権力はやむをえず『家父長』（pater familias）を利用した。国家は「財政的基盤が弱く内政的にも無力であったために、伝統的身分的権力をそもそも解体しようと努めながら、実はそれと同時に、その権力なしで済ますことができなかった」というパラドックスを抱えていた（コゼレック 1995：357-358）。近代への移行期過程で、ドイツの国家権力は旧来の身分制秩序における家父長支配を克服しながらも、それに頼らざるをえず、しかも、その移行過程は長い期間がかかった。

　ドイツと比べて、よりソフトな形の家父長的支配の中国の地域社会では、国家から一定の自律性を保つ地域秩序は維持されていた（それは孫文が嘆い

ていた理由でもあったが）。国家官僚機構が県のレベルにしか及ばなかった公権力は、郷土社会の論理に頼らなければ、支配はできなかった。費孝通はこのことを表現して、「無為」の治と呼んでいる[32]。国家の「無為」の治にとって代わって地域の秩序の維持に実質的に機能していたのは「教化」の力であった。そして、教化の力を基にして郷土社会の秩序を維持していたのは「長老支配」だった。

　逆に、公権力が郷土社会の「家族」の論理に沿って、郷土社会の内的秩序に従わなければ、その支配はうまくいくはずはなかった。例えば、本来、明や清の治安を目的とする行政組織「保甲制」が事実上、自然村を尊重したうえで創られたものであった（清水 1951：40）。1940年代にも治安のために「保甲」制度が実行されたが、費孝通によれば、従来の郷土社会の秩序を破壊するものだった。すなわち、本来は基層社会の自治単位として設計し発足したこの制度は、基層社会の人々の生活単位を無視し、一律に数を基準に単位を規定して本来の地方自治単位に取って代え、結局、本来の自治伝統を破壊し、事実上の混乱を招いたのである（費 1999：341）。公権力は郷土社会の伝統と論理を尊重しなければ、支配もうまくいかない、ということであった。

　このことはたとえ国家権力が社会の隅々まで浸透させた現代においても決して例外ではない。「世帯生産請負責任制」の嚆矢となった安徽省鳳陽県小崗村と「村民自治第一村」と呼ばれている広西壮族自治区宜州市屛南郷合寨村果作屯はその好例である。

　80年代の改革開放は農村経済改革から始まったが、1982年に正式に打ち出された「世帯生産請負責任制」（「家庭聯産承包制」）の実施はそのシンボルであった。実際、この制度の嚆矢となったのは安徽小崗村の農民たちの行動であった。1978年、当時の人民公社の集団労働、平均分配制の下で、請負制がまだ国家によって禁止されていた時期に、小崗村の農民たちが生きるために、投獄されるリスクを冒しながら、村幹部の主導の下で自分たちでひそかに約束を交わして請負制を実施することを決行した。このような行動は

結局、農民たちの積極性を引き出して村の豊作につながった。1980 年にこのような請負制が国家によって評価されるようになり、それがたちまち全国に広まったのである[33]。

また、世帯請負制が実施され始めた 1980 年に、広西宜州市合寨大隊（村）果作生産隊（屯）の組織の凝集力と拘束力が弱まるにつれ、村に森林の乱伐、賭博や窃盗などが起き、治安が問題になった。そこで、当時の生産隊（自然村）の隊長の呼びかけにより、世帯代表による民主的投票で「村民委員会」が選出され、村民たちは自分たちで「村規民約」を作り、自治を行った。このような形式はやがて公的に評価され、全国的に広まることとなった[34]。

「上に政策があり、下に対策がある」（「上有政策、下有対策」）、または、「上」からの管理に「無為」という隙間ができるときに、人々の生のための知恵が顕現されるのである。

以上のように、中国の人々にとって、「家族」はもっとも重要なコミュニティであり、国家は逆に遠い存在であった。その意味では、岸本美緒は、伝統中国社会は「全社会を代表する『公』権力がどこに帰着すべきか、あるいは権力の分割がどのように行われるべきか、といった問いがすでに不必要な世界」であり、人々の究極的関心は「『国制』的構造の確定ではなくて、皇帝も地方紳士も民衆も全体社会の利害に向けて協同する実質的調和状態の実現にあった」（岸本 1999：45、46）、と指摘していることに共感が持てる。人々は生きるために安寧を求め、自分たちの生のために、ありとあらゆる選択をし、生きるための戦略を立てる。生への執念は時代を超えて受け継がれているのである。

西洋では、ポリスやコモンウェルスは人々が自らの生を語る場であるのに対して、中国では、人々は何よりもまず「家」という場を中心に自分たちの生を営んでいた。一方の王朝国家はあくまでもその延長上にあったものにすぎない。もちろん、王朝国家は決して無視されたわけではなかったが、それは人々が生きていくのに役立つ場合に、その都度これを受け入れ、または自

らそれを利用すべく接近していくという存在であった。つまり、国家権力も自分たちが生きるための手段である。生へのこだわりは人々の生の主体性を生み出した。人口の多い小農経済の農業社会において、生きるための競争が常態であったことに加えて、「家族」の家父長制という上下関係を基本としたこともあり、権力への接近、それとの癒着という方法が採られた。科挙試験を通して自ら権力を獲得したり、「胥吏」[35]になった場合に国家をバックに権力を振るったり、賄賂を使って権力の買収（「買通」──『水滸伝』の世界）をしたり、そして、何も持ち合わせていない人々は奴僕になって、権威や権力に寄り添ったりする、など、各々できる限りの資源を動員して、懸命に生きる。「公」権力を「私」に生かすのである。その限りにおいて、公権力は自分たちの生のためのものとして意義があるのである。

　結局、地域の人々にとって、王朝国家は「天高く皇帝遠し」（「天高皇帝遠」）、「帝力なんぞ我に有らんや」（「帝力於我何有哉」）という遠い存在であった。人々の生は何よりもまず「家族」を起点とする人的ネットワークに頼ったものであった。自分たちの「生」が脅かされない限り、民衆は簡単に政治的動員に応じないのである。

　伝統の中国社会では、国家は「徳治」という儒教イデオロギーのもとで、地域社会で「無為」の治を実施し、地域の長老や、郷紳層を通して基層社会の人々を教化するという間接的支配を行った。そのため、人々が直接に国家と向き合わせられることなく、国家の暴力性もむき出しにされずに覆い隠されていた。そうしたこともあって、中国においては、西洋におけるような国家に対抗する都市民の自治という「国家 VS. 社会」の構図が見られなかった。このような二元論で伝統中国社会をとらえて、国家と社会との対抗関係強調するあまりに偏りを生じざるをえない。たしかに、政治権力に対する警戒という意味では健全であるといわなければならないが、この点だけをクローズアップしたとらえ方は、中国社会の特質を看過することになる代償もまた大きい。

（4） 人々の「生」と現代中国

　以上、中国の人々の「生」へのこだわりという特質と、人々が生を営み、生の意義を託した「家族」を中心とした地域社会の特質——血縁に基づいた「事業体」や、希薄な国家意識、閉鎖性と開放性の併存——とを見てきた。これらの伝統はこの百年来、幾多の革命を経て大きく変容を遂げてきたが、生へのこだわりや、「家族」の論理は、いまだに現代中国社会の人々の意識に根付いているものがあり、これらの伝統をとらえ直すことこそ、現代中国を理解し中国の今後を展望するために重要なカギになると考える。

　まず、生への追求は、80年代の鄧小平の「先富論」による呼びかけ以来、「改革・開放」政策の下で、人々はそれまでの「大公無私」のイデオロギーから解放され、争うようにそれぞれの生を追求してきた。経済の高速発展に伴い、今から30年前までの「温飽」（基本的な生活を維持できる水準）の課題はもはや話題に上らず、代わりに、日本での「爆買」が話題になっている。今や生の追求は「善き生」ならぬ物欲への飽くなき追求のことを意味し、「先富論」は禁錮されていた人々の意識を解放したと同時に、人々の欲望をも刺激した。拝金主義の蔓延はその延長上にあるといってよい。

　しかし一方、人々は豊かになればなるほど、不満が増えるのみならず、不安も増長している。前者の不満は欲望の性格上理解できなくはないが、後者の不安は、生の問題は生活貧困の問題だけに還元できるものではない。第1章で触れたように、バラバラにアトム化している人々の公的機関への不信と人々の間の相互信頼感の欠如、言い換えれば、公共の不在は人々の不安をもたらしている。最高指導部のメンバーを含む既得利益集団の形成、権力を不正に利用して蓄財する大「家族」、生活拠点を海外に移して中国国内で蓄財する「裸官」、「裸商」は周知の現象であり、格差による社会的断裂は、人々の間の相互不信感を助長するものだった。生活が豊かになっていても、中国社会における「公」への信頼危機は人々に不安を与えているのである。人々は不安のなかで、自己保存のためによりいっそう「生」への欲求を強める。生への欲求はマグマのような大きなエネルギーである。秩序を作る公権力へ

の不信や社会における公共性の不在のなかで、人々の生への追求は法的社会倫理道徳規範から逸脱する現象が遍在し、大きな社会的不安を生み出している。

　さらに、人々の生への追求と政治権力との関係を見ると、伝統的には人々は生のために、権力に接近しこれと癒着するか、または権力に従順的で、その保護を得る方策を練る。あるいは、追い込まれて、これに抵抗すべく反乱を起こす。現代でも、腐敗、賄賂、権力と金の癒着、または、抵抗としての「群体性事件」など、いずれも伝統との連続性でとらえることができる。

　「三つの代表」を掲げる共産党はいかにして真に広範な人民の根本的利益を体現できるのか、言い換えれば、国家はどのようにして自らが担うべき公共性を完全に回復するか、また、社会はどのように公共を再建し、相互信頼感を取り戻すか、この二つの課題は相互に緊張をはらみながらも、公共の創出と回復という点においては一致している。本書が考察する「法治」と「自治」の課題の本質もまさにこの点にある。そして、「百姓」の生に視点を据えて公共の創出と回復の課題にアプローチし、「政治」の役割を具体的に考えていくのが本書の特徴の一つである。

　次に、「生」への追求と関連して、「家族」の論理について、実際、時代を追ってみても、繰り返しになるが、これまで見てきたように、岸本美緒が克明に描き出した明清交替期の中国地域社会のあり方に始まり、百年以上前の清末の孫文や、梁啓超の中国社会に対する「家族主義」や「私徳」偏重という論断と、40年代の費孝通の民国期中国の郷土社会を念頭に置きながら打ち出した「差序格局」・「教化権力」などの概念には、家族という論理が大きく通底したものとして浮かび上がっているように思われる。このような伝統は、辛亥革命、五四新文化運動、社会主義革命と建国後の「破四旧」、「一大二公」の人民公社などの一連の運動、そして、「改革・開放」という激動した時代を経てきた現代中国においては、依然として生き続けている。

　90年代の初頭に、政治学者王滬寧の研究グループが、1988、89年に沿海地域と内陸地域を含む中国各地で「村落家族文化」をめぐる実地調査を行

い、王滬寧は調査に基づいて『当代中国村落家族文化——中国社会の現代化に対する一つの探索』という著書を著した[36]。その中で、王は「中国社会はいまだに村落家族文化を超越していない。村落家族文化は依然として社会的特性だといってよい。数多くの郷村人口を抱える広大な郷村の場合はとくにそうである」（王 1991：206）と述べている。王滬寧は、伝統社会から近代的社会への転換期にある中国社会を、近代的文化と村落家族文化とが共存する「複合状態」にあり、村落家族文化が革新と伝承との間が相互に消長している（同上：232-233）という見解を示し、中国社会の未来の発展は村落家族文化の行方と密接に関連している（同上：279）と考えている。

王滬寧は中国の村落家族文化について、それがやがて解体（「消解」）していくのが歴史的趨勢としつつも、その過程は一つの長い道のりであり、現状では、村落家族文化は「潜流」として存在するだけでなく、それが「拡散」している勢いにある一面をもつとしている。王の研究は、このような状況において、いかなる社会体制を構築して、村落家族文化における前近代的な負の側面に対処しつつ、その潜在的エネルギー（潜能）を発揮することができるか、に対する探索であった。

また、家族の論理を支える儒教についても、学界では「新儒教」が一つの大きな影響力をもつ流れになっており、社会的にも儒教を教える学校の出現、「孔子廟」・「文廟」の再建や復活、「孝」などの家族倫理観が声高に唱えられるようになり、祖先を祭る祭日である「清明節」をはじめとした伝統的な祭日が国定休日に指定されるなど、儒教や家族倫理観などの伝統が復興している勢いにある。

要するに、この 1 世紀以上にわたる激動する時代を経たにもかかわらず、血縁と地縁関係に基づく村落家族文化は大きく変容し、そして減退しつつある趨勢にあることを感じさせながらも、いろいろな局面で再興していることをも観察されている。それは依然としていろいろな場面で何らかの形で中国社会と人々を規定している。伝統の良しや悪しにかかわらず、そのような現実から目をそらしてはならないのである。

このような認識に基づいて、筆者は王滬寧の観点を全体として同意しつつ、公的権力による社会体制の整備という視点よりも、基層社会、具体的には、基層社会に生を営む人々＝「百姓」たちの視点から「百姓」たちにとっての「生の共同体」について考察することにしたい。
　その場合、筆者が特に注目したいのは次の三点である。
　第一に、中国の人々の「生」に対する並々ならぬ執念は巨大なエネルギーだということである。蕭公権はその 19 世紀の中国郷村に関する研究のなかで、伝統中国の農民の特徴を次のように的確にとらえている。

　　「生き延びていく意志という簡単な欲望は彼らの行動と反動を左右し、土地を耕して生存を維持するという単純な作業は彼らの注意力と精力を占めている。王朝の興起はちっとも彼らの脳内に政治的な情熱を注入することはなく、王朝の解体も彼らが決心して社会的政治的変革を実現しようとする革命分子に変えることはなかった」（蕭 2014：601-602）[37]。

　農民という存在は受け身で消極的であり、常に指導される側であるが、農民のこのようなイメージとは裏腹に、彼らがもつ生への執念は巨大なエネルギーである。蕭公権も指摘しているように、農民は地方官僚や時の政権に対するすべての反逆のなかにおける不可欠な要素であった（同上：602）。ただ、蕭公権は、民にあったこのような力を受け身で消極的なものだとしか位置付けていない。これに対して、辛亥革命の政治文化を考察した野村浩一は中国の政治世界に「皇帝――官僚の中国」と「農民の中国」との二つの強固な政治的磁場が存在しつづけていたことを指摘して、「伝統的、強権的官僚統治へとつねに傾斜する政治権力に対して、それに挑戦し、それを打倒するエネルギーと政治的力が、この時、この国の政治世界にあっては、やはり実質的には農民的権力以外にはありえなかったことを示していた」（野村 2007：108）と述べている。本書は、中国の人々の生への執念を重視する視点からこの見解を支持したい。エネルギーのみならず、たとえほとんどの場合、百姓が常に指導される側であったにしても、百姓と組織者や指導者との間の相

互作用に見られる力も見落としてはならないのである。

　百姓がもつ巨大なエネルギーが制御不能なマグマのように爆発するのを避けたい、これは政治権力にとっての最大関心事だといってよい。しかし、そのような結果を回避するために、ただどのように百姓のエネルギーを分断し、その勢いを削ぐ方策を練り、言い換えれば、潜在的に治者と被治者との二元的対立の思考方法で対処するのは、到底、合理的な選択ではありえない。国民国家建設という課題に取り組んでいる現在、国家は、生の欲求に基づいた巨大なエネルギーを抑えるのではなく、これをいかに味方につけ、この巨大なエネルギーを合理的な形で爆発させてこれを生かすかを考えなければならない。そして、それを達成するには、いかに治者と被治者との間を通じさせ、「治者と被治者の同一性」を実現するする以外に方法はあるまい。

　第二に、政治は百姓たちの生に寄り添うものでなければ、いずれはつまずくことになる、ということである。これはとくに現代において、政権の正当性が問われる死活問題でもある。

　王朝国家の時代に、儒教的倫理道徳が支配イデオロギーとして君臨しており、王朝の家父長的支配は「家族」論理の延長にあった。このような家父長的支配のもとで、人々は生のために各々の方法で権力に接近し、これと癒着したのは普遍的な現象であった。これらは近代的視点からもっとも厳しく糾弾される点であることは、すでに清水盛光や増田四郎などを通して見てきたとおりである。

　一方で、地域社会の現実に目を転じれば、実際に見て取れるのは血縁に基づいた家族の論理とその延長である地縁に基づいた近隣の論理であった。逆に、国家は人々にとって縁遠い存在であった。権力に従順的で、または、これに近づこうとする民——梁啓超はこれを「奴隷根性」として厳しく糾弾した——は、何よりも大事にしているのは、実は自分たちの「生」の営みである。権力や政治は自分たちの生に役立つ場合に限って、人々はこれに従い、また、これに与する。このような百姓たちは容易に政治的に動員されず、まして国家のために自らを犠牲にすることを進んで受け入れることはありえな

い。現代でも、人々が国家による政治的動員に応じるのは自分たちの生活に有利である場合に限る、という点では変わらない。近代国家建設を目指すときに、このような国家意識のなさは大きな障害だったが、逆に、自分たちの「生」をもっとも大事にしていることは、抑圧的政治権力に対する抵抗——それはポジティブなものとネガティブなものの両方を含むが——のエネルギーにもなるのである。

　しかし同時に、人々の国家意識の強弱とは関係なしに、人の命を生殺与奪することのできる政治権力が厳然として存在していることを軽視してはならない。伝統中国における間接的統治の中で、基層社会の百姓たちは王朝国家権力の「無為」により、基本的にそれと直接に向き合わずに済んだ。それに対して、現代中国の人々の政治生活において、国家権力組織の基層社会に対する影響力は隅々まで浸透している。そして、「家族」伝統や中間組織の弱化により、人々は様々な場面で国家と直接に向き合わせられている。しかも、この場合の国家はかつてない強力な暴力装置を持つ国家である。一方、このような強力な国家権力という存在に対して、現代の人々の生の欲求は近代的な権利意識という形で表出されるようになった。このように、国家が「無為」から「作為」的になったことにより、国家と人々の間の緊張も従来になく高まっているのである。たしかに、現代国家は暴力装置の誇示と行使により表面的な社会的安定を維持することは物理的には可能である。しかし、暴力の剥き出しな使用は国家権力の正当性を覆すものである。同時に、強権のもとで社会はもはや活力を持ちえず、「潰敗」していくことが避けられない。こうした国家と人々の間の緊張の中で、政治権力の支配の正当性が強く問われている。

　その意味では、人々の生への執念とそのエネルギーとを現実にある国家の政治生活の中に整序化するには、人々の生に寄り添うようにする以外に方法はない。現在の中国で、これまでの経済発展が一定の程度人々の生から生じた欲求に応えてきたが、格差や腐敗問題が深刻である現在、人々の生に寄り添うということは、何よりも、国家自身が法に則った統治を行うとともに、

公共の役割を十分に果たし、公正・公平の秩序を創出しこれを守る、言い換えれば、真の「法治」の実現ということを意味している。これは権利意識が高まっている人々の要請であり、国家が自らの正当性を維持するために応えなければならない重要な課題である。

　そして第三に、人々の生における「つながり」の伝統を現代に生かすべきだということである。「家族」の論理はこれまで見てきたように、「私」＝エゴの問題や、不平等性、閉鎖性などの問題を抱えており、それらをいかに現代生活の中で克服するかは重要な課題である。一方、現代中国社会は、経済改革による社会的格差の拡大の深刻化に加えて、億単位で流動する農村からの出稼ぎ労働者の移動がもたらした農村社会の激変や、経済発展に伴う都市化の進展などで、農村の地域社会と都市部の「単位」社会とが大きく変容した。その過程で、従来人々の間にあった「つながり」が弱くなり、人々の間をつなげる「共同」が失われつつあり、社会の求心力は低下している。分断されている社会の人々は孤立した無力な弱い存在になっている。こうした問題はとくに都市部において顕著であり、しかも、都市化の進展により、広がりつつある。そのような中で、いかに人々の間の「つながり」を取り戻し、新たな共同、公共を創出するかが喫緊な課題になっている。本書は、上記の「つながり」の課題を都市部の基層社会におけるコミュニティ建設を中心に考えることにしたい。その場合、つながりの輪の広がりによる人的ネットワークの形成、地縁に基づいた互いに見守り助け合うという「守望相助」（『孟子・滕文公上』）の伝統は活用できる資源である。これは現代中国社会における自治の課題でもあることはいうまでもない。

　本書は、中国を「百姓」たちの生の「場」として位置付けて、以上の諸点を念頭に置きつつ、第3章以降の議論を進めていきたい。

　さらに、このような百姓たちの生を営む「場」を政治的に構想するときに、その根底にはいかなる原理や哲学が働いているのか、ということをも問わなければならない。そこで、われわれはもう一つの伝統と出会うことになる。本書は中国人の政治観を規定するものの一つとして、「易」の思想的伝

統に注目したい。

〈注〉

16　野村浩一は、自らの研究に「政治文化」という用語を使う理由について、「個人や集団の思想や行動を扱いつつも、やはりそれらを規定したその文化的基礎、すなわちそこに現われる価値意識、態度、信念などを可能な限り明らかにすることによって、その意味を取り出」すことにある（野村 2007：109‐110）、と説明している。本書もこのような立場を共有している。また、アプローチに関して、蕭 2014、余 2011、李 2005、の諸研究からも多くの教示をいただいている。

17　ロックは意識的に君主が主権をもつ政治社会を含意する state と、契約説に立って自らが理論構成した政治社会 commonwealth とを区別させている。Commonwealth はキヴィタス（civitas）や、レス・プブリカ（res publica）と同じく、統治関係を含みながら、あくまでも人的共同体であった（ロック『統治二論』、第 5 章訳注 17：353、第 10 章訳注（4）：451、を参照されたい）。本書は政治社会の「人的共同体」としての側面を強く意識している。

18　なお、田原史起（2000）「村落統治と村民自治——伝統的権力構造からのアプローチ」、天児・菱田 2000 における議論をも参照されたい。

19　「同心円的な広がり」は、例えば、溝口雄三が黄遵憲の「自治」に対する理解を例に、身―家―郷―県―省という広がりについて説明した時に用いている（溝口 2011b：53）。なお、初出は溝口 2006 である。

20　一方で、孫文は中国の家族、宗族観念と故郷の観念とが「国族」形成の基礎となり、家族から宗族へ、そして、国族へと拡大していくことを構想した（孫 1957：644）。

21　費孝通（1999）『費孝通文集』（全 16 巻）群言出版社、梁漱溟（2011）『梁漱溟全集』（全 8 巻）山東人民出版社、が出版されただけでなく、費孝通の『郷土中国』、『中国紳士』、『皇権與紳権』、梁漱溟の『郷村建設理論』、『中国文化要義』、『東西文化及其哲学』などの著作は、90 年代以降、それぞれ複数の出版社から出版されている。また、90 年代以降新しい研究動向を示すものとしては、例えば、馬・朱 1993、馬（2003）、桑（1995）、王（2011）、などが挙げられる。

22　中国伝統社会研究に対する批評について、旗田（1973）、岸本（1994）、黄（2005）などを参照されたい。

23　本書では、「家族」は中国的な意味で用いられている。その定義と特徴は下記

の費孝通らの研究で明らかにされる。
24 費孝通（1998）によれば、「家族」は事業団体として規律を重んじ、私情を排除する。一方で、「家族」成員が「自己のために家を犠牲にすることができ、家のために党を犠牲にすることができ、党のために国を犠牲にすることができ、国のために天下を犠牲にすることができる」と中国人が「自我」を中心とするという「私」の問題をも指摘している（費1998：29、41）。費の見解は、中国における「家族」と「個人」との関係をどのようにとらえるべきかについて、さらに吟味する必要があることを示している。ここでひとまず指摘しておきたいのは、費孝通にとって、個は初めから「倫」（輪）——「社会圏子」に埋め込まれている存在であって、直接に神と相対するような自立した「個」ではない。個は常に関係（倫）の中で語られている存在であり、一人ひとりの人間にとって、その関係（倫）の核にあるのが父子をもとする伸縮する「家族」だ、ということである。
25 原文：「同姓従宗、合族属」、「親者属也」なお、清水1942：11参照、以下同。
26 原文：「蒼頡曰、親、愛也、近也。然則親者、恩愛狎近、不疎遠之称也」。
27 原文：「族者何也、族者、湊也。聚也。謂恩愛相流湊也。生相親愛、死相哀痛、有会聚之道、故謂之族」。
28 ここでの恩愛は、例えば、ヘーゲルの言っている「愛」とは異なる。ヘーゲルにおける「愛」は男女間の人格的関係を表すもので、自由な主体である男女間の自発的な契約による婚姻の結合の原理であるが、それに対して、「恩愛」の核心はアプリオリの存在としての父子関係である。費孝通によれば、中国の「家族」は父系のつながりを基としており、父子関係は主軸であり、一方の夫婦関係はそれに配合するものである。西洋の場合と比べて、婚姻は自由なる主体間の自発的な契約では決してなく、初めから家族の論理を前提にしてそれに従属したものである。そのような中で、費は「家族」のなかの男女間の愛は薄いと指摘している（費1998：41）。
29 原文：「怎麼叫做郷党？就如各村各堡児街坊隣舎家便是」（広訓衍）。「怎麼叫做郷党？是同在一塊土上住的人」（盧直解）。
30 原文：「緩急可恃者莫如郷党」「夫天下者郷党之積也」。
31 自分を中心に、男系で自分を含む上下それぞれ四世代以内を血縁関係者のこと。高祖から玄孫までの親族のこと。
32 宋、元、明、清各時代は社会経済が発展し、人口が増えるなど、社会が大きく膨らんだにもかかわらず、「国は千五百内外という固定数の県による統制網の枠には手をつけなかった」（斯波1983：186）という斯波義信の指摘を考えれば、

「無為」は人為的な選択だったともいえる。

33 「新中国経済60年60人　浪尖上的舵手」、中国網、2018年3月6日アクセス。http://www.china.com.cn/economic/zhuanti/xzgjjlsn/2009-07/24/content_18200621.htm

34 「宜州市屛南郷合寨村　中国村民自治第一村」、人民網、2018年3月6日アクセス。http://gx.people.com.cn/GB/179459/364877/index.html。筆者は実際、2006年8月にフィールドワークで村を訪れ、インタビューを行った。

35 官僚機構の「衙門」の中で、皂隷、公人、班頭、差人と呼ばれた人々の総称。支配者の代わりに一般民衆と直接に接触する人々であるが、その社会的地位は非常に低く、社会的に、また官僚にも軽視されていた存在であった（費孝通1999：338）。

36 王1991。なお、「村落家族文化」とは、「自然村、または行政村という範囲のなかの家族関係、およびそれに基づいて形成された種々の体制、行為、観念と心理状態」(7頁)だとされている。

37 本書は、Hsiao Kung-Chuan, 1960. *Rural China: Imperial Control in the Nineteenth Century,* University of Washington Press, Seattle. の翻訳である。

二　中国の自然法：
『易』

1　進化論と易

　周知のように、近代中国における進化論の受容はそれまでの中国人の世界観を大きく変えた。ハックスレーとスペンサーを下敷きにした厳復の訳書『天演論』は同時代の儒教知識人たちに大きな衝撃を与えた。この時代の知識人たちにとって、王朝を存亡の危機に陥れた強烈な「ウェスタン・インパクト」はそれまでの王朝の交代の論理と異なった未曾有の「変局」であった。武力を伴って「東漸」した西欧からの異質な他者は、もはやただ「夷」としてみなして無視するわけにはいかず、むしろ逆に、自分たちより強くて優れている存在として正面から受け止めなければならなかった。そのため、この目の前の未曾有の状況に対して、「物競」、「天択」、「適者生存」などの言葉をもって登場した『天演論』は大きな説得力をもつ理論として、強い危機意識をもっていた多くの人々に迎え入れられた。

　進化論は中国の人々が直面した事実に対する有力な説明としてその影響を広め、やがて、「優勝劣敗」の世界観が定着するようになった。厳復自身はその後、さらにエドワード・ジェンクスの『社会通史』を翻訳して、ジェンクスの単線的な進化論を中国に紹介した。この訳書は、シュウォルツによれば、厳復にとって、「モンテスキューの分析の静的で、『非進歩的な』性格を補正する機能を営むもの」（シュウォルツ1978：172）であった。このような「進歩」の性格はその後も受け継がれて、辛亥革命後、袁世凱による「復辟」への反動として、儒教伝統を徹底的に批判する「新文化運動」が1910年代末に始まった。

　しかし、一方で、第一次世界大戦後に、西欧を進化の目標としてきた厳復の心境に大きな変化が起きた。彼は「これまでの中国の七年間の民国とヨー

ロッパの四年にわたる未曽有の血戦を見て、彼の民族の三百年間の進化は、ただ『利己殺人、厚顔無恥』しか達成しなかった」（『合集4』：1150）と西欧の文明への幻滅を隠さなかった。厳復に止まらず、第一世界大戦による西欧「近代」への幻滅は一つの流れとして中国の知識人層の間で広がった。やがて、1920年代に、科学は万能であるか、科学は「人生観」問題に有効であるかどうか、について、いわゆる「科学と人生観」（または「科学」と「玄学」）の論争が繰り広げられた。議論の深化により、この論争は結局、東西文化の優劣という問題に発展した。東西文化をめぐる初めての論争は、その射程が現代をも収めているといってよい。

　厳復の「近代」への信仰や進化に対する確信からの「転向」には、のちに、「保守頑固」という評価が下された。この評価が象徴しているように、厳復以降、「『公理』『公例』としての進化論が、清末の思想世界にある種の画一性をもたらし」（佐藤 1990：253）、単線的な進化論や進歩史観が中国社会に深く浸透して、やがて一つの根強い考えとして長く維持され続けてきた。

　しかし、一方で、伝統的文化は、たとえ長く「近代」というイデオロギーの批判対象であり続けていても、消されることなく、現在になっても相変わらず東西をめぐる論争の一翼を担っていると言える。このような東西の文化を二元的にとらえる思考がずっと続いてきたという事実自体、伝統の強靭さを物語っている。

　本書では、上述した人々の生をめぐる伝統に加えて、もう一つの伝統に注目したい。それは、近代以降、とくに進化論の受容と浸透によって覆い隠された「易」の伝統である。進化論が受容される前に、人々にとって、社会の変化は単線的な進歩や進化ではなく、「一治一乱」の歴史観であり、政治社会の治乱興廃は調和がとれている状態とバランスが崩れた状態との間の交替であった。そして、このような説明に根拠を与えたのは『易』である。進化論の浸透により、「一治一乱」史観は後退しやがて顧みられなくなったようにみえるが、それは人々の思考に定着した価値観として働き続けていた。実

際、易は清末の近代的制度を受容する論理として、また、改良、革命を含む
変革の論理として、絶えず用いられていた。「易は窮まれば則ち変ず、変ず
れば則ち通ず、通ずれば則ち久し」(「繋辞」)や、「天地革まりて四時成る。
湯武、命を革め、天に順い人に応ず。革の時、大いなるかな」(「彖・革」)
など、易伝における言葉が頻繁に援用されていた。これらの引用はただ改革
者自らの主張の正当性を強化するための「飾り」としての決まり文句なの
か、それとも、危機に臨んだ時の人々の反応と主張を規定した思考様式なの
か。もし、易を近代の人々の改革論や革命論を支える論理の一つとして理解
することができるならば、易の伝統による影響はどこまで考えられるのか。
これらの問題を考えるために、以下、まず、易についてみることにしたい。

2 易とは

　儒教の四書五経の中の一つとして数えられる『易』は『周易』とも呼ばれ
ており、「経」と「伝」という二つの部分からなっている。まず、「経」の部
分は「卦形」・「卦名」と「卦辞」・「爻辞」の本文からなり、西周時代の初期
にできたものだとされる (朱 2009：10)[38]。それは当初、周の時代の人々が
占いのための占術書であった。しかし、それがただの迷信として終わらな
かったのは、「伝」の部分とかかわっている。「伝」とは後世の者がそれぞれ
の立場から「経」の意味を解いたものを内容としている。「伝」は戦国時代
の末期に儒者によって著されたものであり、「彖上・彖下、象上・象下、文言、
繋辞上、繋辞下、説卦、序卦、雑卦」の十篇あるため、「十翼」とも呼ばれ
ている。「経」と「伝」からなる『易』は、上古の伏羲が八卦を画し、中古
の文王が卦辞、爻辞、近古の孔子が「十翼」を作ったと伝えられていた[39]。
やがて、この書物は儒教の経典の一つと数えられ、後漢時代にさらに五経の
首として、経書の経書という地位を確立するに至った (今井 1987：「解題」)。
　ただ、現在、「伝」は実際、一気に出来上がったものではなく、また孔子
一人で作ったものでもなく、道家や陰陽家などの各家の解釈を寄せ集めたこ

とによって次第に出来上がったもので（朱 2009：44）、漢初から成帝期に徐々に成立していったとされている（溝口・池田・小島 2007：67）。『周易』の「経」は占い用の典籍であるが、「伝」は儒者たちの注釈によって哲理化された。そもそも、現実世界の人間・社会における道徳と政治を説く儒教は存在論的思索は不得手であった。儒家が易に注釈を施すことにより、易が儒教体系を基礎づける理論として機能させたのである（同上：62頁）。

そのことを象徴したものは、孔子が「五十にして以て易を学びなば、以て大過なかるべし」（『論語・述而』）と易を学ぶ意義を述べた[40]一方、「占せざるのみ」（『論語・子路』）とも述べていることである。つまり、孔子は易を学ぶが、卜占はしない、というのである。顧炎武はこれを評して、「聖人が『易』を学ぶのは日常の言行のためであり、（河）図（洛）書や象数のためではない。現在の図や象を附会することを自分の才能とする者は、（易を学ぶ本義に）背いている」（顧 2011：43-44）[41]と述べている。易に対する解釈は儒家において孔子に始まったとされているが、孔子にとって、易は人間が過ちを改めて善に従うという道徳観を高めるためのものだった（朱 2009：35）。つまり、易伝の意義はその教育の機能にあったのである。荀子が「善く易を為むる者は占せず」（『荀子・大略』）と述べたのも孔子の主張を踏まえたものであった。その意味では、「経」は「伝」によってはじめて政治的思想的意義をもつようになったともいえる。

もちろん、易伝の意義は道徳教育という機能に止まらず、なによりも人々に世界観と価値観に説明を提供したことにあったと言える。それは、まず、天道、自然と人間世界とは一致したものであり、そして、万物は絶えず一定の法則に基づいて変易と転化をしていること、などに根拠を与えたのである。

易は「陰・陽」の変易をもって世界観を形成する。『易』において、「易に太極あり、これ両儀を生ず。両儀は四象を生じ、四象は八卦を生ず」（「繋辞上」）と述べられているように、『易』は宇宙万物に説明を与えたものである。宇宙の根源である「太極」が「両儀」――「陽」と「陰」――に分化し

て、宇宙万物はすべて「陽（—）」と「陰（--）」の組み合わせによって表現される。「陰陽は、一切の事物の現象の性体およびその作用についての二つの属性を現わすものである。一切のものはあるいは陰となりあるいは陽となって無休の変化作用をなすとともに、その変化の中に一定不易の法則を蔵している」（高田・後藤 1969：39）。ここでの「陽」と「陰」という二つの爻[42]は易における基本観念である。この二つの爻を重ねること三にして、「卦」を成す。組み合わせは全部8通りあるため、「八卦」と呼ばれる。さらに、同じ原理で八卦の組み合わせで6つの爻からなる64の卦ができる。易はすなわちこれらの卦と爻の変易、変通のダイナミックスをもって、宇宙自然と人生の一切の道を表現したものである。道とは、ここでは、陰陽変易の法則を指す（朱 2009：87）。「一陰一陽をこれ道と謂う」（「繋辞」）は易の基本原理であり、最高原則である。陰と陽とは、万物に常に存在している相対立の両面を表しており、この相対立する両面は同時に絶えず変通し合うものである。日月、寒暑の推移、人間行動の屈伸、境遇の窮する時と通じる時、君子と小人の間の消長、などはいずれも陰陽間の変通のダイナミックスで説明される。

　　「この故に形而上なる者これを道と謂い、形而下なる者これを器と謂う。化してこれを裁するこれを変と謂い、推してこれを行なうこれを通と謂う。挙げてこれを天下の民に措くこれを事業と謂う」（「繋辞」）

陰陽変易の法則としての道は形而上なもので、一方の陰陽の卦の形（「卦画」）は形而下のものである。陰陽の変化は法則に沿ったものであり、陰陽の爻の変化推移は「通」である。そして、この法則を天下の民に実行することはすなわち聖人の事業だ、というのである。

　さらに、陰陽の変易の法則についてみていくと、大きく言えば、およそ以下の4つの特徴にまとめることができる。

　まず、「剛柔相推して変化を生ず」（「繋辞」）と述べられているように、変化とは、一つの卦における爻の中に含まれる剛の性質と柔の性質の間の推移

が卦と爻の象（表象、現象）の変化によってもたらされたものである。つまり、剛柔両性質間の推移で得失、憂虞、進退、昼夜などが現象されるということである（朱 2009：91）。陰陽の対立がなければ、変易はないが、同時に、陰陽間の相互推移がなければ、やはり変易が生じないということである（同上：93）。

第二に、「天地の盈虚、時と消息す」（「彖・豊」）。天地万物は盈虚があり、時とともに消長するものである（同上：94）。そして、時とともに「盈虚消長」する趨勢を読むことは重要である。「君子は消息・盈虚を尚ぶ、天の行なり」（「彖・剥」）というゆえんである。そして、このような趨勢の変化は往復循環（「反復」）の中で変動するものである。ただし、注意すべきは、循環はただ元の状態に戻るという意味ではないことである。永遠に変化しないものはそもそも易と相容れないからである。

さらに、この「反復」の変動の過程で、事物がその発展のピークに達するときに反転する。それを認識するのは君子の仕事である。

　　「危うき者は、その位に安んずる者なり。亡ぶる者は、その存を保つ者なり。乱るる者は、その治を有つ者なり。この故に君子は安くして危うきを忘れず、存して亡ぶるを忘れず、治まりて乱るるを忘れず。ここを以て身安くして国家保つべきなり」（「繫辞」）[43]

したがって、「進退・存亡を知りて、その正しきを失わざる者は、それただ聖人か」（「文言」）。つまり、聖人だけがこの法則をよく認識しており、常に正しく行動できるということである。

そして、聖人の正しい行動は、「変通」によって説明される。変は変易であり、「通」とは、爻の象の変化推移が融通無碍のことを指す。「往来窮まらざるこれを通と謂う」（「往来不窮謂之通」）（「繫辞」）というのである。「反復」という変易の法則をよく知っている聖人は「変じてこれを通じて以て利を尽くす」（「変而通之以尽利」）（「繫辞」）、「易は窮まれば則ち変ず、変ずれば則ち通ず、通ずれば則ち久し」（「繫辞」）。変易の法則を知り、現状を変え、通じさせることができるのは理想とされる。この表現が明や清のような

王朝の交替期に改革論を支える論理としてよく登場してきた言葉だということは前述のとおりである。

変通と関連して、「時中」も重要である。易において、「中」や「中正」の状態は事物の最高状態である。しかし、「中」や「正」の状態は時の推移と変化を考慮しなければならない。このいわゆる「時中説」は儒教の影響とされている（朱2009：50）。孟子は「中を執りて権ることなければ、猶一を執るがごとし。一を執るに悪む所は、其の道を賊うが為なり。一を挙げて百を廃すればなり」（『孟子・尽心上』）[44]と述べている。「執中無権」とは、もっぱら中道を守ることにこだわり、状況の変化（権）が読めないということである。このようなドグマ的な「執一」は逆に道を乱すものになると孟子は非難したのである。易における「変通」・「時中」は孟子学派と密接な関係があり、孟子の影響を受けたとされている（朱2009：50、52）。

そして、第三に、易の変易の結果として、「天地交わりて、万物通ず」（「天地交而万物通」）（「彖・泰」）ということになる。陰と陽とは相対立しながら相互に推移し、その推移は排斥し合いつつも引きつけ合い、交わる。有名の「革命」論を正当化する「革」の卦における「天地革まりて四時成る。湯武、命を革め、天に順い人に応ず」（「彖・革」）は、まさにこのことを意味するものだった。水と火が相滅ぼすという対立を意味する「革」卦は、対立と相互の排斥が変易の勢いをもたらし、「革而信之」、変革は人を信服させるものであれば、あたかも寒暑という相対立排斥した両要素が相互推移して四季を成すのと同じように、暴君の命を革めた湯・武も天に順い人々に応えたものである。

最後に、「通変をこれ事と謂い、陰陽測られざるをこれ神と謂う」（「繋辞」）は陰陽の変易のもう一つ特徴である。一方では、陰陽の絶え間ない推移や変通一定の法則性をもち、人々はそれに従って行動すべきだと主張される。

　「豫は、剛応じて志行なわる。順以て動くは、豫。……天地、順を以て動く、故に日月過たずして、四時忒わず。聖人、順を以て動け

ば、則ち刑罰清くして民服す。豫の時、義大なるかな」(「彖・豫」)[45]。

順とは順応することであり、「豫」卦はそもそも柔をもって剛に順応し、剛が柔によって応えられた状態を指す。聖人はまさに法則に順応して行動したため、民が彼に服するのであり、その「義」は大きなものである。

易はこのように法則性への順応を唱えるが、他方では、易の爻象の変化に固定したルールがなく、「陰陽測られざるをこれ神と謂う」(「繋辞」)、陰陽の変化の推測はしがたいものである。このような変化の偶然性は「神」と呼ばれている。易はそもそも「人謀」と「鬼謀」の両方を含むものであり、万物の変化はすべて測れるものではない一方、その法則性や勢いを読み、それに適応し変えることは可能だとされている。

以上を要するに、易において、陰陽の間の変易は、両者の対立、推移、変通、反復、相排（斥）相交というダイナミックスで語られており、それによって万物の変化と相互作用が説明される。その法則性を読み解き、この動態に順応することによって「中正」という理想的な状態に達することが唱えられたのである。

3　易を語る意義

(1)　変革の思想的資源：進化論との関連において

易は儒教の経典の一つであるが、易における陰陽変易の思惟は、儒教知識人、あるいはより広く言えば、知識人の専有物ではなかった。易の出発点は卜占であったことから、易における天・地・人一体の観念と変易、変通する自然法思想は中国の一般の人々の間にも浸透していた。それは中国の人々の思惟様式を大きく規定していた。卜占の側面があることから、現代では「封建迷信」というレッテルを張られて厳しく糾弾されたが、天地人三才が一体的にとらえられることや、「変・通」、「居安思危」、「物きわまれば必ず反す」、対立物の統一という発想、などは現在でも広く共有されている一般的な観念

である。

　一方で、易に対する解釈はたしかに儒教によって独占されたものではなかったが、易における孔子や孟子の影響はやはり大きかったのである。そもそも、『四書』に代表される先秦儒教は政治や道徳の教えに偏り、自然観や宇宙観に関する論述は弱かった。そのため、易に対する解釈を通して、易の体系をもって自己武装するという意味合いが大きかった。このような初歩的な易の体系がやがて漢以降の発展を経て、宋明時代に道学と結合することによって、その影響はピークに達した。宋明哲学の諸派はいずれも易学の理論と結合されたもので、儒学者は同時に著名な易の解釈者でもあった（朱2009：40-41）。

　興味深いことに、「易学の発展の歴史から見れば、いわゆる正統派の易学は存在しない」（同上：46）と指摘されている。歴代の易に関する解釈は調べられる限り、数百種類に上る。易は漢代に経書中の経書と位置付けられ、「聖人の書」として絶対的な真理とされていたが、歴代儒者たちは易の変易、変通の宇宙観と世界観を共有しつつ、各々自分たちの理解に基づいて解釈し、易を自分たちの思想的資源とした。とくに王朝が危機状態に直面するときにはなおさらであった。たとえば、明末清初の王夫之や黄宗羲は易解釈について、それぞれ『周易内伝』・『周易外伝』と『易学象数論』などの著作を残した名儒者であった。彼らの王朝の政治に対してそれぞれ下した診断は易と切り離しては考えられないことであった。

　清末の場合、前述のように、強力な「ウェスタン・インパクト」という背景の中での進化論の受容は中国知識階層に大きなインパクトを与えたのは事実である。しかし、それまで人々の思惟様式を規定してきた易の人々への顕在的潜在的影響を見落とせば、中国における変革の機運がもっぱら「外力」によって形成されるものだという「衝撃─反応」的な発想に陥ることになる。「華夷」の観念をもち、異質的な文化に関心を示さないいわゆる中華中心主義と、2百年以上の平和が続いていた歴史により、清朝末期の士大夫たちが「天朝」と自認する心情に安住して、他者に学ぶ姿勢に欠けていたこと

は否めない。未曽有のウェスタン・インパクトを受けていても、西欧の文明に関心を払おうとしなかった清末の「清議」派はまさにその典型であった。自己中心的な認識で長い平和を維持してきたことは、彼らにとって、「中華」という自負が現実においても実証されていることを意味し、それは変革をするよりもこれまでの伝統的なやり方を墨守することで十分だという惰性を生み出したといってよい。

　しかし、注意すべきは、このような惰性は固有のものではなかったことである。「衝撃―反応」論者によって見落とされているのは、これまで見てきたようなダイナミックな易が形作った人々の世界観であった。大きな惰性の中にあっても、人々の状況に対する認識は決して静的なものではなく、新しい状況に対応すべく、自らを変革するという心構えは欠如していたわけではなかった。易という思想的伝統は内発的な改革の契機を生み出す原動力だったのである。

　そもそも、易は治と乱、通と塞、バランスの取れる「中正」と中道から逸れる「極」、という二つの状態間の推移、反復運動であるが、それは事物の中身がいつまでも変わらないということをけっして意味しない。「通」や「中正」はただ事物の過不足なくバランスが取れている状態を表すものだけではなく、それらは理想的な状況を指しており、それ自体は一つの価値である。変革の目的は崩れていたバランスを再建し、「通」・「中正」を取り戻すことにあるが、その意味に限って変革は「復」である。この点について、たとえ「順天応人」だとされた湯や武による易姓革命も例外ではなかった。革命はあくまでもいったん正しい「道」から逸れた政治を回復する、という「復」である。しかし、変革の中身が変わらなければ、変革も保守、反動しか意味しなくなる。新たな調和状態は新たな剛・柔の相互作用のバランスの中で生まれたものである。

　したがって、易における交替、循環は決して原点に戻るような反復、反動を意味するものではなく、むしろそのダイナミックな世界観は人々によりよく進化論を理解させたきっかけであった。その意味では、進化論はただ「弱

肉強食」の国際社会に対する有力な説明という理由だけで受け入れられただけでなく、それは同時に易が内包しているダイナミックスを鮮やかに表しているからこそ、人々によって違和感なく受容されたのだ、と理解することも可能である。

また、易は革命を正当化する変革思想のエネルギー源でもあった。清末の改革論と革命論は、政治主張の指向性は対立したものだが、それらの変革の主張は直接的にまたは間接的に易の価値観とかかわっていることは無視できない。戊戌維新のリーダーである康有為が「易は窮まれば則ち変ず、変ずれば則ち通ず、通ずれば則ち久し」と語ったのも、戊戌の改革の内発的原動力である易の伝統をうかがわせるものだったのである。

（2） 超越性の賦与：自然法との関連において

ウェスタン・インパクトに伴い、近代中国の人々の西洋に対する認識が次第に深まり、目の前の危機を乗り越えるために、人々は目の前で強さを見せられた西洋の文物制度を受容することの必要性を痛感するようになった。その場合、西洋の「近代」への関心は、何よりも、いかに近代化を実現して自分たちの国を「富強」に導くか、という現実的な関心から出発したものであった。近代的な立憲制度の導入への関心と努力はそのような関心のなかの最たるものの一つであった。なぜなら、法治は西洋の富強の本であり、したがって、中国にとって早急に導入しなければならない制度だったからである。

その過程で、西洋の近代的法治はよく儒教的人治や、徳治、または、伝統の法家と対置されて議論された。知識人たちは近代的法治の視点から、孔子の「これを導くに政をもってし、これを斉うるに刑をもってすれば、民免れて恥なし。これを導くに徳をもってし、これを斉うるに礼をもってすれば、恥ありて且つ格し」（『論語・為政第二』）という法を軽視しもっぱら徳を重視する儒教的支配と、逆に、徳を軽視し法をもっぱら君主の支配道具としてとらえる法家とを批判した。

例えば、厳復が翻訳した『法の精神』のなかで、著者のモンテスキューは、君主政体の支配原理である「名誉」という美挙と法の力とを結合することで制限政体へと導くことができると主張したが、厳復は「名誉」に相当する価値を儒教の「礼」に見出した。彼は、専制政体の中国の支配原理は「恐怖」だというモンテスキューの見解を拒否して、中国に合った立憲政治を追求した。また、同時代の梁啓超は先秦時代の管子の統治理念における「法」と「道徳」との結合を高く評価して、それを中国における立憲政治の確立に生かそうとした。つまり、二人の法治思想はいずれも、儒家的な発想と法家的発想との有機的な結合によって中国に合った近代的法治を実現しようとした考えを表している、ということができる[46]。

しかも、例えば、梁啓超における「法」と「道徳」との結合という主張は、人定法を超越した存在としての普遍的規範である西洋の自然法の思想に対する認識によって支えられていた。近代東アジアでは、西洋の文脈での「近代自然法」を必ずしも受容しなかったところに東アジアの国家・法思想の特徴がある、と指摘されている（国分 2012：4）[47]が、梁啓超は西欧の近代自然法との対比で中国の文脈のなかで自然法を語っていた。梁啓超によれば、儒教における法の観念は自然法を第一前提としている。自然法の根源は天にあり、それは天によって人類社会に賦与された。人間が皆もっているとされる「四端」、つまり、「惻隠の心は仁なり、羞悪の心は義なり、恭敬の心は礼なり、是非之心は智なり。仁義礼智は、外より我をかざるに非ざるなり。我固よりこれを有するなり」（『孟子』告子上）、「心の同じく然りとする所の者は何ぞや。謂く、理なり、義なり」（同上）などは、すなわち人間社会の自然法である。それは「性法」とも呼ばれている（『文集 15』：55）。このような自然法思想は梁啓超の「法」と「道徳」との結合の主張の基礎であった。

そもそも、自然法をヨーロッパの文脈のなかでみると、例えば、中世のトマス・アクィナスが法の概念を借りてその政治理論を展開した際、アクィナスのなかでは、人間の自己保存、種族保存、共同善実現のための社会などを

内容とする自然法は神によって権威づけられており、それは人定法に対して超越性をもつものであった。逆に言えば、人定法が自然法と異なれば、それはもはや法ではなく法の腐敗である（福田 1985：142）。そして、グロティウスになって、彼はさらに主権国家という前提のもとで従来の自然法理論を組みなおした。グロティウスは自然法という普遍的規範を神との関連を切ってそれを世俗化して、どこまでも人間の法にした。彼の自然法主張にはもはや神による合理的な秩序としての宇宙は存在しなかった。グロティウスからすれば、自然法の根底には人間の社会的な欲求があり、仮に神が存在しないでも人間が存在する限り自然法は普遍的に妥当するのである（同上：294）。このように、自然法は実定法に対してその普遍的規範の性格を保つ一方、神から自立したのである。グロティウスの自然法はやがてドイツに受け継がれて、自然法学の形成に道を開いたことになった。

　近代中国の近代的立憲思想に対する受容を考察する場合、以上の西洋の自然法思想を念頭に置いておくことが重要である。なぜなら、前述の孔子の法家的「道之以政、斉之以刑」と儒家の「道之以徳、斉之以礼」との対比に引きずられて、法と道徳との問題は、「法家」と「儒家」との関係に置き換えられ、法家的「法治」と儒家的「徳治」の二者択一論、または、同じ次元での両者の相互補完論としてとらえられやすい。しかし、梁啓超の「法」と「道徳」との結合の主張に見られるように、西洋の自然法思想におけるような実定法を規定する超越的な価値の存在こそ梁啓超が主張した法と道徳との結合の主張の重要な前提であった。

　このような視点から再び儒教を見ると、2千年以上支配イデオロギーとして機能していた儒教は、その価値が『易』によって超越性を獲得したものだということが想起される。西欧の自然法は上記のように、宇宙や、神から切り離す過程を経てきたのと比べて、周知のように、中国において、政治論は常に「天」との関連で語られていた。そして、超越的な天は非人格的な「理」や「道」として語られ、宇宙、自然の摂理や道は人間社会にも通ずると考えられていた。人間は万物の霊長だが、やはり宇宙の一部分であり、自

然の摂理から逃れられないのである。このような理や道は西欧の自然法のように人間社会の政治、法を規定する普遍的規範として働いていた。儒教の諸価値が『易』を借りて超越性と普遍的規範性を獲得したことにより、儒教を支配イデオロギーとして用いた最高権力もその諸価値に従わなければならなかった。仮に自然法という言葉を用いるならば、中国的な自然法は『易』によって理論化されていたものだといってよい。

しかし、『易』はこれまで、近代的な政治的法的視点から意識的に無視されてきた。それは何よりもウェーバーによる影響が大きかったといってよい。『易』は、ウェーバーにとって、合理性と対置された「呪術」にほかならなかったのである。『儒教と道教』第六章の第二節のタイトル「自然法と形式的法論理との欠如」に示されているように、ウェーバーからすれば、中国は西洋におけるような自然法と形式的法の論理の両方を欠如していた。

まず、後者の形式的法に関しては、ウェーバーの言葉を借りれば、それはもっぱら「実質的正義」(例えば、「井田制」の理想)を重んじ、「形式的な法」の意識が欠如しており(ウェーバー 1971：253)、言い換えれば、「徳治」に対する「法治」意識の不在であった。この問題は、広く近代中国の知識人たちによって共有されていた。また、中国において、法はなかったわけではないが、それは何よりも「刑」の性格が強く、法は統治のための道具であった。いわば、rule by law であり、rule of law ではないというのが問題である。この点に関するウェーバーの指摘は、たとえ現在でも有効だといってよい。

しかし、一方の前者の場合、ウェーバーの『易』に対する理解に問題があることを示している。

ウェーバーは儒教を道教と対比して、道教に対して、「儒教は、呪術は徳に抗しては無力だと考えいた」にもかかわらず、「呪術的世界に対する〔儒教〕自身のたよりなさが、道教徒たちの土台となる、純粋に呪術的な諸表象を──たとえそれを儒教がどんなに侮蔑していたにしても──根こそぎにする心的状況に儒教があることを妨げた」(同上：330)と述べている。その具体的な例として、おそらく「天人合一」説を唱えた漢代の董仲舒を念頭にお

二　中国の自然法　105

いてか、「皇帝が予兆や前兆などをもはや信じなくなるならば、皇帝が自分のしたいことをするのをいったいだれが阻止するだろうか」という「ある読書人」の答弁を引用して、「呪術的信仰は中国の統治権力配分の憲法的基礎の一部であった」（同上、なお、傍点はすべて原文のまま）と結論付けた。つまり、儒教は一方では、呪術的なものを攻撃しながら、他方では、呪術的な「予兆・前兆」という「天人相與」の思想をもって君主の権力を制限しようとした、というのである。

　しかし、ウェーバーにとっての儒教におけるこのような矛盾は、「たよりなさ」だけでは説明はつかないだろう。そもそも、ウェーバーが理解した易とは、なにより、のこぎり草の組み合わせ、占い用の動物としての亀の尊重（いずれも易における卜占方法）（同上：316）のものだった。そして、このような認識から出発したからこそ、ウェーバーからすれば、「こうした中国的な『宇宙一体観的な』哲学、兼、宇宙創成論は、世界を一つの呪術の園に変じた」（同上：329）のであった。ところが、すでに見てきたように、『易』に「経」と「伝」からなっており、ウェーバーは「経」の部分だけで易をとらえており、逆に、哲理化されている「伝」の部分を見落として、『易』の「伝」における「不占而已矣」（論語）「善為易者不占」（荀子）の性格を見落としたのである。

　その結果の一つとして、ウェーバーからすれば、災厄が呪術的に理解されて、それは政府の不徳によるものだと思われたとき、その救済への正しい道は、「この世の永遠の超神的な秩序、つまり『道』への適応」であり、とりわけ、「世俗的権力の固定した秩序への畏敬に満ちた従順」（同上、380）であった。しかし、そもそも、「道」への適応は、果たしてただ秩序への畏敬に満ちた従順しか意味しないのだろうか。答えはもちろん否である。政治が「道」から逸れた場合、誤った政治を革める易姓革命こそが「順天応人」の行動であったことを、『易』の「伝」が語っている。中国の自然法を呪術的だとしか見なかったウェーバーは、「伝」における儒教諸価値に基づいた解釈の中に表れている「作為」性を見出すことができなかった。儒教の諸価値

が『易』を通して獲得した超越性は、「経」における呪術性に求めるべきではなく、何よりもまず「伝」に求めるべきである。

　上記のように、梁啓超が儒教的諸価値を中国の自然法思想として語ることができたのは、儒教的諸価値は『易』によって価値的超越性を賦与されたからだといってよい。

　このような中国の伝統的自然法と近代的な法治との関係は知識人たちのなかでどのようにとらえ、また、西洋の自然法思想から見れば、中国における「法治」の課題をどのように考えるべきかは、本書が考察しようとする課題の一つである（第6章）。

　以上、中国における「生」の伝統と「易」の伝統について考察した。次章以降、中国において法治とデモクラシーの問題をどのようにとらえ、それらをどのように実現していくか、そして、いかに現代中国の基層社会における人々の間の「つながり」を取り戻し、「自治」を実現していくか、などの課題について考察したい。その際、これまで見てきた「生」と「易」の伝統は重要な手掛かりと思想的資源になる。

〈注〉

38　本書の日本語訳は、伊東倫厚監訳、近藤浩之編（2009）、朋友書店より出版されている。

39　例えば、梁啓超によれば、易は孔子の哲学理論をまとめたものである。孔子は晩年に易を研究し、彖伝、象伝、繋辞伝、文言伝を著した。「易経が一つの系統的な哲学となったのは孔子より始まった」としている（「孔子」『専集36』：27-28）。

40　原文：「五十以学易可以無大過矣」。本書は朱伯崑（2009）の解釈によった。なお、貝塚茂樹訳では、「易」は「亦（また）」と読みかえ、「五十にして以て学ぶ。易（また）大過なかるべし」と訳されている。貝塚（1978：168）を参照されたい。

41　原文：「聖人之所以学易者、不過庸言庸行之間、而不在乎図書象数也。今之穿鑿図象以自為能者、畔也」。

42 爻とは効い交わるの意。天地の現象に効って互いに交わり、またほかに変ずるの意味。

43 原文:「危者、安其位者也。亡者、保其存者也。乱者、有其治者也。是故君子安而不忘危、存而不忘亡、治而不忘乱、是以身安而国家可保也」。

44 原文:「執中無権、猶執一也。所悪執行一也者、為其賊道也、挙一廃百也」。日本語訳は、小林勝人訳注(1972)『孟子』(全2冊)、岩波書店、に従った。

45 原文:「豫、剛応而志行、順以動、豫。……天地以順動、故日月不過而四時不忒、聖人以順動、則刑罰清而民服、豫之時、義大矣哉」。

46 詳細は拙著(2005)『近代中国の立憲構想——厳復・楊度・梁啓超と明治啓蒙思想』法政大学出版局、第2、4章を参照されたい。

47 その原因について、国分典子は日本の場合を考察して、「自然が進化論的に捉えられたため、西洋の近代自然法論の入り込む余地が狭まれられたという状況があった」(国分 2012:65)と指摘している。

第3章　デモクラシーと立憲原理の再考

一　中国から考える権力の制限とデモクラシーの原理

　中国と西洋とでは、政治体のあり方をはじめ、政治的支配の原理や価値などが大きく異なっていた。しかし、政治的統治を語る以上、政治権力のあり方や正当性の問題、また、支配のための理念や制度に対する問いを避けて通れないことは共通している。たしかに、近代的立憲の理念と議会制度はかつて中国の政治思想になかったものである。しかし、近代西洋による「ウェスタン・インパクト」以来、立憲制度やデモクラシーの理念と思想は、一つの伝統として中国に形成されていることもまた疑いえない事実である。もちろん、理念や思想の中身に対する理解が完全に一致することはありえない、ということも見落としてはならない。そのため、議論を展開するにあたって、まず本書の問題関心から出発して、中国の政治的統治の特質について、西洋の場合と対比した上で原理的に考えてみたい。

　現代の立憲主義は立憲民主主義とも表現されている。それは例えば、大石真の整理によれば、「その目的（目標）とは国民の権利自由の確保であり、①権力分立の原理と、②国民自治の原理（国民の参政権の保障）とは、そこに至る道程（手段）として位置付けられる」（大石 1996：40）のである。いうまでもなく、前者の権力分立の原理には、国家権力に対する懐疑的態度と権力の濫用を防止する原理が内在しており（清宮 1999：2-5）[48]、後者の国民自治の原理はデモクラシーを体現するものである。

　では、このような権力濫用の防止とデモクラシーの原理から中国の場合を眺めてみると、どのようにとらえることができるだろうか。以下、それぞれについて検討することにしたい。

1　権力制限の歴史

　西洋の場合、ロックはその社会契約論と関連して、自然権を守るために権力の過度の集中を避けるべきだと考え、権力を立法権と行政権に分離させることの必要性を主張した。そして、モンテスキューはさらに権力に対する不信から、ロックの権力分立論を発展させて三権分立論を打ち出した。彼は権力の分立のみならず、権力をもって権力を抑制するという権力の相互牽制を構想した（清宮 1999：75）。モンテスキュー以降、三権分立制度は制限政体の原理として定式化された。権力の分立や相互牽制は、言わば、いずれも政治権力に対する不信から権力を制限するために絞りだされた知恵であった。

　実際、もし権力の制限という視点からすれば、それは西洋の歴史にのみ存在したものではなく、中国でもはるか昔より権力をいかに制限するかということが考えられてきた。

　まず、儒教における「天」の概念はそれである[49]。前近代の君主の正当性を担保していたのは超越的で絶対的な「天」であった。しかし、儒教において、天は西欧におけるように神の神性に求められるのではなかった。孟子が「天視るは我が民の視るに自い、天聴くは我が民の聴くに自う」（『尚書・泰誓』）を引用して、君主が責任を負わなければならない対象としての「天」は、どこまでも民の意思の反映であると主張した。それは君主は直接に民に対して義務を負っていると言い換えてもよい。そして、その延長線上で、暴政に対する易姓革命という抵抗権も認められている。

　また、例えば、「内聖外王」──内は聖人の徳目を備え外は王道を実施する──の学としての宋代の道学・理学は、余英時によれば、「内聖」を特徴とするが、その究極的な目的はみんな聖賢になるのではなく、合理的な人間秩序の再建という「外王」の学であった（余 2011：118）。朱子が理想的な政治を行った上古の「三代」の治を「道統」として打ち立てたのは、その目的は「致君行道」（余 2011：27）──時の君主に「三代」が体現した「道」

を目指すように迫る——のためにほかならなかった[50]。

したがって、梁啓超は儒家を法家と比較して、西洋の権利義務の規範で計れば、法家における君主は権利ばかりあって、義務を負わないのに対して、儒家における君主は、権利をもつと同時に、義務も負わされている（『文集7』：55））と述べたのもこのためである。君主の正当性は儒教イデオロギーによって支えられている以上、儒教の民本主義の理念による制約をも受けざるをえなかったのである。

このような民本思想の理念は各時代における政治に関する構想の中で様々な形をとって現れた。その代表的な言説として、ここでは、董仲舒と黄宗羲をとりあげてみることにしたい。

（1）君権を制限する「天人相関」説

漢の時代に、同じく民本思想によりながら君権を制限する装置を構想した儒者がいた。それは儒教を体制イデオロギーとして、その独占的地位を確立させた漢儒の董仲舒であった。彼は『易』における陰陽の交代原理を活用して自然と政治社会とを直結させ、「天人合一」という君権を制限する理論を案出した。

董仲舒は『春秋繁露』（董 2011）のなかで、儒教的民本思想の立場に立って、独自の「天人相與」の政治思想を展開した。彼の解釈によれば、王＝君主は、その字の通り、横の三画は天、地、人を表し、縦の一画はそれらを通じさせることを意味するものであり、「王」はまさに天、地、人三者を通じさせる存在である（「王道通三第44」）。董仲舒は、「王という者は天によって予けられたものである。王が討伐されたのは、皆天によって奪われたものである」（「堯舜不擅移湯武不專殺第25」）と述べており、王の正統性は「天」の意志によって与えられたものだと主張している。そして、君主が正当性を有するには、やはり民を大事にすることができるか否かにかかっている。すなわち、「故に、その徳が民を安楽にすることができる者は、天、これを予ける。その悪が民を賊い害することができる者は、天、これを奪う」

(同上」)のである。

　しかし、同じ民本思想でも、董仲舒の主張と先秦時代の民本思想とが異なっているのは、先秦の儒教においては、「天」の意志がどこまでも「民意」の形で現出するのに対して、董仲舒にあっては、「民意」のモメントが消えており、君主の正当性の源としての「天」の意志は代わりに「災異」によって体現されていた。

　董仲舒は「天と人は一つである。……天と同じくする者は大治になり、天と異なる者は大乱になる」(「陰陽義第49」)と述べ、陰陽思想を人間社会に直結させた。そして、「天地の常道は、一陰一陽である。陽なる者は天の徳であり、陰なる者は天の刑である」(同上)とした彼は、「徳は和より大きいものはなし、而して道は中より正しいものはなし」。「是故、中と和をもって天下を理（おさ）められる者は、其の徳は大いに盛んである」(「循天之道第77」)と説き、陰陽の均衡がとれた状態である「中」や「和」を理想とした。逆に、自然における「災異」は政治社会の乱れに対する「天」の罰を意味する。それは君主への警告ないしその正統性を否定するものだと主張した。董仲舒はこのように自然の「災異」を「天」の意志——それは天子である君主を拘束する唯一有効なモメントであった——に擬して、君主の権力を牽制しようとしたのである。

　もちろん、このような牽強付会な解釈によって先秦時代の儒教思想における人為的な「天」が抽象化され、神秘的なものへと化したことは否めない[51]。孟子において、「民意」(「民視・民聴」)が「天意」に同定されるのと比べて、自然災異をもっと天意の現れとした董仲舒の主張においては明らかに「民」のモメントが後退したと言わざるをえない。しかし、視点を変えてみれば、「民意」の場合は、誰がそれを代表することができるかが曖昧であるため、それが往々にして勝者による自己正当化の論理として用いられる[52]。それに対して、抽象的な「天」の意志の表象としての自然「災異」はむしろ明確でわかりやすかった。それは董仲舒の時代において、君主に対して絶対的な「天の刑」という拘束力をもっていた。無告の民よりも、自然災害などを通

して表出された得体のしれない「天」の怒りは、天子である君主にとって、はるかに恐れるべき存在であったからだった。その意味では、現実の政治において、君主の権力に対する制限の有効性という点からすれば、董仲舒の主張はむしろ、もっぱら理念から君主の道義性を問うという孟子の方法よりも一歩進んだものだったといってよい[53]。

　董仲舒の「天人相與」説は、神秘的な陰陽思想を政治的に利用して、儒教における君権制限の思想をより確実なものにしようとしたものであった。このような「災異」説に対して、「直接君主権を対象として設けられている点に於て、後世の憲法に類似する機能を営む」(重澤1943：191)と評されている。このような評価は、「呪術的信仰は中国の統治権力配分の憲法的基礎の一部」だというウェーバーの指摘を想起させられる（ウェーバー1971：330）が、ここでは君権に対する制限の意義が強調されている。しかし、董仲舒がとった方法を評価することは本書の目的ではない。ここではただ、董仲舒は君権を制限することの必要性を認識したのみならず、実際の政治のなかで具体的にその方法を考案した、ということだけを指摘しておきたい。そして、『易』の根幹にもなっている陰陽の思想は、董仲舒にとって、君権を牽制するために動員された恰好の思想的資源であったのである。

（2）『易』からとらえる『明夷待訪録』

　さらに、『易』の背景をもちつつも、民本思想を神秘的な「災異」説によらなかっただけでなく、超越的な「天」にさえよらずに、もっぱら現実政治社会の制度の次元で民本思想の論理を展開した者もいた。それは「中国のルソー」(梁啓超)と呼ばれている明末清初の思想家黄宗羲であった。彼は君主の権力に対する制限を制度面から構想した。

　やはり儒教的民本主義の立場から出発した黄宗羲はその代表作の『明夷待訪録』の中で、伝統的民本思想をそれまでの儒教の歴史のなかで見られなかったラジカルな形で唱えた。

　彼は、君主について、「昔は天下を主とし、君主を従とした。およそ君主

が一生かかって経営したのは、天下のためであったのである。いまや君主を主とし、天下を従としている。およそ天下がいずことして安らかを得られないのは、君主のためなのである」、「してみると天下の大害をなすものは君主なのだ」（「原君」）[54] とまで言い切り、一方、臣下については、「われわれ（臣下）が出ていってつかえるのは、天下のためであって、君主のためではないのである。万民のためであって、一姓のためではないのである」（「原臣」）と主張した。黄宗羲は以上のように主張して、易姓革命を行った周武王を聖人とし易姓革命を正当化した孟子の言葉を聖人の言葉とした。

　ただ、易姓革命はあくまでも暴政に抵抗するための最後の手段であった。君権を制限するために、黄宗羲は彼なりの分権法を打ち出した。彼によれば、「天下は一人にして治むること能はざれば、すなわち官を設けてもってこれを治む。これ官とは分身の君なり」（「置相」）。ここでの「官」とは何よりも宰相のことを意味する。宰相による摂政は天子の権力を相対化することができるのである。のみならず、「天子は子に伝ふれども、宰相は子に伝へず。天子の子みなは賢ならざるも、なほ宰相をば賢に伝ふるに頼りて、相補救するに足れば、すなわち天子もまた賢に伝ふるの意を失はざりき。宰相すでに罷みぬれば、天子の子ひとたび賢ならざれば、さらにともに賢と為す者なし」（「置相」）。「賢」を保障する宰相がいなければ、君主の権力の「不賢」に歯止めをかける存在もいなくなるというのである。

　そして、賢者を選出する制度が廃止されて久しいなかで、黄宗羲が構想したのは「学校」という制度であった。黄宗羲は、「天下を治める手段がみな学校で決められる」（「学校」）という議会を想わせるような「学校」制度を構想し、学校に君主の権力を制限し監督する役割を賦与した。彼からすれば、「天子の是とすることは、いまだ必ずしも是でなく、天子の非とすることは、いまだ必ずしも非でないから、天子もまたかくてあえてみずから是非を決定しないで、その是非決定を学校に公開」（「学校」）すべきである。彼の主張するところでは、学校の学長の地位は宰相に等しく、天子は宰相以下を範として、学長が講義し、天子以下は弟子の列につく。政治に欠陥があれ

ば、学長が直言する。他方、地方においては郡県の学校で学監が講義をして、郡県の官は弟子の列につく。そして子弟で討論をし、その官の政治の欠点を指摘する。これらが学校の場において行われるというのである。

なお、黄宗羲がラディカルに民本思想を唱えたが、その主張の背景に易の思想があったことを見落としてはならない。

黄宗羲は『明夷待訪録』を著す前年に『易学象数論』を著しており（銭穆 1997：805-806）。この『易』の研究書は『四庫全書』にも収録されている。さらに、より重要なのは、『明夷待訪録』では黄宗羲が初めから『易』を強く意識していたといってよい。そもそも、『明夷待訪録』という題名における「明夷」とは元来、卦名であり、それは、「明、地中に入る」（今井 1987：735）という意味である。この書物は、黄宗羲がその「序」でみずから語ったように、転換期の前の「明夷」という暗黒時代のなかで著したものであり、黄宗羲はみずからを聖王とされる周武王に天地大法の教えを請われた箕子に擬し、明君の来訪を待って（「待訪」）、来るべき「大壮」[55] の時代[56] に期待して提言したものである。

『明夷待訪録』の書名および「序」における「易」への言及の重要性を見落としてはならない。この書物を「明夷」と「大壮」との間においてとらえて、初めて著者の黄宗羲の真意をよりよく理解することができると思われるからである。

黄宗羲は、「易は聖人の書であり、道の変易の所以を明らかにするものであり、いたるところに存在しているのである」（黄宗羲 2005：405）[57] と述べており、『易』は黄宗羲にとって、宇宙万物の「道」を明らかにするものにほかならなかった。『明儒学案』などの黄宗羲のほか著作からもわかるように『易』の思想は黄宗羲の哲学を貫くものであった。そして、黄宗羲にとって、現実の政治社会の法則もまた宇宙万物の法則の一環にほかならなかった。彼は次のように述べている。

　　蓋し、天下の物は、和すれば則ち生じ、乖戻すれば則ち生ぜず。此
　　れ疑い無きなり。乾元の生生も亦、只だ此の一団の太和の気のみ。人

人、此の太和の気を有す、特だ、乖戻をもって之を失う。中庸に曰わく、「発して皆な節に中る、之を和と謂う」。孟子曰わく、「其の平旦の気、好悪、人と相い近き者は幾んど希なり」。然らば則ち、節に中れば即ち是れ和、人と同じければ即ち是れ節に中る。大学に曰わく：「民の好むところ之を好み、民の悪むところ之を悪む、此れを之民の父母と謂う」。此れ、所謂る人と同じき、所謂る節に中るなり（同上：705）[58]。

　黄宗羲における民本思想は儒教的自然法思想によって担保され、正当化されているのである。『明夷待訪録』は、黄宗羲が「明夷」のなかで、やがて迎えることになる「大壮」のあるべき姿を描いたものである。黄宗羲は伝統的民本思想を極致まで説いただけでなく、価値理念としての民本思想を董仲舒のような神秘的方法を用いずに、具体的に制度の次元で構想した。その意義は極めて大きい。

　以上のように、孟子をはじめ、董仲舒や、黄宗羲などによって代表されるように、歴代の儒者は儒教的民本思想を砦に、それぞれ異なった方法で君主の権力を制限しようとした。たしかに、彼らに権力の相互牽制による権力制限という発想はなかったが、暴政を防ぐために、それぞれ君権を制限する方法を構想したのだといってよい。

　そして、まさに中国においても、以上のような君主の権力をいかに制限するべきかという思想的営為の歴史があったからこそ、近代になって、中国の知識人たちがいち早く西欧の立憲主義の制度と思想を理解することができ、またそれを受容するのに違和感はなかった。東洋と西洋とでは権力に対する拘束の点においては問題意識を共有していたからである。そのため、受容の際、「近代」の価値と背馳していた董仲舒の主張を別にして、孟子や、黄宗羲の思想は貴重な資源として絶えず引き合いに出されて、西洋の近代思想に接木された。

2　デモクラシーの論理

（1）　リンカーンの定義と民本思想

　現代の立憲民主制の中で、近代的議会制度は国民の政治参加を象徴し、デモクラシー原理を体現する制度であるが、西欧に源をもつ議会は、当初、身分制議会であった。それはやがて、諸身分による権利要求が強まる中で、次第により多くの人々の利益を代表する機関になった。その後、さらに身分制の廃止や普通選挙の実現などの社会民主化に従い、議会はついに広範な民意を代表し国民の政治参加を担保するというデモクラシーを体現する機関としての性格をもつようになった。

　デモクラシーについて考える場合、それはよくリンカーンの「人民の、人民による、人民のための政治」によって特徴づけられる。これまで、リンカーンの定義をもって中国の伝統的民本思想に照らして、中国の民本思想に欠けているのは「人民による」というモメントだとよく指摘されている。前述した梁啓超と同様、政治学者蕭公権も「人民は政治の目的であるだけでなく、国家の主体として、自ら国政に参与するという権利を持たなければならない。これをもって測れば、孟子が民を貴ぶのは、ただ『人民のための』（「民享」）を通して『人民の』（「民有」）に達することにすぎず、『人民による』（「民治」）の原則と制度は皆彼から聞かないものであった」（蕭 2005：62）と指摘している。

　このような指摘に対して、しばしば時の社会的現実状況を踏まえて次のような答えがなされている。

　すなわち、清末の孫文、梁啓超らの政治主張と理論に共通してみられるのは、いずれもこの「人民による」のモメントに対して慎重的であったことである。その理由について、一言でいえば「民度」――人民の程度――に対する不信感であった。梁啓超は1907年頃から国会速開論を主張するようになったが、それまではむしろ「開明専制」論をもって革命派と対立してい

た。彼からすれば、中国のような「民度」がまだ「合格」していない国において、もしそのまま国会を開けば、議席が 500 あるとするなら、政党の数は必ず 100 を超えるであろうと予測していた（『文集 17』：67）。一方の革命派も、憲政に入る前にまず「約法之治」（のちに「訓政」に改称）の段階を経なければならないと主張した（胡 1930：289-290）[59]。それは民度のまだ低い人民を指導して訓練するという意味にほかならなかった。しかし一方で、知識人たちは「民権」の伸張を唱えることもまた共通していた。いうまでもなく、民権は、人民自らが獲得したものではなく、「開明専制」や、「訓政」によって与えられたものであれば、それが人民からとりあげられるのも簡単なことである。このような欠陥も各々の主張の唱道者たちが自覚していたところでもあった。しかし、それでもなお、彼らは「民度」への不安からいきなり憲政を実現させることに慎重であった。それは彼らなりの中国社会の現実に対する現実的判断でもあった[60]。彼らの主張からわかるように、開明専制や訓政それ自体は決して目的ではなく、経由せざるえない一つの過程であった。

　しかし、以上のような説明は一定の合理性をもつとはいえ、明らかに限界性をもつ。指導者の徳目や資質に頼ることと、民権は与えられたものだということとは、極めて不安定なものであるからにほかならない。

（2）　民意の表出からみるデモクラシー：リンカーン定義の再考

　試みに、リンカーンの枠組みをもって、近代中国における立憲政治の議論の位置をとらえなおしてみたい。

　デモクラシーは、その目的論からすれば、そもそも、「人民の」、「人民による」、「人民のための」の三者は同じ次元における並列の関係ではないはずである。というのも、「人民のための」と「人民による」とは、本質的には、ともに「人民の」を体現するための方法と手段だからである。たとえ伝統中国の開明的な専制にしても、「天下為公」（『礼記・礼運』）、「民為貴、社稷次之、君為軽」（『孟子・尽心下』）に則っていた。言い換えれば、政治が人民

一　中国から考える権力の制限とデモクラシーの原理　121

図3-2　再考のイメージ図：

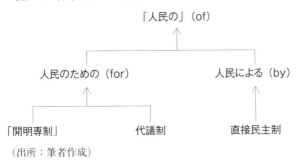

（出所：筆者作成）

のために奉仕する（for）こと、または、人民自らが政治に参加し政治を行う（by）ことは、人民が政治共同体＝コモンウェルスの主人公である（of）ことを体現しているということである。その意味では、目的である「人民の」は、実現方法としての「人民のため」と「人民による」とは異なった次元にあるものである。

　一方、方法としての「人民による」と「人民のため」だが、前者の「人民による」の場合、その理想形は直接民主主義であるはずだが、政治共同体が巨大化により、代わりに代議制民主主義が登場する。しかし、代議制は投票などによる人民の政治参加を前提にしているとはいえ、この制度のなかで「人民による」がどうしても間接的にならざるをえない。その意味では、前述したようにルソーがイギリスの代議制を批判して、「彼ら（イギリス人民——引用者）が自由なのは、議員を選挙する間だけのことで、議員が選ばれるや否や、イギリス人民はドレイとなり、無に帰してしまう」（ルソー 1954：133）と述べたのは、代議制に対する核心を突く戒めであるといってよい。

　また、後者の「人民のための」の場合、この視点からすれば、代議制も、開明専制も「人民のための」を標榜しているものだといってよい。もちろん、両者の間に一つ大きな違いを見落としてはならない。それは、代議制は、手続き上、人民の信託を受けているという制度的保障があるのに対して、開明専制は君主の善意と徳性にしか頼れないという点にある。

さらに、根本である「人民の」という目的からすれば、「人民のための」や「人民による」という方法の達成度を表すものは、「民意」である。直接民主制にとっても、代議制や、開明専制にとっても、民意に叶えるか否かは核心問題である。

その意味では、「民意」の視点からとらえれば、「朕すなわち国家なり」を宣言する絶対主義的専制君主を別にすれば、「民貴君軽」の民本思想を念頭に置きながら「愛民」を唱えなければならない開明専制も近代的代議制も、そして、もちろん直接民主制も、民意に叶うことを目標にしたものである。

真の民意をいかに反映させるかは、開明専制や代議制にとってばかりだけでなく、直接民主制にとってさえも重要な課題である。ここでは、ひとまず開明専制と代議制に限定して比べてみると、民意を反映させる点において、開明専制には欠けているものがある。それは開明専制には民意を反映し表出する制度がないということである。清末の厳復が開明専制を「危制」と評したのもそのためであった。それに対して、代議制は理念上、民意を反映するための制度であるが、ルソーの代議制に対する厳しい批判にいかに応えるかは大きな挑戦である。しかし、第5章で論じるように、厳復はルソーの批判を知っていながらも、それでもなお、代議制に期待をかけたのである。

そこで、改めてリンカーンの定義から見て、中国の民本思想に「人民による」というモメントが欠けているという指摘を想起すれば、この指摘は、程度の差こそあれ、同時に代議制についても適用できる。代議制にとって、いかに「人民による」という直接民主主義の原理を体現させるかはやはり死活問題である[61]。一方、「民意」に叶うという目標に関しても開明専制と代議制とは同じである。したがって、その意味では、「人民による」の有無は開明専制と代議制との根本的な違いにはならないのである。

根本的な違いは、むしろ、「人民の」の表象としての「民意」を反映するメカニズムとそれを保障するための制度の有無にあると思われる。開明専制の課題は民意を保障する制度の創出であり、一方、代議制の課題は制度が形骸化しないようにすることにある。中国の場合、啓蒙知識人たちにとっての

課題は前者、すなわち、民権を代表し民意の表出を担保する制度の創出、という課題である。たとえば、後述するように、厳復が開明専制の合理的な一面を認めつつも、それを「危制」と位置付け、代わりに、代議制に自らの思いをかけた最大理由はまさにそこにあったのである。

以上みてきたように、もし「三権分立」や、「国民（人民）主権」という既成の近代的概念の代わりに、より根本的に、政治権力を制限することの必要性と、民意・民心に叶うこととから考えれば、それら表す思想はいずれも民本思想をはじめとした儒教伝統より引き出すことが可能である。ただし、伝統より直ちに引き出せなかったものが一つあり、それはを民意の表出を保証する制度であった。

では、西洋の国会制度に出会った近代中国の知識人たちはそれをどのように認識したのか。それを考察する前に、まず西洋近代の議会とその役割を今一度確認することにしたい。

〈注〉

48　清宮四郎氏は、権力分立の特性を、①自由主義的な政治組織原理、②消極的に権力の濫用を防止する原理、③国家権力に対する懐疑的態度、④政治的中立性、とまとめている（同 1999：2-5、参照）。

49　儒教における「天」について、溝口（2011）、平石（1996）を参照されたい。

50　余 2011 における「緒説」は、後に余 2004 に再掲された。

51　梁啓超は、董仲舒の『春秋繁露』に精緻で深い哲理が多く含まれているとしつつも、その理論が陰陽家から大きな影響を受けており、董は「二千年来の迷信の大本営」（47 頁）であり、陰陽五行に道を開いた罪責を負わなければならない一人だと批判している。さらに、梁啓超は「迷信」としての陰陽と孔子の『易』に関する研究とを厳格に区別している。すなわち、梁啓超によれば、孔子の哲学からすれば、宇宙に二種類の力がある。「陰・陽」は「剛・柔」、「動・静」、「消・息」などと同じように、あくまでもそれを表象するためのものであり、「孔子の『二元哲学』における一種の記号に過ぎない」（52 頁）としている。梁（1989）「陰陽五行之来歴」『文集 36』、を参照されたい。

52　例えば、後述のように、唐の柳宗元は、従来「順天応人」の易姓革命を起こし

た湯・武を「私」と評したことを想起されたい。また、日本の加藤弘之も湯・武の革命は「理」に適っておらず、簒奪だと指摘している。加藤弘之（1990：382）「歴史上理と情との関係」）。

53　逆に、池田知久は、「戦国末から漢初の諸子百家の多くの政治思想における天・道の役割は、君主権の強化と方向づけであって抑制ではない」と述べたうえで、董仲舒の説における天の役割も「天子権力を強化するとともに、（中略）天子の支配を自らのいだく儒教（春秋公羊学）へと方向付ける」ことだった（溝口・池田・小島 2007：17）という見解を示している。「天」による君権の強化の一面はたしかに否定できるものではなかったが、一方では、董仲舒の君権への肯定は、「王道」（『春秋繁露・王道第六』参照）を前提にしていたことも明らかである。その意味では、董の「災異」説は君権に対する牽制の一面をもつことはやはり否定できないのだと思われる。

54　黄（2005）「明夷待訪録」。なお、訳は、黄（1964）に従った、以下同じ。

55　「大壮」、卦名。すなわち、「大なる者壮んなるなり。剛にして以て動く、故に壮んなり」（今井 1987：698）。

56　黄（2005：1）「明夷待訪録」。黄宗羲はその後 20 年で、「大壮」の転換期に入り、初めての治世になるということになっていると見ていた。

57　原文：「易、聖人之書也、所以明斯道之変易、無往不在也」。「宋元学案・巻 86・東発学案」『黄宗羲全集』第 6 冊。

58　「明儒学案・巻 26」『黄宗羲全集』第 7 冊。

59　なお、孫文の「革命方略」は、汪兆銘によって展開されていた。汪兆銘「駁新民叢報最近之非革命論」『民報』第 4 号、を参照されたい。

60　1905 から翌年にかけて、孫文の「革命派」と梁啓超ら「立憲派」との間に、立憲構想をめぐって大きな論争が繰り広げられた。しかし、双方とも「人治」的な発想から自由になれなかった。詳細は、拙論 2006 で検討した。

61　樋口陽一は、直接民主主義は議会制民主主義の論理的前提だと指摘したうえで、議会制民主主義に内在する直接民主主義の要因を顕在化することの重要性を説いた。同じ議会主義でも、「国民に対する議会の独立宣言」（ケルゼン）ともいえる「純粋代表」観念と結びついて主張されるものと、「半代表」観念のように主権者の意思をできるだけ正確に表明することを建前にしているものとがあるからである。前者はルソー流の人民主権に対抗するのに対して、後者は議会制民主主義の前提をなしている（樋口 1973：148-168）。

二　議会の役割における「制限」と「調和」

1　三権分立論と有機体論

　1789年のフランスの人権宣言第16条が、「権利の保障が確保されず、権力の分立が定められていない社会は、憲法をもつものではない」と謳っているように、権力分立は、権利保障とともに立憲的・近代的意味の「憲法」の古典的定義を提供した（樋口1998：22）。権力分立論は、政治権力およびそれを行使する人間や機関に対する懐疑から、権力が濫用されないように創出された「消極的」組織原理である（清宮1999：2-5）。そして、この原理を制度的にもっとも象徴しているのは議会である。君主の権力を制限する機関として形成し発達をしてきた議会は、現在でも権力分立の原理を体現する核心的な機関として、「消極的」な性格が強い。

　権力分立論を厳格な政治的組織原理として最初に唱えたのは、モンテスキューの三権分立論である。「およそ権力を有する人間がそれを濫用しがちなことは万代不易の経験である。彼は制限に出会うまで進む」（モンテスキュー1989〈上〉：289）と考えるモンテスキューは、人々の「政治的自由」を国家権力から守るために、権力の分離を主張し、権力をそれぞれ独立した機関に担わせなければならないと考えた。すべての国家体制や憲法は自由の保障に仕えるものでなければならないのである。

　モンテスキューは、立法、執行、司法の三権分立を主張するに止まらず、さらに、分立された権力が相互に抑制しあい、各権力間の「力の均衡」を説いた。つまり、権力の制限と相互牽制によって、「力の均衡」を保ち国民の自由を守るという目的を達成する、ということである。それは言わば、権力の「制限」と相互「牽制」による均衡にほかならない。

　一方、以上の権力に対する「制限」を重んじる立場に対して、権力間の「調和」を重視する議論もある。カール・シュミットは、19世紀ドイツの自

由主義を「均衡」の「機械論的観念」から「有機体的な媒介の学説」にまで発展した過程としてとらえ、ブルンチュリをその代表として取りあげている。シュミットによれば、ドイツの自由主義思想は、「特殊ドイツ的な『有機体的』思考と一体となり、均衡の機械論的観念を克服するに至った。だがまた、こうした有機体的思考の助けによってこそ、議会主義の理念をなおも保持することができた」（シュミット 2000：64）のである。すなわち、有機体論は、一方では、原子論的、機械論的観念と対峙しつつも、他方では、立憲主義の理念を保持し続けていたということである。ブルンチュリの思想において、前者の「機械論的観念」への克服は、言わば、反自然法、反国民主権という保守主義と、一方の後者の「議会主義の理念」の保持は、反君主主権という自由主義と、それぞれ対応している、ともいえよう[62]。

　ブルンチュリにとって、国家は一つの有機体であり、国家は、国家を構成する諸要素が機械の一部としてではなく、「国家の機関」として身体を構成する各部分のように調和を作り出す「有機的」全体として存在している[63]。彼によれば、「道徳的な有機体といったものである国家は、単なる冷たい論理の産物ではないし、国法は、思弁的な原理の寄せ集めではない」（西村 1975：126）[64]。ブルンチュリは国家有機体論の立場から「哲学的な方法にかたむいている」（同上：130）モンテスキューの法理論を批判した。その代わりに、彼は有機体論の視角から国会をとらえて、「議会の個々の構成部分には、他の部分とはなれて法をつくる権威も力もない。それらは、あい結合して一体となった場合にのみ、つまり、不可分の統一的な国家機関としてのみ、立法権を有する」（同上：107）[65]のであるという見解を示した。

　このように、ブルンチュリにとって、有機体としての国家は、君主と議会を含めた各々の機関（organ）の間の調和からなっているものであり、議会は各権力間が「あい結合して一体」となるものである。先のモンテスキューにおける権力「制限」と相互「牽制」による均衡に対して、ここでは権力間の「調和」が強調されている。

　もちろん、権力に対する牽制と権力間の調和とは、一見、矛盾のように見

えるが、両者は相容れられないものではない。モンテスキューは三権分立と権力間の相互牽制を説いたが、同時に、「これら三つの権力（立法府を構成する「貴族院」、「衆議院」と執行権を握る君主を指す——筆者注）は、休止または無活動の状態になることがあろう。しかし、これらの権力は事物の必然的な運動によって進行を強制されるので、協調して進行せざるをえないであろう」（モンテスキュー 1989〈上〉：304）とも述べていることからわかるように、モンテスキューは、身分制社会における諸身分に権力を分散させ、相互の協働によってのみ権力行使がなされるという仕組みを構想していたため、やはり身分間の利益の調和を目指したものと言える。逆に、ブルンチュリの場合、彼の国家有機体論が立憲主義的制限政体を前提にしていたことは疑えない。その意味では、「制限」や「牽制」と「調和」とは、そもそも必ずしも両立しえないものではなかったはずである。しかし、「自由」と「権力」との間の緊張が強く意識され、権力に対する「制限」と「牽制」こそが立憲政治の本質だと強調されるなかで、一方の「調和」は、往々にして逆に権力との緊張を欠くものとしてとらえられ、ネガティブに考えられがちである。

　しかし、例えば、「意見の闘争」から「利害の闘争」に堕落した近代議会主義の危機の問題性を鋭く突いたシュミットが指摘しているように、本来、議会主義の本質は「討論による政治」であり、「討論」とは、「合理的な主張をもって意見のもつ真理性と正当性とを信ずるように相手を説得すること」（シュミット 2000：9）[66] であり、そしてまさにそれ故に、「相手に説得されるという心構えをもつこと」（同上）が必要である。つまり、討論や説得による意見のぶつかり合いは、その意見のもつ真理性と正当性を明らかにするためのものであり、言い換えれば、対立は最終的に一致と「調和」を目的とするものだとも言える。その意味では、権力の制限や、牽制自体が目的ではなく、逆に、「討論」をくぐったあとの分立した多元的「力」の間の「調和」こそが目的だといわなければならないかもしれない。

　以上のような、近代立憲主義における「制限」と「調和」とは、近代の日

本や中国の立憲政治に対する受容を考えるうえで重要なキーワードになる。なぜなら、近代日本と中国の知識人たちの立憲政治観にも、「制限」と「調和」という対照的な特徴が含まれており、それらは近代西欧の影響を受けつつ、それぞれ独自の展開をしていたからである。

2　「権力制限」VS.「上下一心」

　西欧で「議会主義の世紀」と呼ばれる19世紀の半ばごろに、議会制がウェスタン・インパクトによって東アジアに伝わった。近代の日本や中国において、西洋の議会制度は西洋の「富強」の本として注目され、紹介された。そこで紹介された西洋の議会のイメージが初歩的ではあったが、議会制度によって表された権力の分立という「消極的」な性格はよく伝わっている。

　例えば、日本の佐久間象山や、吉田松陰らにも影響を与えた魏源の『海国図志』[67]には、イギリスの議会制度が次のように紹介されている。「国中に大事あらば、王および官民は倶(とも)に巴厘満(パーラメント)衙門に至り、公議すなわち行わる」(魏 2011：1404)[68]。「巴厘満」＝議会は国の「大事」を議論する場であり、国王の決定も、議会での「公議」を経なければならないのである。さらに、徴税に関する紹介では、権力分立の実態がより正確に紹介されている。

　　　設し大事あらば、会して議し、各おの己(おのれ)の見を抒(の)ぶ。其の国中の尊き者、五爵と曰い、中国の公、侯、伯、子、男の如きが、会議の主たり。且つ城邑の居民、各おの忠義の士一二を選び、京の会議に赴く。国王、若し徴税、納餉を欲すれば、則ち必ず紳士、允(ゆる)して従う。倘し紳士、允さざれば、即ち国民を銭糧を納めしむるを得ず。若し紳士、私見に執(とらわ)るれば、則ち暫(しばら)く其の会を散(さん)じ、而して別に賢士を択ぶ。如し時を按じ変通の事あらば、則ち庶民は其の要なる者を択び、敬しんで五爵、郷紳の会に　禀(もうしあげ)る。大衆可なれば則ち之を可とし、

大衆否なれば則ち之を否とす（同上：1425）。

議会は貴族だけでなく、一般住民の利益をも代表しており、とくに、「紳士」の承諾がなければ徴税できない、と国王の権力が議会によって制限されている様子が伝えられている。

さらに、『海国図志』のなかにも取り入れられた徐継畬の『瀛環志略』（1848）のなかでも、同じようにイギリス議会の「牽制」の役割を明確に認識している。

都城に公会所あり。内は両所に分（わか）つ。一は爵房と曰い、一は郷紳房と曰う。爵房は、爵位ある貴人、および耶蘇教師、之（これ）に処（お）る。郷紳房は、庶民より推択し、才識学術ある者、之に処る。国に大事あれば、王は相に諭し、相は爵房に告げ、衆を聚（あつ）めて公議し、参ずるに条例をもってし、其の可否を決す。輾転して郷紳房に告げ、必ず郷紳大衆の允諾（いんだく）して後（の）ち行う。否（しか）らざれば則（すなわ）ち、其の事、寝（や）むは論なし（同上：1463）。

以上のように、議会の訳語は、「巴厘満」、「公会所」など、それぞれ異なっているが、国の「大事」について「公議」する議会が王権を制限する機関であることは明確に認識されている。「大衆可なれば則ち之を可とし、大衆否なれば則ち之を否とす」や、「必ず郷紳大衆の允諾して後ち行う。否らざれば則ち、其の事、寝むは論なし」は、さらに王権に対する「民権」の強さへの認識を示している。

イギリスをはじめとした西欧諸国における議会制度は、日中の知識人たちに大きなインパクトを与えたに違いない。中国の伝統的民本思想には「民貴君軽」の思想があり、君主が民意を大事にして「仁政」を行わなければ、もはや君主としての正当性をもたないと唱えられているが、それらはあくまで価値意識の次元に止まり、そうした意識や思想を保障する制度は確立されていなかった。その意味では、「民」の意思が従来の民本思想に見られるように抽象的な「天」や、「天命」を通じてではなく、現実にある議会での議論を通じて明確な形で表出されるという近代的な制度は、自分たちの伝統のな

かになかった装置として、知識人たちに大きな衝撃を与えたに違いない。しかし、一方で、まさに、「天視るは我が民の視るに自い、天聴くは我が民の聴くに自う」という伝統的民本思想の背景があったからこそ、知識人たちが近代的議会制度の役割を理解しその魅力を感じて導入する必要性を唱えるようになったのは、あまり時間を要しなかった。同じように、近代日本で初めて議会制の導入を唱えた加藤弘之は、「民本思想」という言葉こそ用いていなかったが、その国会論や民権論に民本思想の影響が顕著に見受けられる。

　しかし、興味深いことに、日中の知識人たちが実際に近代的議会制度の導入を唱えるときに、議会は、君権を制限するという「消極的原理」からその必要性が強調されたのではなく、むしろ逆だった。

　まず、日本の場合、例えば、いち早く西洋のような議会制度の設立を唱えた加藤弘之は、『隣草』（1861年）のなかで、隣国の清朝が直面した危機について論じ、その危機に対応するために、武備を整えるだけではなく、さらに「武備の精神」＝「人和」を伴わなければならないことを説いて、「武備を厳にして外邦の侮を禦んと欲せば、先づ人和を得るをもって其大本と為さずしては叶はざるなり」（加藤1927：4）と主張した。そして、「人和」を得るために、まず「公会」を設立すべきだという。

　加藤は、世界各国の政体を「君主握権・上下分権・豪族専権・万民同権」の四政体に分け、「上下分権」と「万民同権」の政体は「光明正大」の政体だとした。そして、「上下分権」を紹介するときに、それは「確乎たる大律を設け又公会と云へる者を置て王権を殺ぐ者」（同上：6）だと述べ、王権を制限するという議会の役割を明確に認識している。

　ところが、「公会」設立の目的は、「王権を殺ぐ」よりも、むしろ「人和」の形成にあると強調される。加藤は、「速に上下分権の政体を立て公会を設けて専ら光明寛大の政治を施すべきなり。然るときは下民大に帝の仁徳に懐きて上下の志情右の如く和合し、海内の人和も右の如く全く斉はんこと疑ふべからず」（同上：10）と述べている。つまり、加藤弘之は、「公会」＝議会を設立することによって、「君権」を牽制することよりも、君民の「志情」

二　議会の役割における「制限」と「調和」　131

の和合に期待したのである。

　一方の中国における初期の議会論も同じような性格が見られる。例えば初期の代表的なものとして鄭観応の主張が挙げられる。議会開設の必要性について、鄭観応は、「議院がないと、君民の間は勢い阻隔することが多くなり、志したことは必ず背違し、力は権限によって分かたれる」（鄭観応 2010：124）と述べている。彼はむしろ「力が分かたれる」ことを危惧して、議会を通して君民の間の「阻隔」をなくそうとしたのである。鄭は、「欧米各国はみな議院を設け、ことを行なうに当たっては、つねに衆人にはかって、その同意を得る。民が不便だとするものは、必ずしも行なわず、民が不可だとするものは、強行することができず、朝野上下、徳を同じくし心を同じくしている」（同上）と述べ、政治権力を制限する議会の役割を認識している。しかし、彼もやはり議院の設立によって、「君民あい和し、情誼は互いに通じ合う。……上下一心、君民一体となる」（同上：127）ことに期待した。

　このような、君民間の「阻隔」を無くし「上下一心」・「君民一体」の議院を設立するという主張が、同時代の王韜や、陳熾、陳虬、何啓、胡礼垣、そして、康有為らの中国知識人の議会論にも広く見られるものであった[69]。それらが加藤弘之の初期の議会論の論調と近似していることは明らかである。そして、見落としてはならないのは、君民「志情の和合」や君民一体の主張は、民が君に合わせるのではなく、国会を通して、「大衆可なれば則ち之を可とし、大衆否なれば則ち之を否とす」という政治の実現——それは「天視るは我が民の視るに自い、天聴くは我が民の聴くに自う」という伝統的な民本思想の理念に通じることは言うまでもない——が期待されたことである。

　このように、近代議会の観念を摂取した初期の日中両国の知識人たちは、一方では、議会制度による君権制限の役割、言い換えれば、議会の「消極的原理」を認識しつつも、他方では、「上下一心」の議会を求め、議会による「調和」の役割を重視した。彼らの議会認識には、君権を制限することと、「上下一心」という調和状態を創出することの両面を内包していた。もちろん、それらを近代立憲思想に見られる「制限」と「調和」の要素と安易に同

一視することができない。では、知識人たちの主張に見られる両面をどのようにとらえればよいのか。結論を先取りしていえば、それは中国における『易』に源をもつ「通」の思想と切り離して考えることはできない。以下、従来の研究を検討しつつ、近代の知識人たちの立憲思想と、伝統的な民本思想や、『易』の思想との関連を考察して、彼らにおける議会論の論理と、立憲政治観の性格を明らかにしたい。その前に、「通」の特徴をよりはっきりさせるために、まず先行研究によりつつ加藤弘之の「人和」「上下一心」論についてみることにしたい。

3 「即自的同一性」VS.「通」論

(1) 自然法と有機体論の歪曲

a.「君民一体・上下一心」の性格は過渡的なものか

　近代初期日中両国の議会論にみられる「君民一体」・「上下一心」の特徴に注目した研究の一つとして、例えば許介鱗の研究が挙げられる。許は、「君民一体」・「上下一心」の国会を唱えた背景として、とりわけ「外圧」と、国内の混乱という危機に立ち向かうために、国を挙げて取り組んでいくという要請があったということを指摘した一方、そのような性格をもつ議会が、「もっぱら支配関係の片方である統治者の善政いわば権力集中の契機に重点が置かれ、反面支配の対象とされる人民大衆の政治的参加にまで拡大してゆくいわば権力基盤拡大の論理は乏しい」(許 1970：85) と指摘した。

　この指摘は間違いではないが、そのような解釈に従えば、「上下一心」の性格をもつ議会制度はあくまで緊迫した政治的状況に応えるものとして、また、西洋の近代的議会制度に対する認識の深化過程のなかでの一時的で、過渡的な性格をもつものだということになる。しかし、西欧の近代的議会制度が経験した歴史を考えれば、後者の参政権拡大問題はやはりひとつの過程を必要とするし、また、「外圧」問題は、たしかに日中の初期議会論における「上下一心」の性格を形づくった重要な要因であったが、問題は、例えば日

本の場合、「外圧」という背景が圧倒的に重要な要素であった幕末期と異なって、明治憲法が成立したあと、「外圧」がもはやあまり問題にならなかったし、近代的立憲制に対する理解も深まったにもかかわらず、なぜ天皇への「同一性」がやはり強調されていたのか、という点である。「五箇条の御誓文」における「上下心を一にして盛に経綸を行ふ」ことをはじめ、明治7年に提出された民選議院建白書のなかに、「斯議院を立、天下の公論を伸張し、人民の通義権理を立て、天下の元気を鼓舞し、もって上下親近し、君臣相愛し、我帝国を維持振起し、幸福安全を保護せんことを欲して也」（江村 1989：69）と述べられており、さらに、上杉慎吉に至っては、「衆議院は明治大帝のたまはせられたる、国民が聖意を奉体し、大業を奨順し、共に負担を分つの橋渡しとなり、君民一致の実を挙ぐるの重要なる働を為す」（上杉 1928：90）と述べている。「上下一心」の性格は過渡的なものではなく、明治憲法が制定されたあとも、天皇制国家を正当化する表現として頻繁に用いられていたのである。

他方、中国の場合でも、以下で考察するように、日本の場合と異なった論理によるものだったが、やはり「調和」的な性格をもつ国会を追求していた。

では、以上のような「上下一心」の「調和」的性格を、どのようにとらえることができるのだろうか。

b. 日本における「調和」論——加藤弘之の場合

まず、日本の場合、この問題にメスを入れたのは石田雄の研究である。石田は加藤弘之の「隣草」から「国体新論」にかけての「転向」前の著作をとりあげて、加藤弘之は天賦人権説を唱えながらも、彼における自然法思想があくまでも「安民」という視点から支配者に向かって説くものであったという特徴に注目した。石田はそれを評して、「われわれは彼の初期における絢爛たる天賦人権説の中に、すでに将来の転換を予期させるものを見ることができる」（石田 1954：71）と述べた。加藤弘之における「安民」の視点は、

やがて「転向」後の加藤弘之によって「我が族父統治の政体」と表現されるような「家族国家」観につながっていったからである。

　石田によれば、日本における近代自然法思想の受容は、自然も社会もともに自然的秩序という「天人合一」の儒教的自然秩序思想によって歪められていた（同上：69、90）。そして、温存していた儒教主義が、さらに同じく近代的自然法思想と対蹠的な性格をもつ社会有機体論と結合することによって、日本における「家族国家」観を形成させたことに至った（同上：91）。

　その場合、石田は有機体論を「前期的有機体説」（「無意識的有機体説」）と「近代的有機体説」（意識的有機体説）とに分けて説明している（石田1954：92、同1976：172）。すなわち、後者の「近代的有機体説」は、個人の存在から出発して「下」から団体を基礎づけるのに対して、前者の有機体説は、例えば、カトリシズム的有機体説にみられるように、秩序は神の摂理による自然的秩序と観念された。そして、儒教主義における有機体的秩序はまさに「現世の政治的秩序と神の支配する普遍的秩序との調和」を唱えるトマス・アクィナスの理論と親和性をもつものであったのである（石田1954：92）。

　加藤弘之は『真政大意』（1870年）あたりから本格的にブルンチュリを受容し始めたとされている[70]。だとすると、『隣草』の中で展開された伝統的民本思想を背景にした「人和」論はここからブルンチュリの有機体論と合流したことになる。しかし、石田によれば、ブルンチュリの有機体論を初めて日本に紹介した加藤弘之が理解した有機体論と、ブルンチュリのとは明らかにずれていた。

　すなわち、本来、例えばシュミットが指摘したように、近代的有機体論は、国家が装置であるという観念を前提にしており、したがって、有機体の比喩もそれに対する観念として、「抽象化された国家像」として立あらわれる。しかし、「転向」後の加藤のなかで、有機体は日本社会の家族的構成と結びついて実体化し、あたかも自然の存在としての「家族国家」の観念を形成する一つの発条になった（石田1976：173）。

この「家族国家」の特徴の一つとして、石田は「即自的同一性」を挙げている。こうした「同一性」は、近代西洋のような、市民的自由と権力装置としての国家との対置および両者間の緊張関係を欠いたために、デモクラシーを支える討論の可能性の基盤をなし、したがって多様性と独自性を認めるような「国民的等質性」（E・バーカー）ではなく、むしろそれへの拒否を特徴とする伝統的な「即自的同一性」であった。このような伝統的な「即自的同一性」は、もはや「封建的多元性と国民的統一性、あるいは封建的特権の国民的自由への拡大と強力な中央集権国家への権力集中という緊張」（同上：192）がなく、その「同一性」とは、「父子相愛の情誼」という「自然」力を強調する「『天皇帰一』の即自的同一性」であった（同上：178、209）。

議会の性格に関していえば、このような「即自的同一性」を温存することによって、「近代的形成の形式をとった議会も伝統的な国民的同調性を媒介する一つの（唯一のではない）補助的」（同上：163）機関として位置付けられたのである。そして、このような議会の性格をたどれば、加藤弘之が最初に打ち出した「君民一体」・「上下一心」の「公会」に遡ることができることは容易に想像できよう。

石田の分析は、近代日本の天皇制を支える「家族国家」観における伝統的儒教主義的性格を鮮やかにあぶりだした。儒教主義の温存により、近代日本の自然法思想の摂取が歪められ（自然と倫理、存在と規範が一元化された）（石田 1954：69）、有機体論の受容も歪められた（有機体の実体化）のである。

（2）「上下」と「循環」

ただし、注意すべきは、石田が儒教倫理とカトリシズムの有機体観との親近性に注目し、両者はともに「前期的」有機体（「無意識的有機体」）論に属するということを指摘したとき、それはもっぱら近代自然法論との対比という意味においてである、と限定したことである。石田はさらに、「思想史的に言えば、カトリシズムにおいて絶対者としての神が存在するのと儒教にお

いてあくまで非人格的な理又は道が考えられているのとでは決定的相違があることを看過してはならない」（石田 1954：92）と付け加えた。

にもかかわらず、近代日本の状況を念頭においていたためか、石田はギールケの類型化を借りて、「『前期的』有機体論と……スペンサー等の有機体論との間には、ギールケのように類型化していえば、『上から下へ』と『下から上へ』の方向の相違をみなければならない。なぜならば一旦自然法思想によって原子論的な個人が有機的秩序から解放された後には、そうした個人から出発して団体を基礎づけなければならないからである」（同上）と指摘した。それに対して、加藤弘之の場合、「族父」である「天皇」が「理又は道」にとって代わる超越的な存在として絶対化されたなかで、「上から下へ」という実体としての有機体論が成立し、現秩序を固定するという役割を果たすことになった。

しかし、加藤の文脈と異なって、儒教における自然的秩序は、その本来の論理からすれば、単線的な「上から下へ」という表現は必ずしも正確ではないと思われる。

儒教的自然的秩序において、絶対的な「非人格的な理や道」はよく「天」や「天命」として表象される。「天人合一」の自然観のなかで、「天」の意志は、これまで見てきたように、「下」の民の民意の表れでもある。したがって、「天命」を受けて民を支配する「天子」は、同時におのずから「天命」の現れでもある「民意」に拘束されている。伝統的な「溥天の下、王土に非ざるは莫く、率土の濱、王臣に非ざるは莫し（『詩経・小雅』）という「王土・王臣」論が「朕すなわち国家なり」にはならない理由もまさにそこにあった。したがって、儒教におけるこのような有機的な構造は、単に「上から下へ」という図式で表現できず、むしろ、「天—君—民—天」という一種の循環・推移構造として理解したほうがより正確であろう。このような循環構造は『易』という中国的自然法のなかで、無道の君主をただ一人間（「一夫」）だ（『孟子』）と看做しその君主としての正当性を否定するという易姓革命の思想も自然の摂理として、「道」にかなっているものだと正当化されている。

加藤のなかにおいて、君主が「蒭蕘に諮詢」する制度や、「兼聴」する制度（加藤 1984：360）を讃える伝統的民本思想が温存されていたが、一方で、「天孫」が天降りの存在であることを理由に易姓革命の可能性が否定された（同上：357）。本来、儒教的循環構造のなかでは、一方では、上下の君臣関係をアプリオリな存在として固定し、他方では、このような上下関係をひっくり返す暴君放伐の易姓革命を内包する、というアンビバレントな論理[71]が共存していたが、加藤が後者を否定することによって、彼の中に残存していた儒教も、循環のモメントを失い、結局、直線的な上下構造しか残らなくなった。

このような「上・下」構造と「循環」構造との違いを区別することは重要である。なぜなら、「上・下」構造のなかで唱えられた「上下一心」は、実体的超越的絶対者の下での「上下一心」でしかなく、石田が指摘した「即自的同一性」を意味するものにほかならなかったが、それに対して、「循環」構造のなかにおける「上下一心」が何よりも表しているのは、塞がることなく「通」という調和のとれた状態を意味している。この場合、「相通ずる」ことは「上意下達」という一方通行的なものではなく、むしろ一つの有機体の良性循環を保つ意味での「通」であった。それは「上下が相交わる」という相互作用によってもたらされたものだった。のみならず、この循環的な「通」において、「上・下」の関係は相対的なもので、交代することは自然だとされている。

このような価値意識のなかにあった中国の知識人たちにとって、議会は、君権を制限する役割を果たす機関であったと同時に、究極的には政治社会全体が「通」である状態にするために調整の役割を果たすものであった。このような「通」によって創出された「調和」は、石田が言うところの「即自的同一性」とは異質なものであった。

そして、儒教における「循環」―「通」の論理を明らかにするために、次章では、中国の文脈に立ち戻り、近代中国の議会論を、今一度民本思想を支える『易』の論理から考察するとともに、制度的次元から伝統的な「封建・

郡県」制との関係の中で見ることにしたい。

〈注〉

62　蠟山 1968：第2章、安 1975、石田 1976：第5章、などを参照されたい。
63　ブルンチュリの学説に関する研究は、とくに前掲の安世舟氏の研究と、山田 1991、1992、を参照されたい。
64　なお、加藤弘之の訳文は、明治文化研究会編、イ、カ、ブルンチュリ著、加藤弘之・平田東助訳（1971）（明治文化全集補巻・2）『国法汎論』首巻、日本評論社、23頁、を参照されたい。
65　ちなみに、加藤弘之の訳文は、「抑々巴力門（パルレメント）の各部は決して独立して制法の権を有する者にあらず、君主両院相合し、協力同心、共に一体となりて、始めて此権を得る者なり」である。
66　なお、シュミットによれば、このような「討論」の中心的な地位が正当に認識されるときにのみ、自由主義的な合理主義にとって特徴的な二つの政治的要求——公開性と権力分立——が初めて正当な意義をもち、科学的明晰さにまで高められる。シュミット 2000：49 を参照。
67　同書は 1847 年に 60 巻本で刊行され、1852 年に、さらに徐継畬の『瀛環志略』（1848）を収録して百巻本に増補された。1854 年前後、60 巻本が日本に伝えられた。その後の1、2年間の間に、20種もの訓点翻刻本や、和訳本が相次いで出されたといわれている。許 1970：369-370 を参照。
68　なお、文中の「民」とは、原文では、下院（house of commons）に奉職する人（「甘文好司供職之人」）と説明されている（魏 2011：1404）。
69　清末の議会認識におけるこのような特徴に注目した研究は、小野川 1969：第1、2章をはじめ、許 1970～1971：第3章、川尻 1998、などがあげられる。
70　安世舟は、『真政大意』、『国体新論』、『国法汎論』の三冊をブルンチュリの『一般国法学』の全訳と見ている（安 1975：140）。
71　丸山眞男がこれを「儒教思想の多義性・両極指向性（アンビヴァレンス）」だと指摘している。丸山 1998：243 を参照されたい。

第4章　立憲の中国的論理

一　清末・民初の立憲の歩み：
二つの 10 年

　激しく変転した中国の近代を眺めると、近代的立憲制は、その初めから西洋に関心をもった中国の人々に注目され、温かく迎え入れられていたといってよい。やがて、適者生存という進化論的世界観が支配的になり、国家の弱体化による亡国への危機感にさらされたなかで、人々が憲政に賭けた思いはますます強くなり、立憲制度を救国の万能薬のように崇めるようになった。しかし、そのような思いは厳しい現実の政治のなかで幾度も挫折し、思いが強かった分、失望感も大きかった。第一次世界大戦をきっかけに、多くの人々はそれまで憧れていた西洋の文明と議会制度に幻滅さえした。このような立憲に対する希望と失望との間の揺れが、もし単純な繰り返しではないとすれば、この 1 世紀前の立憲をめぐる激動はわれわれに何を残したのだろうか。

　中国の隣国である日本は、明治維新からほぼ 20 年間かけて、1889 年に明治憲法を発布して立憲体制を確立した。その明治憲法に範をとって、中国では、康有為らが光緒帝の支持のもとで 1898 年に戊戌変法を始めた。しかし、そこからやはりほぼ 20 年間経て、中国社会は日本の場合と対照的に立憲への熱望から、失望、さらに、幻滅という激しい変転の経験をした。

　この 20 年間をさらに二つの 10 年に分けてもう少し具体的に見ると、すなわち、まず、戊戌変法が西太后のクーデタにより短命に終わったあと、中国における近代化改革の機運が断たれたと思われていたが、1898 年から 1908 年憲法大綱発布までの最初の 10 年間の変革はむしろめまぐるしいものだった。国際環境と中国社会はもはや近代化に対する反動を許さなかったのである。

　まず、戊戌変法期の日本留学生政策はクーデタがあったにもかかわらず、その後も着実に推進された。日本に留学した学生は 1905、06 年のピーク時

に1万人近くに上った。多くの近代的意識に目覚めた留学生は雑誌を発刊するなどの啓蒙活動を展開して、亡命知識人梁啓超らとともに中国社会で立憲の世論形成に大きく貢献した。さらに、立憲の成果を実証したかのように、立憲対専制の勝利としてとらえられた日露戦争が中国の朝野に大きなインパクトを与えた。このような機運のなかで、清朝の五大臣が東西諸国を歴訪したのを経て、「憲政を模倣し実行する（倣行憲政）」ことが決定され、予備立憲が日露戦争の翌年の1906年に始まった。その後、立憲の動きがさらに加速した。各地に立憲公会などの組織が創られ、国会を早急に開くようと国会請願運動が展開された。

一連の行動が重なった結果、1908年に「欽定憲法大綱」が発布された。それは戊戌変法の挫折後の新たな到達点であった。しかし、9年後に立憲を実施するという宣告は、高まっていた立憲の興論に嫌われ、「速開国会」を掲げた国会請願運動がいっそうの高まりを見せた。その圧力を受けて、清朝政府は1910年にさらに立憲の予備期間を5年間に短縮せざるをえなかった。

皮肉なことに、以上のような加速的に展開されていた立憲運動が直接に憲政をもたらすことはできなかった。運動は辛亥革命によって中断を余儀なくされた。辛亥革命は君主立憲の過程に終止符を打った一方、中国に近代的共和制をもたらした。清末の国会請願運動の要求は思わぬ形で実現できた。新しくできた共和制は君主立憲を前提に立憲運動を推進していた人々のイメージとかけ離れていたが、憲政そのものの実現は広く人々によって迎え入れられた。

だが、この時から、西洋近代文明の象徴としての立憲政治のイメージが西洋文明そのもののイメージとともに傷がついたのも、10年間ほどしか要しなかった。この後の10年の間に、まず、人々に期待され、理想化さえされていた議会は間もなく人々に失望感を与えた。選挙過程の賄賂などの不正や、候補者の不徳などの現象[72]、そして、議会が袁世凱に不信感をもつ革命党の闘争のための道具になっていたという現実などは、人々に理想と現実との間の落差を味わわせることとなった。しかし、それでもなお、1914年に

一　清末・民初立憲の歩み　143

袁世凱が議会を解散したとき、革命党がこれに反発したのみならず、たとえ革命党を批判し袁世凱を支持していた人々のなかにも議会解散に反対した者が多かった。理想と現実とのギャップを見せつけられても、理想はすぐに破れるほど脆弱ではなかったのである。

だが、第一次世界大戦は中国の人々の西洋文明に対するイメージを大きく変えた。西洋文明が生み出した惨禍が、それまで西洋の「近代」を追求してきた少なからぬ知識人たちに西洋の文明や制度に懐疑を抱き始めさせ、幻滅すら覚えさせた。例えば、清末の立憲に関する議論をリードしていた厳復はこの4年間にわたる「未曾有の血戦」をとらえて、ヨーロッパの「三百年間の進化は、ただ『利己殺人、厚顔無恥』しか達成しなかった」と（厳復 1998：1150）非難したのは、すでに前述したとおりである。それに伴い、西洋文明の象徴としての議会をはじめとして立憲制のイメージも大きく傷ついたことは言うまでもないことだった。

ただし、その後の歴史的発展からわかるように、第一次世界大戦で西欧文明に覚えた幻滅は、それまでの西洋近代に対する憧れと理想化を修正するきっかけとなり、中国の文明に対する自信回復につながったことこそあれ、西洋文明そのものに対する否定になることはなかった。むしろ、上記の戊戌変法後の20年間の激しい変転が中国の政治制度に一つの新しい軸を確立したように思われる。それは法治である。

より長い歴史のスパンで考えれば、儒教が漢代以降支配イデオロギーの地位を獲得して以来、士大夫である知識人たちは良い政治を求めて、いくら民本思想を唱えて君権制限の方法を考えても、究極的には支配者の徳による徳治にしか求めることができなかった。賢人による支配、有徳な君主による仁政は人々が求めた理想だったからである。しかし、清末の西洋に目を向け始めたあとの数十年間の間に、君主の権力をも拘束する法による支配の観念がすっかり中国社会に浸透して、それはもはや背くことのできない潮流だと考えられていた。

たしかに、近代以降の歴史において、開明専制や、訓政、人民民主独裁な

ど、様々な形をとった「徳治」的発想やその実践が実質的に優勢に立っていたが、それへの対抗軸として、清末に確立されていた法治の理念もたえず主張され堅持されてきたのである。

このように、清末の立憲過程は紆余曲折の道であった。立憲をめぐる激動は、例えば、時代や、環境などの外因に求めることはできる。政府が守旧で腐敗だったこと、外圧による危急存亡の危機が強権を要請したこと、指導者の個人的な野心や権力欲の要因、などである。これらはおそらくそれぞれ一つの説明になるだろう。しかし、それらは立憲の理念や価値の中身に迫る議論ではなかった。あるいは、近代的立憲制度が中国に定着できなかった理由をより根本的に文化伝統に求める場合があろう。歴史的文化的伝統への注目は筆者も共有している視点だが、文化決定論的な議論はやはり避けたい。宿命論はけっして生産的な検討にはならないからである。

以下、幻となった清末の立憲過程を振り返って、改めて中国における立憲の歴史がわれわれに何を残したのか、について考えることにしたい。

〈注〉

72　例えば、深町2015、第1、2章のジョシュア・ヒル論文と王奇生論文を参照されたい。

二　清末の立憲制の受容の論理

　前章では董仲舒と黄宗羲を例に、伝統中国における政治権力に対する制限の思想を見たが、彼らは儒教的民本思想という共通した立場から出発してそれぞれ権力制限の方法を構想した。その場合、董仲舒は『易』より「天人合一」論を引き出し、一方の黄宗羲はラディカルに民本思想を主張したのは、ともに易姓革命をも正当化した易の論理に支えられていたといってよい。
　そして、清末になって、知識人たちが近代西洋の議会制度に接したときに、それを三権分立の要の機関としてではなく、何よりも議会を君民間の阻隔をなくし、「上下一心」・「君民一体」を実現するための装置として理解したことは既述のとおりである。それは一方では、西洋の立憲政治に対する理解の不十分さによるものだったことは否めない。しかし、他方では、知識人たちの関心は、そもそも議会制度の近代西洋の文脈における本来の意義を理解することにあったよりも、議会制を中国の政治の文脈に位置付けることにあったように思われる。議会制の役割に対する彼らの「読み換え」は、誤解だとか、西洋文明の摂取を異端とする保守派の人々を説得するための「附会」（許1970：691）だという論定は、誤っているとは言えないかもしれない。しかし、知識人たちは何よりも中国の伝統的な政治観に基づいて議会制の意義を考え、議会制は中国の理想的な政治の理念に合致しそれを実現させるための制度だと評価したのだといってよい。言い換えれば、知識人たちはやはり伝統中国政治の文脈の中で近代的議会をとらえたのである。以下、具体的に『易』と「封建・郡県」論を中心に考察を通してその意義について考えたい。

1　『易』にみる中国伝統の政治観

　まず、前出の鄭観応の議会論に、次のような一節がある。

けだし上下が交われば、すなわち〔『易』にいう〕泰〔時運の亨通すること〕であり、交わらなければ否〔抑塞すること〕である。天は民を生じ、その君を立てるが、「君はちょうど舟のようなものであり、民は水のようなものである。水は舟をのせることができるが、また舟をくつがえすこともできる」〔『荀子』哀公〕。かの古えより、盛衰治乱の要は、総じていえば、これにつきる。まして今日、天下の大勢は、列国が通商し、それを拒絶しがたい勢いである。そうだとすると、〔万国〕公法によって規正せざるをえないが、公法を依拠するに足るものとするためには、まず議院を設立し、民情を上達させなければならない。そうしてこそはじめて国威を拡張し、外侮を防ぐことができるのである（鄭観応 2010：126）。

　ここでは、鄭観応は明らかに民本思想の論理をもってその議会論を展開している。君と民をそれぞれ船と水に譬えるという荀子から借用した表現は、支配者を戒める言葉としてあまりにも有名である。ここで語られている民本思想が君主に対する説法であり、君主の視点から語ったものだったことは否めない。この点は民本思想の根本的欠陥としてよく指摘されているところでもある。

　同時に、注目すべきは、このような君民「相通ずる」という主張が、「上下が交わる」「泰」と、その逆のことを意味する「否」のなかで語られていることである。「泰・否」は『易』における一対の卦である。このことは、民本思想がただ君主の善意によって一方的に施されたものではなく、それはさらに『易』のなかに位置付ける必要があることを示している。

　そもそも「泰・否」＝「通・塞」とは、もっぱら政治社会における「上下相通」の場合に用いられていたものではなく、それは広くいえば、古来中国人の宇宙観を表しているものである。

　本書の第2章ですでに見たように、『易』において、「易に太極あり、これ両儀を生ず。両儀は四象を生じ、四象は八卦を生ず」と述べられているように、『易』は宇宙万物に説明を与えたものである。宇宙の根源である「太極」

二 清末の立憲制の受容の論理 147

が「両儀」——「陽」と「陰」——に分化して、宇宙万物はすべて「陽」と「陰」の組み合わせによって表現される。そして、「陰・陽」から生まれた「八卦」はさらに「六十四卦」に分化し、それらの卦の重なりによって、宇宙と人生との一切の道が表現される。

「泰・否」は、すなわち「六十四卦」に含まれている一対の卦である。そして、「通」と「塞」は、それぞれ「泰卦」と「否卦」とに対する解釈として用いられている。

『易』に曰く、「泰」とは、「小往き大来る。吉にして亨」であり、彖伝によれば、「則ち是れ天地交はりて万物通ずるなり。上下交はりて其の志同じきなり」（今井 1987：316）。一方、「否」とは、「之を否ぐは人に匪ず。君子の貞に利しからず。大往き小来る」であり、彖伝によれば、「則ち是れ天地交はらずして万物通ぜざるなり。上下交はらずして天下邦无きなり」（今井 1987：330-331）ということである。

ここでは、天地自然と政治社会における「上下」の「君臣」関係とが直結されており、「上下」・「君臣」間が「相通」ずることは、天地、万物の間の「交通」と同じだということである。

さらに、「陰・陽」は万物生成の原理だけでなく、交代の原理でもある。山田慶児の説明によれば、陰陽論は、物の生成を説明する原理であると同時に、昼夜、寒暑の交代のような、対立するものが交代する、交互に現れてくるという現象を説明する原理でもあった（山田 1995：107）。陽が極まれば陰に転じ、陰が極まれば陽になる、という循環的な交代原理のなかで、当然のことながら、「陰」と「陽」とはそれぞれ固定されたものではなく、流動的、ダイナミックなものである。山田によれば、「中国の自然学は、不断に万物を生み出す『生生』の造化の働きを気の本質として、あらかじめ前提している。気とは造化の働きをする基底的存在である、と定義してもいい」（山田 1978：351）。そもそも、陰陽は気である。清・軽・陽の気が上昇し、濁・重・陰の気が下降して、両者相交わることによって万物生成することになる。

興味深いことに、「天、乾、陽、剛」を表す陽爻[73]（「—」）と、「地、坤、陰、柔」を表す陰爻（「- -」）との組み合わせによってできた「卦」のなかで、「泰卦」の場合は、三つの「陽爻」からなる「乾」（☰）が下に位置しており、逆に三つの「陰爻」からなる「坤」（☷）が上になっている。このような状態で、上向く「天、乾、陽、剛」の「気」と、下向く「地、坤、陰、柔」の「気」が相交わり、相通ずることになる。それに対して、「否卦」はやはり「乾」卦と「坤」卦からなっているが、「泰卦」の場合とはちょうど逆に、「乾」が上に位置し、「坤」が下に位置するため、「気」の向く方向が相反し、相交わることができない。そして、このような図式を政治社会に対応すると、尊い君主が「下」に位置し、逆に、卑しい存在である庶民が「上」に位置するとき、初めて「相通ずる」という「泰」であると言える。逆に、「君・臣」関係をそのまま「上・下」という秩序で固定すれば、交わらなくなり、「否」ということになる。

要するに、『易』において、「太極」から生じた「陽・陰」がそれぞれ「乾・坤」＝「天・地」＝「上・下」に対応して秩序を創出するが、そのような「上・下」関係は固定されておらず、交代の原理に基づいている。そこでは、相交わり、相通ずるという調和の状態が重要視されている。このような「交」・「通」による調和は、自然界においては、寒暑、四季の循環と調和を意味し、人体に関しては、「通ずれば痛くない、痛ければ通じない」（「通則不痛、痛則不通」）という中国伝統医学の観念を生み出し、道徳の面では、「中庸」「中節」が唱えられ、そして、政治社会においては、「政通人和」が理想とされていた。このような「通」による中節、調和が、中国の伝統的自然法思想の核心をなしているといってよい。

『易』において、よく引用されている「天地革まりて四時成る。湯武、命を革め、天に順い人に応ず。革の時、大いなるかな」という易姓革命を正当化する有名なくだり以外に、政治思想に関する記述は少ない。例えば、梁啓超は、民本思想をはじめとした政治思想をむしろ『書経』に源を求めている（『専集50』：17）。記述の量からすれば、たしかにその通りだが、民本思

想が『易』のなかにおける宇宙万物の摂理の一部分として位置付けられていること自体は重要な意義をもつ。なぜなら、天、地、人の宇宙万物に説明を与える『易』は、革命を含む民本思想を天地と同じような自然な理として正当化し、体系化したからである。つまり、『易』において、「君・臣」間の「上・下」、「尊・卑」関係はアプリオリな存在であるのと同様に、易姓革命をはじめとする民本思想もまたアプリオリに存在する天地の自然であり正当なものだ、ということである。したがって、このような伝統的な自然法思想のなかで、「上・下」関係は、けっして一方通行的なものではなく、それは交わりや、交代のなかで相対化されており、「下剋上」という易姓革命もこの交代原理を反映したものとして正当化されている。これは「天―君―民―天」という循環が成立した所以でもある。

　易姓革命をはじめとした民本思想が、無道の君主を倒す行為に正当性を賦与した思想であるが、易姓革命をはじめとした民本思想に正当性、そして、正統性を賦与したのは『易』にほかならなかった。すでに董仲舒と黄宗羲の例でみたように、それは君権制限の重要な思想的資源として歴代の中国の知識人たちによって盛んに動員された。清末の議会論もその延長にほかならなかった。儒教的民本思想から出発した鄭観応の議会論に見られる「上下一心」・「君民一体」の調和論は、究極的にはやはり『易』の論理に求めることができるのである。

　「上下一心」・「君民一体」は、以上のように、清末知識人たちの思惟様式を規定する『易』における「通」の観念から導き出されたものであったと同時に、制度論の観点からすれば、さらに「封建・郡県」論の伝統とも深くかかわっている。以下、「上下一心」の視点から、「封建・郡県」論と清末の議会論との関係を見ることにしたい。

2　「上下一心」から見る封建論と議会論

　もし、『易』に由来する「通・塞」論は伝統中国にある基本的な政治観で

あったとすれば、「封建・郡県」論は、伝統的な政治制度に関する議論のなかで用いられた基本的な枠組みであった。郡県制は秦始皇帝が従来の封建制を改めて確立したもので、それがその後２千年にわたって中国の政治制度の基本的な枠組みになった。一方で、封建制はそれで消えたわけではなく、むしろ、それはかつての理想的な政治とされる「三代」が実行した制度であったが故に、郡県制に対するもう一つの選択肢として絶えず提起され、各時代の政治に対する批評の理論的な武器としての役割を果たしていた。

「封建・郡県」論は歴代の論者が現実の政治制度について議論するための軸を成していたが、やがて、清末になって、議会をはじめとした立憲制に関する議論にとって代わられて議論の表舞台から消えていった。しかし、「封建・郡県」の議論が提起した支配や権力のあり方の問題はそもそも政治制度論の基本的問題であり、議論の枠組みが「近代化」したとはいえ、問題意識はやはり共通したところが多かった。「封建・郡県」論は立憲制の議論とは異質的なものだが、清末において顧みられなくなったのではなく、また、ただ西洋の議会を理解するためのクッションとしての役割を果たしていたのでもなかったのである。以下は、清末の立憲政治に関する議論を従来の中国における「封建・郡県」の議論との関係においてとらえ、先行研究[74]を踏まえつつ、近代的な立憲制がどのように中国の政治制度の文脈の中で位置付けられていたのか、ということについて考察することにしたい。

（１）「封建・郡県」論：朱子と柳宗元

　伝統中国における政治制度論は基本的に封建制と郡県制という枠組みのなかで展開されていた。本書の視点からすれば、それらの議論は、とくに、政治における「通」の枠組みと、「政・制」の枠組みとを形作った。そして、この二つの枠組みは近代以降も受け継がれてきた。以下、この二つの枠組みについて見ることにしたい。

　封建制と郡県制とは、源からすれば、前者は理想とされていた「三代」の遺制として、秦以降にでき上がった郡県制よりも高く評価されていた。た

だ、「三代」の遺制とは言っても、制度論は儒教的価値論ほど絶対的に評価することができない。何より、現実の歴代王朝の興亡の歴史からすれば、どちらの制度も弊害を生み出して王朝の弱体化を招く要因になったことがあるため、どちらも絶対に正しいと主張することが難しいからである。したがって、例えば、朱子は、「封建・井田は聖王の制であり、天下を公にする法」（朱 1986：2680）だとした一方、封建の世襲制を批判した柳宗元に同意し、封建制はやがて制御できなくなった（「尾大不掉」）という事実を指摘して、「たとえ聖人の法であっても、どうして弊がないと言えようか」（朱 1986：2679）とも述べている。

朱子によれば、治乱を語るには封建・郡県という制度の良否だけを論ずることはできない。ヒトを得ていれば、どちらの制度でも治を実現することが可能である（同上：2682）。しかし、朱子の「治道」論はそのまま士大夫の修身論という「内聖」の枠組みに回収されずに、「治道」という「外王」の視点から封建・郡県について正面から論じた。

どちらかといえば、朱子はやはり封建制をより評価している。彼は、封建制の復活は非現実的だとしつつも、井田封建の部分的復活、具体的に言えば、郷のレベルで漢代の「郷亭候」という職を復活し、田税を等しくすることなどは可能だ、と言及している（同上：2683）。

朱子が封建制の欠陥を認識していながらも、あえて封建制を評価したのは、何よりも同時代の政治情況に対する彼の認識があったからである。彼は次のように述べている。「現在、上の朝廷から下の百官や各部門まで、さらにその外の州県に及んで、不正を働かないところはない。学校科挙は特にひどい。（中略）州県は民を禽獣のように扱い、豊年でも多くの餓死者が出ている」（同上：2683）。

このような郡県制下の政治状況に対する厳しい認識から、朱子は一方の封建制の良さを強調した。その理由はおよそ三つ挙げられる。一つは、朱子によれば、「三代の世と言えば、封建制の良いところは、君民間の情は相親しみ、長期的に安定して憂えずに済むという点である。後世の郡県制のように

一、二年経つたびに入れ替わり、たとえ賢者がいても善政を行うことができない、ということにはならない」、また、「封建の場合は、根本が固まり国家がこれに恃むことができる。郡県の場合は、截然と制度が替わり、行ったり来たりして、長期的な見通しがなく、堅固な制度としてこれに恃むことはできない」（同上：2679）ということである。

　ここでは、朱子の念頭にあったのは、宋の郡県制下の回避制（官僚の出身地での任官を回避する制度）と不久任制（地方官は原則として任期三年で転任させる制度）という官僚任用体制が地方社会を不安定なものにした、ということであったに違いない。唐代のような地方割拠の情況を防ぐための官僚制度は、結局、官民間の阻隔を生じさせたのである。その結果として、官は事に当たらないことを得策とし、是非曲直を前にしても、これを相手にしない、といういいかげん（「苟且」）が蔓延る有様だった（同上：2686）。

　また、これと関連して、もう一つの理由は、郡県制のもとでたしかに「尾大不掉」の恐れがなくなるが、その結果として、州県がもつ権力があまりにも限られていたため、いざ盗賊の侵犯などがあれば、それに対処するだけの力を持ちえない（同上：2681）、ということであった。

　さらに、それに止まらず、朱子からすれば、中央は以上のように、地方官僚に対するコントロールに力を入れたとともに、法を非常に煩雑なものにした。そのため、「人が変通ができず、塞がれている」（同上：2683）[75]、という阻隔の状態になっていた。

　以上のような同時代の郡県制によってもたらされた深刻な政治的状況に直面して、朱子は民の心の重要さを強調し、「優しくて民が親しみやすいことは政治の根本」（「平易近民，為政之本」）だと説いた（同上：2689）。

　朱子の封建・郡県論は、一つの「通」という政治的枠組みを提示したと言える。つまり、朱子にとって、「君民相親」・「平易近民」、言い換えれば、民心に通じる政治の実現は政治の根本である。現実の郡県政治下の官僚制と煩雑な法によるコントロールは、官と民とを分断させ、官の不作為と変通の利かない塞がれた状況とを作り出している。そのような認識に基づいて、朱子

は封建制の欠陥を知っておきながらも、あえてその良さを強調して現実政治に対する批判の武器にしたのである。ただ、「封建・郡県」という伝統的枠組みのなかで、朱子にとって、士大夫層の道徳修養の「工夫」による「内聖」への追求以上に、より良い選択がなかったのである。

　朱子の議論はもちろん彼に始まったものではなかった。例えば、彼に大きな影響があった北宋の張載（1020-1077）にすでに相似した議論が見られた。張載が直面していた状況はある意味では朱子の時と似ていた。すなわち、唐の割拠の轍を踏むのを避けるために中央への集権が進められたという状況であった、そのようななかで、郡県制への批判の道具として、封建制が取り上げられたのである。張載は、『周礼』を重んじ、井田制と封建制の復活を唱えた。彼は秦代に封建制が採られなかったことを得策だとする論調を批判して、それは聖人の意を知らないものとして退け、暗に柳宗元の主張を批判した。そして、「必ず封建を必要とする所以は、天下の事は、簡易なものに分けると精に治めることができる。簡易なものでないと精に治めることはできない。故に聖人は必ず天下を人に分けなければならず、そうすれば治まらないことはない」（張載 1978：251）[76]と述べ、封建制こそが聖人の意を汲んだものだったとの見解を示した。つまり、封建制のように分権し天下の事を細かく分けて治めると、精に治めることができるということであった。朱子の主張は基本的に張載と軌を一にしており、その発展であったといってよい。

　以上のように、中央による集権が進められ弊害が大きくなるにつれ、それに対する批判と牽制として封建論が盛んになるが、逆に、地方が割拠の勢いを成し脅威になったときに、郡県制もまた批判の道具として、その正当性が強調されるのである。張載が意識し朱子が直接に触れた唐の柳宗元の「封建論」はまさにその代表的なものであった。

　柳宗元は「封建論」という論説の中で集権的な郡県制の正当性を主張した。この文章は唐中期以降の各地の節度使による藩鎮割拠が問題になっていたという時代背景の中で著されたものである。柳宗元は封建制と郡県制の良否について歴史に対する考察を通して吟味しているが、現実にある割拠とい

う政治的状況を強く意識していたことは言うまでもない。

　柳宗元の封建・郡県論は「政」と「制」に関する議論でもあった。彼は周代と秦代との政治を対比させて、周の失敗の原因は制度にあって、政治にあったのではない（「失在於制、不在於政」、柳1979：73）、逆に、秦の失敗の原因は政治にあって、制度にあったのではない（「失在於政、不在於制」、同上）、と評して、「制」と「政」を峻別した。

　「政」と「制」との峻別は柳宗元にとって、重要な意義をもっている。本来、封建制を確立した周の周公と郡県制を確立した秦始皇帝とは、「政」の視点からすれば、それぞれ理想的な政治の象徴と暴政の象徴として、評価に雲泥の差があった。しかし、柳宗元は「制」の視点からその評価を逆転させて、「公天下は秦より始まる」（「公天下之端自秦始」、同上：74）と言い切った。つまり、秦始皇帝による郡県制の確立は天下を「公」にしたのだ、というのである。柳宗元によれば、秦始皇帝が失敗したのは、その暴政が民の恨みを招いたからであり、制度による失敗ではなかった（「咎在人怨、非郡邑之制失也」）。逆に、易姓革命を行った商の湯と周の武との封建制は「私」であった。封建制はそもそも聖人の意による制度ではなく、あくまでも時勢によるものだった（同上：70）にすぎない。なぜなら、湯と武とは諸侯の支持を得て初めて革命を成し遂げられたため、やむを得ず封建制を実施したからである。しかし、柳宗元からすれば、やむをえないことは「公」ではなかった。湯と武とは、諸侯の力を自分たちのために用い自分たちの子孫を守るために私したのである（同上：74）。

　それに対して、柳宗元にとって、郡県制は制度として「公」を体現するものであった。その理由とは、柳宗元によれば、「天下の道とは、治めて安定をもたらして人心を得ることである。賢者に上に立たせ、不肖の者に下にいさせることによって、初めて安定をもたらすことができる」（同上）[77]。しかし、柳宗元からすれば、封建の世襲制のもとでは、治者が常に賢者だという保証はない。その場合、周代に見られるように、諸侯の国の政治が乱れても、世襲制のために、その国の政治や君主を変えることができない。しかし

逆に、郡県制のもとでは、任命された者が「道」や「法」に適わなければ随時更迭できるため、安定をもたらすことができ、制としては「公」である。

　柳宗元が「制」の視点から湯・武と秦始皇帝とに対する評価を逆転させた背景には、割拠の政治状況に対する危惧があったことは明らかである。彼の「封建論」は、封建制がやがて「末大不掉」という状況を作り出すことになるという歴史に対する考察を通して、郡県制下の中央集権を強化すべきだ、というメッセージを発した。

　以上の柳宗元の封建論は、朱子とは別にもう一つの政治的枠組みを提示したと言える。それは「政・制」という枠組みである。

　「公天下」と民心を得ることとに対する追求は儒者の共通した政治目標であり、そして、「公天下」の実現は賢者による賢明な政治が必要だ、などの点において、柳宗元と朱子とは共通していた。しかし、賢明な治者による「公」の政治は、何よりも制度によって「公」を保証すべきか、それとも、治者の修身による「内聖」の努力を通して実現すべきか、という点において、柳宗元と朱子とが分かれた。

　しかし、ここから柳宗元の中からある種の近代性を見出そうとすることはあまりにも短絡であろう。柳宗元が語った「制」は、安定性を保つことができるという意味ではたしかに合理性をもつが、「公天下」の制は結局、やはり秦朝が滅びることを阻止できなかったのは、君権による暴政に対する「制」の無力さを意味する。したがって、究極的に、ヒトを得、良い「政」を行うことがやはりもっとも重要だという朱子の主張に対して、柳宗元の主張は有力な反論になりえなかった。その意味では、柳宗元の「制」を重視するという主張は封建の世襲制に対する有力な批判ではあったが、君権の制限をも視野に入れるものではなかったと言わなければならない。

　ただ、「内聖」から「外王」へという理学的方法が朱子学が確立した後、やがて支配的になったなかで、夙に柳宗元によって提起されていた「政・制」の枠組みは重要な意味を持っている。この思考枠組みは、ただ世襲制に対するアンチテーゼに止まらずに、「公」を実現するに、人による「政」よりも

規範として「制」を重視すべきだという思惟に発展していく可能性をもっているからである。

（2）「封建・郡県」論：顧炎武の場合

では、柳宗元や朱子の「封建・郡県」をめぐる議論は後にどのように受け継がれていたのか。以下、これまでも多くの論者によって取り上げられていた明末清初の顧炎武の議論を見ることにしたい。

顧炎武は封建制の擁護者であった。ただ、彼は郡県制そのものを否定するのではなく、むしろ郡県制度を必要なものとして考えた。顧炎武は「封建制の欠陥は権力が下にあることであり、郡県制の欠陥は権力が上にある」（「郡県論・一」）[78]と述べ、両制度それぞれがもつ弱点を指摘した。だが、現実において、郡県制がもたらした弊害が極まっていたため、彼は「封建制の意味を郡県制の中に含める」（「郡県論・一」）べきだと主張した。そして、そうすることによって初めて民生を厚くし国勢を強めることができるという。

顧炎武の封建論はおおよそ三つの点にまとめることができる。

まず、第一に、県令の土着化と世襲制の導入による基層行政である県の支配体制の強化である。顧炎武によれば、郡県制の弊とは、君主が四海の内のすべてを自分の郡県としてもなお足らず、あらゆることを疑い、あらゆることに束縛を加え、法令や文書は日一日多くなり、官僚を監視し掣肘している。一方の地方官は過失を覆い隠すのに精いっぱいで、結局、「官には一定の任地がなく、民には一定の主人がな」く、地域を盗賊や外敵から守ることができない（「郡県論・四」）という状況を作り出した。

顧炎武がここでやはり朱子と同じように回避制と不久任制の官僚任用体制を問題にしたのである。このような制度は、官僚が赴任地で自分たちの勢力を養い、中央に対抗することを防ぐための意が込められていたが、顧炎武は、それでは、地方官僚が任地で職務に打ち込めないという見解を示して、県レベルの官僚の土着化を主張する。さらに、官僚の代理として直接に民に接する胥吏の跋扈を防ぐために、県令に実権を与えるべきで、しかも、県令

に地元（「千里以内」）出身の者を登用し、評定を経て終身職と世襲を可能とすべきだと主張した。顧炎武からすれば、「天下にとってもっとも急を要するものは、郡守・県令という親民の官である。しかし、今日もっとも権力を持っていないのは郡守・県令以上のものはない。守令に権力を持たず、民の苦しみも上が知るところではない」（『日知録・守令』）のである。いわば、土着した「親民之官」の権力強化を通して、上下の間の阻隔をなくすということである。顧炎武の問題意識と主張は基本的に朱子の主張の延長線上でとらえることができる。

　顧炎武によれば、「天下の人が、みなめいめい自分の家庭を心にかけ、わが子のことばかり考えるのは、それが人情というものである。天子のため万民のためをはかる心は、必ず自分のためをはかる心に及ばないもので、これは三代以前からすでにそういうふうであった。聖人はそこでこの点を利用し、天下万人の『私』を用いて天子一人の『公』を成就し、かくて天下がうまく治まった」（『郡県論五』）。つまり、天子が基層行政の県令に分権して、県令が民の父母官となりそれぞれの任地を私すれば、天下が治まるということである。地域社会が治まることは各々の私のためであるが、それは結果的に天子の「公」に資するものである。

　第二に、県レベル以下では、県令が地域社会の行政に地元の者を登用し、漢代のように郷亭（県以下の行政単位、郷はおよそ1万世帯相当、1郷は10の亭からなる）に教化を掌る「三老」と、司法や、税を管理する「嗇夫」、治安を維持する「遊徼」などの職を設け（『日知録・郷亭之職』）、基層の地域社会に密着した政治を綿密に行うことである。顧炎武は、「小官多き者は其の世盛んに、大官多き者は其の世衰う」（同上）と述べている。彼の主張は朱子の主張を想起させるとともに、張載の「簡易なものに分けると精に治めることができる。簡易なものでないと精に治めることはできない」（「分得簡則治之精，不簡則不精」）と同じ趣旨だったといってよい。

　さらに、第三に、宗法社会の自治の強化である。顧炎武の分権論は官僚制や行政の次元に止まらなかった。彼は次のように述べている。「古の王なる

者は、刑を徹底させてもって天下の民を治めることに忍びなかった。そのため、一家の中で、父兄がこれを治め、一族の間で嫡子がこれを治めた」。「宗法が立てば刑が公正になる。天下の嫡子が各々その一族を治め、もって人君の治を助けるのである」（『日知録・愛百姓故刑罰中』）。すなわち、宗法社会に基づいた自治を唱えたのである。そもそも、上記の「郷亭の職」も宗法社会を支えにしていたものでもあった。

要するに、顧炎武は、基層の行政システムの強化と、地域の名望家や有力者、そして宗法・「家族」の権威を含む地域社会の資源を活用することによって、天下が治まり、「厚民生・強国勢」が実現される、という主張を示したのである。

顧炎武の封建論は彼の「独治」と「衆治」という独自の政治観に基づいている。彼は上記の宗法社会による自治の主張を展開する際に、次のよう述べている。「人君は一人で天下を支配（「独治」）することができない。一人で支配する場合は刑がたいへん煩雑なものになるが、多くの人で支配（「衆治」）すれば刑は要らなくなる」（同上）[79]。また、「天子とは、天下の大権を執る者である。どのようにその大権を執るべきか。天下の権を天下の人に預ければ、権は天子に帰することになる。公卿大夫などの高官から百里を治める官に至るまで、朝廷が任命する役人がみな天子の権を分担して、各々その任に当たれば、天子の権がますます尊いものになる」（『日知録・守令』）。天子は大権を一人で独占（「独治」）するものではなく、天下の百官に分与し「衆治」にして、初めて治まるというのである。そして、地域社会においても、県令が同じような要領でさらに分権して、多くの「小官」を設けるとともに宗法の資源をも活用して「衆治」を実現する、ということである。

「封建」、「衆治」を唱えた顧炎武の議論は、封建制擁護論、言い換えれば、伝統的地方自治論であり、その主張においては、地方自治を強化することによって民生を向上し、みんな各々の土地を私することによって地域社会の求心力を強めるということが期待されていた。一方、「封建の意を郡県の中に寓する」という彼の主張は、結果的に郡県制の強化論であったともいえる。

地域社会におけるきめ細かな支配を実施することによって、宗法社会から天子まで一体化し、「上・下」が相通じ、効率的な政治を実現する、ということが構想されたのである。

　以上の概観でわかるように、西洋の近代的議会を象徴とした立憲制が受容されるまで、「封建・郡県」論は中国の政治制度論の一つの中軸を成していた。両者は必ずしも排他的な関係ではなく、むしろ時の政治的現実状況に応じて、一方の制度がもたらした弊害に対して、もう一方の制度をもってこれを批判したり、補完したりしたことが多かった。そして、郡県制と封建制とに対する評価や改革論は、朱子や顧炎武の主張に見られるように、「通」という枠組み、すなわち、上下相通じるを意味する「君民相親」、民心に通じる政治ができるか否か、という基準で測られていた。

　そして、「封建・郡県」とは全く異質的西洋の近代的議会論を受容するに際して、制度論は新しい局面を迎えたことになったが、知識人たちのなかの評価基準は変わることはなかった。清末の知識人たちの西洋議会に関する議論の中における立憲制と「封建・郡県」論の交錯のなかから、われわれは知識人たちが立憲制度をどのように中国の政治的文脈の中に位置付けたかを考察し、西洋発の国会を象徴とした立憲政治に対する知識人たちの理解とその特徴を見て取ることができる。

（3）　封建制と代議制にみる「上下一心」

　清末の政治論における「上下一心」・「君民一体」の特徴をとらえた研究として、もっとも代表的なものはやはり小野川秀美の研究だといってよい。そして、封建制と清末の議会論を関連付けた研究は、増淵龍夫の研究をまずとりあげなければならない。

　小野川は、清末の改革論者を、中国の伝統により、西洋の機器と技術を意味する「西学」をもって軍備を中心とする内政改革を唱える洋務論者と、伝統によりながらも西洋の政治の在り方（「西政」）に注目して、上下一心・君民一体を「自強」の根本だと考え、軍備よりも内政改革を本とする変法論者

という二段階に分け、清末知識人たちの政治論を緻密な検証を通して明らかにし、清末の政治論を洋務から変法への移行過程として考察した。そして、両者の違いを測るもっとも重要な基準は議会に対する認識であった。すなわち、前者の洋務派は西洋の議会にほとんど関心を示さなかったのに対して、後者の変法派は議会制度に注目しており、しかも議会に対する認識も次第に深化していく過程にあった。

　小野川によれば、洋務論から変法論への推移は光緒10年（1884年）代が分水嶺だった。光緒10年代の後半期に入ると、西洋の議会制度が欠くべからざる論議の一項目採り上げられるようになった。それは、議会制度は「君民一体」・「上下一心」の関係を具体的に実現しているからにほかならなかった。

　ただ、「上・下」を通ずるという視点は変法派の登場を待つことなく、洋務論者である馮桂芬が1861年に著した『校邠廬抗議』の中ですでに展開していた。小野川が述べているように、馮桂芬の改革論は、内政ほとんど全般に亘っている。そして、その一眼目は人を得ること、上下の情を通ずることに置かれていた（小野川1969：16）。小野川は西洋の政治の在り方にも注目した馮桂芬が変法論の一礎石を定置したと評している（同上：20）。

　小野川にとって、もし洋務論者の馮桂芬の改革論における「上下一心」論は一つの起点だとすれば、変法論者の鄭観応の議院論に見られる「上下一心」は一つの到達点となろう。すでに見てきたように、鄭観応にとって、議院の目的はほかならぬ朝野上下を「同徳同心」にすることであった。小野川は、「君民一体・上下一心、または下情を通ずるという言葉は、鄭観応を俟って始めて言葉のより全き意味における内容を与えられた」（同上：69）と評価している。それは鄭観応における内政改革を意味する「上下一心」論は、「官」ではなく民間から選ばれた議員で構成される近代的議会との関連で議論されるようになったからにほかならなかった。それに対して、馮桂芬の「上下一心」論はそうではなかった。馮桂芬の「上下一心」論は封建論との関連で議論されたものである。以下、ひとまず馮桂芬の主張における「上下

一心」論を見ることにしよう。

「封建・郡県」論は政治制度に関する議論の基本的な枠組みとして、清末に西洋より受容した立憲に関する議論が盛んになるまで機能していた。その代表的なものは、林則徐の学生であり、洋務論の先駆けであった馮桂芬（1809-1874）が著した『校邠廬抗議』と言える。彼は太平天国の乱から自らを守るために地元で団練民勇を創り、もって郷土を守った経験を念頭に、顧炎武の議論を下敷きにしながら封建論を展開した。

40の章からなる本書は、政治、経済、社会、文化、軍事など各分野にわたって40の改革案を示した。「回避を免ずるの議」という章において、馮桂芬は官僚の本籍回避制度の弊害を指摘して、官僚は他の地よりも自分の出身地に愛着をもつことは人情だとして、とくに県レベルの地方官は、本籍（省内）の出身者を登用するべきだと提唱した。そして、「郷職を復するの議」では、馮桂芬は顧炎武の「独治・衆治」を思わせる「合治・分治」を提起した。彼によれば、「合治」しなければ億万の人民を整えて統一することはできず、天下の争いを招く。逆に、「分治」をしなければ一人による支配を億万の人民に及ぼすことはできず、天下が乱れることになる。したがって、馮桂芬は「合治」に「分治」を加味すべきだと主張した。具体的には、顧炎武が提起したように、古のような「郷亭」の職を復することである。馮桂芬もそのような「小官」を設けることによって、地域に「保甲」と「団練」の制度を機能させると構想した。この考えは彼自身の経験に基づいていたものでもあった。

さらに、「宗法を復するの議」において、宗法の復活を通して、官による支配と家における家父長支配との間を埋めるものとして、地域社会における教化や相互扶助を強化することを主張した。宗法の強化により、盗賊を防ぎ、争いを鎮め、地域社会に浸透し始めたキリスト教の影響に対抗し、そして、「保甲、社倉、団練」など地域社会の公共事業を起こすことが可能となる、というのである。以上の改革案は馮桂芬が自身の経験を踏まえながらも、基本的に顧炎武の主張を展開したものだといってよい。

注目すべきは、顧炎武は必ずしも明言しなかったが、馮桂芬は明確に「上下の情を通じる」ことの重要性を語ったことである。西洋に接した馮桂芬は、中国が西洋に及ばない点を大きく四つを挙げたが、その中の一つは「君民に隔たりがないこと」であった。（ちなみに、そのほかの三つは「人に棄材がないこと」、「地に遺利がないこと」、「名実必ず符合すること」であった）そして、この四者は自己変革を通じて克服しなければならない。

馮桂芬によれば、君（官）民という「上」と「下」の隔たりは宜しからず。隔たりができると民の苦痛が聞こえなくなり、鬱憤が生じて乱が起こる[80]（「復陳詩議」）。三代以降、政治が乱れた原因はいずれも上下不通の弊害によるもので、「上」は「下」の苦しみ知らずに政治を行い、「下」が悪む人を使うなど、民間の事情や苦しみを知らなかったからである。

これに対して、馮桂芬がいくつも改革案を提出した。彼は詩の形で民の苦しみ（「民隠」）を表して下意を上達する方法と、そして、師道を重んじ選ばれた賢者を督撫のような地方官（大吏）相当の高い地位を与え、もって人材を育てる方法（「重儒官議」）、さらに、上記の「郷亭」の職を復することと、これらの「小官」を「公選挙」――「郷挙里選」――する方法などの提案を打ち出した。

馮桂芬は「西学を採る」ことを提唱したが、それはあくまでも西洋の「船堅砲利」を導入するためであった（「製洋器議」）。代わりに、彼は西洋の議院制度に全く言及しなかった。彼は、上下の情を通じ、君民に隔たりのないようにする方法を封建や宗法の伝統に求め、それらの伝統を復することを通して自己変革を成し遂げようとした。それは小野川が馮を洋務論者として位置付けた理由でもあった。ただ、前述したように、馮桂芬が軍備だけを重んじるのではなく、内政改革に力点を置いた意味において、小野川からすれば、それはやがて変法論につながるものであった。また、議会との関連において、例えば増淵龍夫が、「この顧炎武から馮桂芬につながる、在地郷紳を主体とする郷村自治、地方自治論の色彩の強い『封建』論は、やがて西洋の議会制度を紹介する西洋の政治思想が中国に入ってくると、西洋の機器だけ

でなく議会制度も中国に採用すべしとする変法論に、有力な論拠を提供」（増淵 1983：194）した、と評している。すなわち、馮桂芬のあと、議院導入の議論がなされるようになったが、議院は下情に通じる「郷官」を選ぶ（「公挙」）こととみなされ、例えば、鄭観応の主張における議院も「郷挙里選の制をもと」（『盛世危言・議院上』（村田 2010：127）にしたものとされていた。封建制の伝統はいわば近代的議会を理解するための不可欠な「クッション」であったのである。

　以上、小野川は、緻密な検証を通して、清末知識人たちの政治論の特徴を見事に抉り出した。ただし、彼は近代的議会に対する理解度をもって清末の政治論をとらえ、洋務から変法へ、あるいは、封建の復活による「上下一心」論から、西洋の議院制度の導入による「上下一心」論へ、というように、近代化を基準にして清末の政治論をステレオタイプ化したことはやはり否めない。

　しかし、視点を変えれば、「上下一心」論は、実は伝統中国の政治における「通」の状態と同義であり、それは儒教民本思想を論理的に支えている『易』に源をもつ観念である。このような認識からして、議院制度の代わりに、「上下一心」を軸にして改めて清末知識人たちの政治論を見れば、封建を復する主張も、議院の導入の主張も、いずれも「上下一心」という「通」の政治を実現するための手段と方法であったということがわかる。方法や手段は変わったが、「上下一心」という伝統的な政治観は変わることはなかった。議院制度は「通」・「和」の政治に導き、民意を大事にするという儒教的民本思想を有効にする制度的保障の装置として受け入れられたのである。このような視点からすれば、清末知識人たちの議会に対する理解は中国の政治の文脈のなかにあったといわなければならない。知識人たちの認識の限界性や不徹底性、ないし近代的制度に対する誤解を批判することは容易いことだが、しかしわれわれにとって、知識人たちの「上下一心」論がどのような意義をもつのかを問うことはむしろより重要だと思われる。

（４） 章炳麟による代議制批判

　1907年、清朝政府の「予備立憲」の進展の遅さに対する不満から、国会の早期開設を主張する議論が盛んになり、やがて、国会速開運動に発展した。その口火を切ったのは楊度であった。彼は論説「金鉄主義説」（1907年）の中で国会速開論を打ち出し、国会請願運動を引き起こす立役者となった。そして、それに合わせたかのように、それまで自ら主宰する『新民叢報』で「開明専制」論を展開し革命派の機関誌『民報』との間で改良かそれとも革命かをめぐる論争を繰り広げた梁啓超も加わり、国会速開の論陣を張って、オピニオンリーダーとして活躍した。のみならず、楊度と梁啓超は、来るべき国会開設の準備として、それぞれ政党結成作業に入った。楊度を実質のリーダーとする「立憲公会」と梁啓超をリーダーとする「政聞社」がそれであった。

　このような梁啓超や楊度ら立憲派の主張や動きに対して、革命派の章炳麟は批判の矛先を向けた。彼は1907年に「政聞社員大会破壊状」を、翌年に「代議然否論」をそれぞれ著し『民報』に掲載した。前者はいうまでもなく梁啓超批判であり、後者では楊度を遣り玉に挙げた。章炳麟は論説のなかで、代議制は中国に適さないという説を展開して立憲派の主張を批判した。興味深いことに、章炳麟の代議制批判もまた「封建・郡県」の論理からなされたのである。

　まず、章炳麟は「代議政体は封建の変相」（章1969:3747）[81]だと言い切る。その理由は、まず、役割からすれば、代議制の役割は民情を細かく把握し、民の疾苦を上に達させることができるというところにある[82]（同上：2796）。章炳麟からすれば、封建制の下での諸侯は県に相当する範囲内で数百人もの官吏を任命し支配を行い、しかも、登用した者の多くは地元出身のため、民情をよく把握することができる。一方、民のほうも隠すことができなかった。しかも、諸侯は世襲制で、身分も定まっていたため、民は領主の地位を天によって授けられたものだと考え従順的であった。章炳麟はこのように歴

二　清末の立憲制の受容の論理　165

史上の封建制をもって代議制の役割を理解した。また、構成上からすれば、章炳麟によれば、貴族院と衆議院の上下両院に分かれた議院は貴賤、貧富の差という不平等を固定したものであり、それは実質的に封建社会の身分制度と変わらないものである。

　章炳麟は、中国は代議制を実施するのに適していないと考えている。なぜなら、中国は立憲制を実施した欧米や日本と比べて二つの違いがある。一つは封建制の歴史からの遠近である。章炳麟によれば、封建を去ること遠き場合は民皆平等であり、逆に封建を去ること近き場合は貴族と庶民に分けられている身分制の伝統がまだ残っている。そのため、封建を去ること近い国では封建の変相である代議制を実施できるが、2千年も郡県制を実施しており封建を去ることすでに久しい中国には適していない。

　もう一つの違いは、中国は欧州諸国や日本と比べて土地が広く人口が多いため、代議制を実施しても代表が選良にならないからである（同上：3117-3118）[83]。章炳麟がこだわったのは民権の恢復と保障である。彼によれば、建国して政府を作る目的はただ民を守り、民に平和と安全をもたらす、ということにある（同上：3764）。しかし、章炳麟は、中国に代議制を実施することはこれと背馳すると厳しい批判を浴びせた。まず、選挙は決して選良にならず、それは必ず影響力の大きい土豪、豪民が選ばれるという偏った結果をもたらす。また、選挙法が実施されれば、上（「上品」）に貧者階級の出身者がなく、下（「下品」）に富者がいないという格差の状況を作り出すことになる。したがって、名は国会であっても、その実は実力者に羽翼を得させた「奸府」である（同上：3750）。さらに、選挙権から考える場合、もしそれを人々の読み書き能力を基準にするなら、7割の中国人が選挙権をもたなくなるし、一方、納税額を基準にするなら、地域間の格差がそのまま選挙結果に反映し、特定の地域に選挙権が集中することになる、なども問題である。

　したがって、章炳麟からすれば、代議制の下で、民権は伸張されるどころか、むしろ逆にそれによって失墜することになる。君主国においては貴族と

庶民とは相並ぶことはできず（「貴賤不相歯」）、民主国においては富者と貧者とは相並ぶことはできない。結局、階級を生み出して対立を作り出す（同上：3756）。しかも、議員は所属政党の偏った意見（党見）しか述べず、民意を表現しようとしない。そのため、章炳麟は、議院は民の仇敵であり、友ではないとまで言い切った（同上：3762）。

　一方で、章炳麟は代議制を実施して民を貴族と庶民とに分け階級を作り出すよりも、むしろ、一人の王者が権力をとって支配したほうが精緻な統治がくまなく行き渡らず、民はより楽になる（同上：3747）と述べている。言い換えれば、「無為」の治は民により多くの自由をもたらすということである。彼は、官吏に対して厳しく考査し（「綜核」）、逆に民に対して厳しい賦役を課さない、という盛唐時代の「貞観の治」の例を挙げて、「もしそうであれば、立憲は無益であり（逆に）盛唐の専制の政は理にかなわないものでもない」（同上：2799）[84]と郡県制下の開明的な専制のほうが立憲よりもむしろ良かったという見解を示した。章炳麟のこのような見解を支えたのは、中国の2千年の支配は「名は専制だが、その実は放任である」（同上：3117）という彼の認識があった。つまり、君主による放任的な専制のなかで、民が逆に多くの自由を享受できるという考えがあったからである。

　もちろん、民権を重視する章炳麟は専権が望ましいと考えるわけではない。革命派の彼は共和革命を経て総統制の樹立を擁護するが、彼は総統に最高行政権力を認める代わりに、司法と教育を独立させ、それぞれの長に総統に匹敵する権力を賦与することを主張する。そして、官、宦の専権と抑圧性、宗族の不平等な上下支配関係を克服するには、やはり独立した司法、教育の働きによって、諸々の権力に対して制限を課す。政治権力による抑圧性を明確に認識した章炳麟は、権力に対する制限を強く意識したのである。

　以上の章炳麟の代議制に関する議論は、本質的な制度論や価値論よりも、中国の政治的現状を鑑みながら、清朝政府を打倒することを目的とする革命派のイデオロギーという前提から出発した政治的な性格もつ側面があったことは否めない。しかし、それでも彼の議論のなかからわかるように、章炳麟

二　清末の立憲制の受容の論理　167

は代議制に強い不信感をもっていた。章炳麟は「封建・郡県」という伝統的枠組みの中に議会制度を位置付けてそれを理解した。そして、この伝統的枠組みでとらえるならば、彼は封建論に対する批判者であった。彼は顧炎武や馮桂芬が信頼をおいた地方の有力者や名望家と、不平等な宗法社会に強い不信感をもっていた。顧炎武や馮桂芬は地方の有力者を、「民隠」を上達させ上下を通ずる重要な存在として考えたが、章炳麟は逆に彼らを「豪強」としてとらえ、「民をそこなう者は官吏だけではない。郷土の秀でた者の権力は絶大で、民を害することは甚だしい」(同上：3118)[85]と厳しく非難した。章炳麟は伝統的封建制の延長上で議会の性格をとらえ、上下の情を通じさせるという議会の「通」の役割を見た。表現こそ異なるが、章炳麟の理解は例えば鄭観応の「上下一心」のための国会観と一致しているといってよい。しかし、鄭が代議制の担い手として想定した人たちは、章炳麟からすれば、人民をそこなう「豪強」であったため、彼は代議制そのものを決して評価しなかった。いうまでもなく、三権分立制度なども彼の視野になかったのである。

　封建論を批判した章炳麟は郡県論者のように見えた。２千年にわたる「無為」の治＝粗放的な放任の専制が行われていたなかで、人民が自由を享受してきた。彼はまた「貞観の治」のような開明的な専制を評価した。しかし、章炳麟の場合の「郡県」論は近代化されていたものだと忘れてはならない。彼は、司法、教育を独立させ、両者に行政のトップである総統と同等の地位を与えて、もって政治権力を制限することを考えた。政治権力への制限という点において、章炳麟の主張は近代的法治の精神と軌を一にしていたものだった。

　章炳麟の代議制観そのものを批評するのは、ここでの目的ではない。ここで指摘したいのは、章炳麟は基層社会の人民の民権を主張し、また、法治に通じる近代的発想をもつ一方、立憲政治の象徴としての議会を否定した。なぜなら、章にとって、議会の担い手として想定されていた者は民権を代表できない「豪強」たちであり、けっして上下相通の役割を果たすことはないか

らである。このような認識は章炳麟のなかにおける伝統的な「封建・郡県」論の枠組みを抜きにしては理解することはできないのである。

　以上、「上下一心」・「君民一体」を中心に、清末の「封建・郡県」論と議会論との関係を見てきた。概観を通して、清末の議会論における二つの性格が浮き彫りになったように思われる。

　一つは「通」に代表される易の性格である。儒教は『易』を導入することにより、儒教的民本思想に論理的な支えを与えることができた。現実の政治の良否は易における「泰・否」＝「通・塞」を通して語られ、そして、政治における理想的な「通」は、具体的に「上下一心」・「君民一体」として表象される。この「上下一心」・「君民一体」によって表現される民本思想は「易」の論理によって支えられているため、例えば、加藤弘之におけるような天皇中心の一方通行的な「即自的同一性」とは異質的なものだった。また、制度論の次元においても、伝統的制度論の「封建・郡県」をめぐる議論は、どのように天下の「公」を実現するか、そして、どのように民情を汲み取ってそれらに応えるかなど、郡県、封建のどちらを主張したにしても、究極的には、いずれも民に通じる政治という民本思想の伝統に基づいていた。

　清末の議会論は、いわば、このような「通」の政治的伝統の延長線上に位置づけることができるのである。

　もう一つは近代性という性格である。以上のような中国の政治思想の原風景に対して、近代西洋による「衝撃」はやはり大きかった。それは清末の議会論におけるもう一つの側面であった。民本思想における「下情」・「民隠」は「民権」として語られるようになり、「封建・郡県」の制度をめぐる議論も代議制を象徴とする近代的立憲政治をめぐる議論にとって代わられた。

　しかし、注意すべきは、伝統的政治観が近代的なそれにとって代わられる過程の中で、伝統的な概念や価値はただ新しい価値を受容するための「クッション」として働いていたことに止まらなかったし、知識人たちの思惟様式もその過程で簡単に一新されることはなかった、ということである。近代化の道を歩む過程で、時代とともに近代的な思想や制度が不可避的に優勢に立

ち、中国社会を浸透し人々の観念を変えていくが、一方で、政治に関する伝統的な思考の構造は新しい文化に触発され、形を変えながらも、脈々と人々のなかに生き続けていた。近代的な立場からすれば、それは知識人たちのなかにおける前近代的要素の温存という限界性であり、知識人たちの西洋近代に対する誤解ないし歪曲であったと理解できるかもしれない。しかし、危機的な政治状況に直面したなかで、いかに状況を打開し政治を正常な軌道に戻すかという問題こそが知識人たちの最大の関心であった。そして、そのために彼らはありとあらゆる思想的資源を動員した。したがって、近代をどこまで正確に理解したか、という問い自体は決して無意味ではないが、それと同時に、知識人たちが自分たちのなかで、いかに上記の二つの性格を交錯させながらそれぞれの独自の政治構想を打ち立てたのか、という問いをおろそかにしてはならない。

〈注〉

73　陰（- -）陽（―）の二爻は易の基本観念であり、これを重ねること三にして、八卦を成す。詳細は第2章の第2節を参照されたい。

74　とくに、増淵龍夫1983、伊東2005、張・園田2006、などがあげられる。

75　原文：「今法極繁、人不能変通、只管築塞在這裏」。

76　原文：「所以必要封建者、天下之事、分得簡則治之精、不簡則不精、故聖人必以天下分之於人、則事無不治者」。

77　原文：「夫天下之道、理安、斯得人者也。使賢者居上、不肖者居下、而後可以理安」。

78　日本語訳は、後藤・山井1971より引用した。以下同。

79　原文：「人君之於天下、不能以独治也。独治之而刑繁矣、衆治之而刑措矣」。

80　原文：「上與下又不宜隔、隔則民隠不聞、蒙気乗辟而乱又生」。

81　章1969、「代議然否論」。

82　原文：「其用在於繊悉備知、民隠上達」。章1969、「政聞社員大会破壊状」。

83　章1969、「與馬良書」。

84　章1969、「政聞社会員大会破壊状」。

85　原文：「賊民者非專官吏、郷土秀髦権力絶尤、則害於民滋甚」。章1969、「與馬

良書」。

第5章　厳復と立憲政治

清末の鄭観応らによる初期の議会論は、20世紀の初頭になって、ようやく現実に変わろうとした。1906年に、それまでの清朝政府による「新政」改革の進展と世論の後押しで、「予備立憲」の詔勅が発布され、立憲制への準備過程に入った。そして、「予備立憲」が始まって間もなく、国会開設の世論がたちまち形成され、国会請願運動が大きな潮流になった。立憲や、憲法、国会などをめぐる議論が中国国内の言論界を賑わせた。この時期の議会論は10年前の19世紀末と比べて、量的に大きく増えただけでなく、質的にも前より高いレベルに達した。では、この時期の議会論に、それまでの議会論と比べて、どのような異同が観察できるのか、また、伝統的な政治観がもし残っていたとすれば、それらはどのような形でこの時期の立憲に関する議論に反映されているのであろうか。

　それを考察するために、この時期の立憲論議におけるもっとも代表的な論者のひとり厳復をとりあげることにしたい。西洋新知識の紹介の最先端に立った厳復は、1903年にミルの『自由論』の翻訳を上梓したのに続いて、さらに、1904年から1909年にかけて、モンテスキューの『法の精神』（『法意』）の翻訳に取り組んだ[86]。その期間中、彼はさらにジェンクスの『社会通史』（『社会通詮』、1904年）や、シーリーの『政治学概論』（『政治講義』、1905年）を翻訳する[87]と同時に、厳復はオピニオン・リーダーとして活発な言論活動を展開した。「憲法大義」（1906年）をはじめとした多数の論説がいずれもこの時期の所産であった。

　モンテスキューの大著を長期間かけて訳出したことは、『法の精神』に対する厳復の持続的な関心を示している。厳復は原著を忠実に翻訳しながら、随所コメント（按語）を入れているため、そこから厳復の考えを読み取ることができる。以下、厳復がどのように立憲をとらえていたのかについて、『法の精神』の翻訳に付け加えられている厳復のコメント（「按語」）と、この時期に著された著作や論説を中心に、厳復の議論を見ることにしたい。まずは、厳復の自由や、民権、自治などを中心とする近代的概念に対するとらえ方を考察し、厳復の思想の特徴を明らかにしたい。

一　厳復のなかにおける「自由」と「民権」

1　自由の量化と自治の精神

（1）　量としての「自由」と「責任ある政府」

　自由は西洋近代社会を構成する根本的な原理のひとつとして、国家社会について考察するときに避けられないものである。精力的に西洋の「近代」を紹介した厳復ももちろん例外ではなかった。厳復はミルの『自由論』の翻訳を出版したのみならず、その後もさらに『法の精神』の翻訳や『政治講義』（以下、『講義』と略す）のなかで、モンテスキューら西洋の思想家たちの自由に関する思想を紹介しつつ、それに対する自らの見解を明らかにした。とくに『講義』において、厳復はシーリーの説に沿って、そのユニークな自由観を展開した[88]。

　『講義』では、まず、これから議論しようとする自由とミルの『自由論』のなかの自由との違いを明らかにした。すなわち、『講義』において議論する自由は「政界の自由」（political liberty）であり、それはミルの『自由論』における「倫理学の中の個人の自由」と区別される（『合集6：55』）。

　厳復からすれば、「政界の自由」は、拘束と対照をなした概念である。彼は、「自由とは、拘束を受けないという意味であり、あるいは拘束を受けても、繁雑で厳しいものに至らないという意味である」（同上：59）と述べている。言い換えれば、「政令を簡易にすることは自由である」（同上：66）。つまり、法律が煩雑であれば、自由が少なくなるが、逆に法律が簡易であれば、自由が多くなる、ということである。厳復は「人民が自由であるか否かは、法令に関して言えば、その量に関するものであり、その質に関するものではない」（同上：62）と述べた。ここにおける「自由」は近代政治学における自由の概念とは明らかに異なるものだった。自由は徹底的に量としてとらえられ、脱価値化された。

では、自由に対するこのような位置付けはどのような意義をもっているのか。まず、「自由」と政府との関係からみれば、自由は拘束とは反対をなしているが故に、「拘束を受けることは政府の拘束を受けることである。故に自由は政府とは反対である」（同上：59）。つまり、政府の権力が大きければ大きいほど、国民に対する拘束も多くなり、一方の国民の自由もそれによって少なくなるのである。

自由の多さと政府の権力の大きさとは反比例をなすということは、当然といえば当然かもしれないが、厳復は、さらに、「民が自由か否かは政府の仁・暴とは関係のない別事である」（同上：57）と主張している。なぜなら、自由は量で測られるものであるため、国民の行動を干渉せず、やりたいことをやるという自由を与えれば、たとえ暴君、弊政の下にあっても、民は依然として自由であり、逆に、政府が干渉をおこなえば、たとえ堯、舜の世にあっても、民は自由ではないからである。以上のような理由から、厳復からすれば、18世紀以降のヨーロッパ諸国は、民権が日に日に伸張し、法制が整い、民に対する支配も盛んになっている。そのようななかで国民が得られる自由が極めて少なかったのである。厳復は、「自由という言葉を放任政体の専用語にすればよい」（同上：65）と言い切った。つまり、自由が多いことは政府の放任しか意味せず、自由は政府に拘束される程度や、量しか意味しないということだった。

ここにおいて、厳復にとっての「政界の自由」は政府の権力の強弱や法制の多さと反比例をなしている。自由が多ければ多いほど、それだけ放任であることを意味している。のみならず、自由は民権とも反比例をなしている。民権が発達していることは、量としての自由の減少を意味するのである。明治初期の日本で固有名詞として盛んに唱えられていた「自由民権」は、厳復のなかにおいて、反比例をなす対照的な概念となっている。

では、自由がこのように量化されたなかで、自由の多寡、あるいは、政治的支配の厳しさの程度は何によって決められるだろうか。厳復は、政府権限の大きさ、翻って言えば民衆の自由の多寡は、進化自然によって決められる

ものであり、その国の「時、処」（天時、地勢、民質）（同上：67）の如何にかかわると主張している。具体的にいえば、政府の権限はその国が直面する外圧の如何にかかわるものであり、そして、民の自由はこれと反比例をなしているのである。この点について、『講義』では、イギリスとドイツが鮮明な対照をなした例として挙げられた。すなわち、ドイツの場合と比べて、イギリスは地理上の有利な条件によってほとんど外患がなく、人民もそれによってより多くの自由を享受できるというのである。ここで、厳復は中国の政治的現状を強く意識せずにはいられなかった。彼は自国のことを念頭に次のように述べた。「我が国において、もし今後盛強の日があれば、おそらく政府の権限は日に日に拡張し、民のもっている自由はますます少なくなるだろう。政府が無責任だったものから責任をもつものへと役割を変えることは避けられない。なぜなら、そうでなければ、盛強の日が訪れてこないからである」（同上：68）。富強を実現するためには、まず強力な責任をもつ政府が必要であった。自由の多寡は、国家権力と対峙して権利のための闘争に左右されるのではなく、国家を取り巻く外部の国際環境、いわば外圧の強さと、それに伴う政府の権限の大きさによって決められるのである。強い外圧のなかで、厳復は、国家の生存と独立のために、何よりも重要な課題は、放任で無責任の政府を責任を負う政府に改造することであった。

　『講義』は自由の量化を通じて、ユニークな視角から政府と国家との関係をとらえ直し、責任のある政府を要求するという結論を導き出した。ここでは、「責任のある政府」と前述の「放任政体」とは鮮明な対照をなしている。厳復の同時代には、みんな自由を論じ、自由に憧れているなか、厳復は逆に「責任ある政府」をもって「自由ある人民」にとって代えた。厳復にとって、「自由ある人民」よりも、民衆に対して責任を負わない現政府を改造してそれを責任のある政府にすることがもっとも強く要請されている現実的課題であった。他方、民衆が享受できる「自由」の量は、政府の権限と同じように、「進化自然」（同上：67）のことに属するものである。民衆が自由を享受できる前提は、「富強」という目標の実現であった。

以上のような量で測る「自由」と、同じく厳復自身が翻訳したミルの『自由論』における自由とは明らかに異なったものだった。ミルが主張している自由は社会と個人との間の関係を重視しているのに対して、量化された「自由」は政府と国民との間の関係を重視する。しかも、ここでの政府と国民との間の関係は、抑圧と被抑圧という対立した関係ではなく、あくまでも法律の量で測られる管理と自由との間の関係であった。そのため、注意しなければならないのは、厳復が意味している自由の減少は、ただ責任のある政府の創出と法令が整うことによる量としての自由の減少を意味するものであり、けっしてミルの意味するところの「個人の自由」を拘束することを意味しない、ということである。

（2） 自治の精神と「国群の自由」の再考

しかし、『講義』における自由に関する議論は、ただ量化された「自由」という次元に止まらなかった。『講義』は自由の価値を真正面からとりあげずに、「自治」を通して自由の内在的価値を明らかにしたのである。

上述のように、厳復は『講義』の中で、西洋政治学における自由の概念を量にかかわるものとしてとらえた。しかし、『講義』はただ「政界の自由」をめぐる議論に止まらず、政府や、法令と反比例をなした量の「自由」について議論した後に、やはり近代政治学における一般的な意義の自由をも取り上げた。厳復からすれば、それは量化された「自由」とは定義は異なるが、「考察を加えれば、異なるように見えるが実は同じだということがわかる」（同上：80）と述べている。厳復の主張はそれまでの彼の議論とは一見矛盾しているように見える。なぜ厳復にとって、二つの自由は本質的に同じといえるのか。

厳復は、次のように述べている。「政府は自由の反対である。ただし、もし心身を治める一切の法が、私が自ら立てるものであるならば、あるいは、これを行う権力が、必ず吾が与えてから初めて有するようになる場合であれば、吾がたとえ統治を受けても、やはり自由である。これはすなわち政治の

一　厳復のなかにおける「自由」と「民権」　177

世界における自治 Self-Government という説である」。「したがって、政治世界の境地は、自治を極とするものである」（同上）。ここにおける「自治」は、すなわち治者と被治者との統一である。このような解釈はルソーの社会契約論における人民主権の主張と完全に一致したものであるといってよい。つまり、政治社会において、人々は自らが定立した法に服従するという意味では自由である。すべての人が公民（citoyen）であると同時に、自らが参加して定立した法に服従する臣民（sujet）でもある（福田1985：429）。厳復はルソーの社会契約論の批判者であり[89]、ここにおいて、人民主権にも触れていなかったが、しかし、彼が述べた「自治」はデモクラシーの根本原理にほかならなかった。このような自治は厳復にとって政治の究極的目標であった。

以上の自治をめぐる厳復の議論からわかるように、厳復は自由を量化して「政界自由」について語ったのは、デモクラシーに対する無理解では決してなく、むしろ逆であることは明らかである。

しかし、ミルの『自由論』を翻訳した厳復はミルが主張した個人の自由をよく認識しつつも、ミルの本意を曲げて個人の自由を国民社会（国群）の自由と結び付けたことはやはり否めない事実である。厳復のこの「誤読」を指摘したシュウォルツは、「個人の自由が、ミルにおいては、しばしば目的そのものとして取り扱われていたとすれば、厳復において、それは『民徳と民智』を前進させる手段となり、さらには、国家の諸目的の手段となっていたのである」（シュウォルツ1978：139）と指摘している。つまり、「個人の自由」や、「個性の自由」に関するミルの主張は、社会からの「多数者の専制」や、同一化の拘束から個人の自由を守るためであり、言い換えれば、社会に対する個人の自由を強調するためであった。にもかかわらず、厳復はミルの主張を捻じ曲げて、個人の自由を主張することを国家の「富強」という目的と直接に結びつけたのである。

そして、このような自由をめぐる「国民社会（国群）」と個人との対置は、『法の精神』の翻訳のなかにおいて、一見、似たような形で「国群の自由」

と「小己の自由」として現れている。厳復は『法意』の「按語」のなかで次のように述べている。

「中国の現状を見れば、個人の自由はいまだなお緊急事にはなっていない。むしろ、一刻の猶予も許さないのは、他民族の侵入に対してわれわれを保全することである。急を要するのは国民社会の自由（「国群之自由」）であって、個人の自由（「小己之自由」）ではない。国家社会の自由を求めるには、一国のみんなの策と力を合わせなければならない（合通国之群策群力）」（『合集13』：441）。みんなの策と力を合わせるには、一人ひとりが国を愛し、国に対して各々の義務を負うようにしなければならない。そして、一人ひとりに義務を負い、国を愛する心を生じさせるには、国のこと知らせ、外国のことを洞察させなければならない」（同上）。

シュウォルツは厳復の上記の主張を紹介するときに、厳復が用いた「小己の自由」と「国群の自由」とをそれぞれ"freedom of the individual"と"freedom of the nation-society"（Schwartz1964：171,172）[90]とに訳したうえで、脚注の中で、厳復が「個人」の語を非難の意味を含む言葉である「小己」（「小さな自己」）に翻訳したと説明して（Schwartz1964：266、シュウォルツ1978：266）、厳復の自由主義思想に「不吉な断裂」（ominous crack）（Schwartz1964：171）が生じたと指摘した。シュウォルツは「小己」という表現から、厳復の「個人の自由」に対する軽視の傾向を感じ取ったからであろう。

しかし、実際、厳復が用いた「国群の自由」という訳語は、ただ外圧から自らの独立を守るということだけを意味するものではないし、「小己の自由」もただ自由主義的な「個人の自由」だけを意味するものではない。「国群の自由」と「小己の自由」とは、『法意』の別の箇所で、実は、他の言葉にそれぞれ対応した訳語として用いられているものである。

モンテスキューは、『法の精神』の第11編「国制との関係において政治的自由を形成する法律について」の冒頭で、「国制（コンスティテュシオン）との関係において政治的自由を形成する法律」と「公民との関係において政

治的自由を形成する法律」とを区別して（『法の精神〈上〉』：287）、第11編では前者について論じ、その次の第12編では後者について論じる、と断っている。厳復は、まさにこの二つの「政治的自由」、すなわち、「国制との関係において」と「公民との関係において」との政治的自由に、それぞれ「国群の自由」と「小己の自由」という訳語で当てたのである（『合集13』：319）。ここでの「政治的自由」とは、モンテスキューは第11編の第3章「自由とはなにかということ」のなかで、「政治的自由とは人が望むことを行なうことではない。国家、すなわち、法律が存在する社会においては、自由とは人が望むべきことをなしうること、そして、望むべきでないことをなすべく強制されないことにのみ存しうる」（『法の精神〈上〉』：288-289、なお、傍点は引用者による）ことだと定義づけている。この定義を厳復が訳出するときに、モンテスキューの「法律が存在する社会」としての国家における「政治的自由」を「国群の自由」と訳したのである。興味深いことに、厳復は定義を訳出した後に、さらに念を押すように、わざわざ「これはすなわち国群の自由にほかならない」（『合集13』：270）と付け加えた。実際、第11編の翻訳に当たって、厳復は基本的に「国制との関係において」の「政治的自由」を「国群の自由」をもって訳したのである。

　以上からわかるように、モンテスキューが意味したところの「政治的自由」には、なによりも、「法」が介在しているのである。そして、このような「政治的自由」が国制との関係において用いられた場合は、厳復はこれを「国群の自由」と訳し、また、公民との関係で用いられた場合は、厳復はこれを「小己の自由」と訳した。後者の「小己の自由」は、すなわち『講義』における、ミルの「倫理学の中の個人の自由」と区別された「政界の自由」であることは明らかである。一方の前者の「国群の自由」は、ただ国家の自由と独立を意味する"freedom of the nation-society"のみならず、それには、何よりも「法」のモメントが強調されており、したがって、放任、放縦の状態から脱して法治国家を建設することをも意味するのである。その意味では、厳復による「国群の自由」の強調は、単純に国家の独立を優先させる

ために「個人の自由」を犠牲にしてもよいということを意味するのではなく、何よりも近代的法治国家の建設の重要性を訴えたのであった。上述した、法の充実により量として減っていく政治的自由も同じ文脈で理解しなければならない。両者の議論は厳復のなかで対応しているからである。

　以上、厳復の「自治」への理解は治者と被治者の同一性という「近代」の精神に対して深い理解を示している。一方、厳復は自由を政治的自由としてとらえ、それを量で測るものだとした。このような量で測れる政治的自由は政府が責任を負う程度と反比例関係にある。というのは、放任の政府の下では管理が届かず、「受管」からの自由がむしろ多いからである。しかし、厳復は、例えば前章で見た章炳麟のように、君主政府の放任によってもたらされた自由は到底容認できなかった。厳復は「放任」の政府を許せず、何よりも責任のある政府を求めたのである。

　しかし、「責任のある政府」の強調と「法治」との間にやはり緊張感が存在している。とくに、自由を量としてとらえるならばなおさらである。つまり、rule of law は rule by law に変質してしまうのではないかという危惧が出てくるのは当然である。自治の精神をよく理解している厳復はもちろんそれを見落とすことはなかった。そこで彼が用意した答えは「民権」への強調であった。

2　民権の強調

　上述したように、厳復はシーリーに倣って、自由を量で測るものとしてとらえた。しかし、自由を量だけでとらえると、自由の価値が議論の対象にはならず、「責任ある政府」に関する主張も専制や独裁を支える論理になりかねない。

　厳復の議論はもちろん量としての自由に止まらなかった。「自由とは法律の許す全てをなす権利である」（『法の精神〈上〉』：289）。モンテスキューのこの言葉に象徴されるように、厳復は自由よりも、とくに君と民との間の

「権」について注目している。自由を量でとらえる厳復は自由の代わりに民権について議論を展開した。

厳復によれば、良い制度は必ず民の自らの手によるものでなければならない。彼は次のように述べている。「国が常に安泰であり、民が常に暴政から免れることができるのは、人の仁に頼るのではなく、制度に頼っているからにほかならない。（治者が）不仁のことを行おうとしてもそれができないようにする。権は我にあるからである」（『合集13』：316）。民を守る法は民自身で作らなければならない、ということである。

厳復からすれば、「欧州アーリア人種の民権が根本にあり盛大であることは、断じて吾種族の及ばないところである」（『合集12』：157）。『法の精神』における貢租と自由との関係についての議論を翻訳するときに、厳復は次のように述べている。「西洋の君民は、真の君民である。君と民が皆権を有している。東洋の君民は、世が盛んであれば君民は父子となるが、世が汚れれば、主人と下僕になる。君は権を有しているが、民は権を有していないからである……君が至尊で争えない地位にあるため、民の苦楽や生死はその手に委ねられている」（『合集13』：370）。中国に民権がないため、民の運命は常に君主によって左右されているということである。『法の精神』の翻訳過程で別に訳出した『社会通詮』なかで、厳復はさらに、「中国と西洋の政治思想に絶対に異なるものがある。治者（「治人之人」）が被治者（「治於人」）によって推挙される、ということは、たとえ（中国の）古の聖人や賢人のなかに求めても、決してこのような議論はなかったことだと言える」（『合集12』：187）とコメントしている。治者と被治者の同一性こそが民権の表れであり、そのような君民関係こそが真の君民である、というのである。

また、司法についても、厳復は同じくそこに現れる君民間の不平等関係を批判している。厳復によれば、西洋の法治と比べて中国の法は「貴をもって賤を治める」のであり、それでは、仁君の場合は民の父母となるが、暴君の場合は狼となる。たとえ堯、舜のような聖君の場合でも、結局は「その治もまた一時的なものにすぎない。なぜなら、その治の後はまた乱れることもで

きるからである」(『合集13』: 277)。

　のみならず、厳復は以上のように君権から自らを守る、いわば、消極的な視点から民権をとらえるのに止まらず、賦税を例に、積極的視点からも民権について論じている。

　先ほどのアーリア人種の民権に中国が及ばないという指摘のすぐ後に、厳復は、ヨーロッパの場合、たとえ中世という暗黒の時代のなかでも、賦税などの財はもともと民の所有物であり、民から取ってそれを使うには、「必ず民が承諾するのを待って、はじめてこれを取ることができる」(『合集12』: 158) ことをみんな知っていた。それに対して、中国では民の承諾を待って初めて賦税をとるということが果たしてあったのだろうかと厳復は鋭く問うた。むしろ逆で、韓愈のように「民が租賦を出さなければこれを誅す」とまで言ったのだと彼は非難した。

　モンテスキューの貢租をめぐる議論の翻訳で、厳復は中国の情況を思い出さずにはいられなかった。彼は、太平天国などの乱や、対外戦争の敗戦による賠償金などで税金が重くなる一方という状況を念頭に、税を増徴してはいけないのではなく、問題は制度の如何にあるのだと指摘する。彼は、「もし政府が民権を取り入れることができたら、民が公産の危機を知れば、私家を壊してても、(それを)救わないわけにはいかない。立法は代表の議院に行わせ、政治の実行 (行法) は地方の自治にまかせるならば、財を出す場合、民は自から承諾し自ら徴収することになる」と述べた (『合集13』: 368)。言い換えれば、民権の象徴である議院の設立や地方自治の実行による民権の伸張は、公徳を知り、公産である国家を愛する国民の創出につながるということである。

　このように、厳復は国家や社会からの個人の自由の代わりに、民権に注目して、治者と被治者の同一性の現れである西洋の真なる君民関係を高く評価した。中国でも同じような真なる君民関係を築き、初めて「群策群力」によって国家が直面した危機に対応することが望まれた。そして、民権を制度的に象徴するものは議会制であるのはいうまでもない。このような「群策群

力」によって危機に乗り切るという点と議会を通して「上下一心」を実現する点とにおいては、上述した鄭観応たちの主張に通じているといってよい。しかし、デモクラシーの観点から明確に民権を強調する点においては、厳復の議論はそれまでの議会論と区別される。厳復は「君民一体」という表現こそ使わなかったが、彼の治者と被治者とが同一であるデモクラティックな制度下の君民は「真の君民」であるという認識は、伝統的な「君民一体」における「君・民」の中身を治者と被治者の同一性に換骨奪胎したものにほかならなかった。清末の立憲に関する議論の最先端に立った厳復は、いわば、近代的な文脈のなかで議会について議論したのである。

では、厳復は近代的代議制をどのようにとらえるのか。

〈注〉

86　厳復が翻訳した『法意』は商務印書館が出版したものであり、7冊からなっている。王栻によれば、最初の3冊は1904年に刊行され、その後の1905年、1906年、1907年、1909年に1冊ずつ刊行された（王1975：102）。

87　戚学民氏は、厳復の『政治講義』の底本になっているものは、シーリー（Sir John R. Seeley), *Introduction to Political Science*. London : Macmillan and CO.Limited,1896、であると指摘している（「厳復『政治講義』文本遡源」『歴史研究』2004年第2期を参照）。また、1906年に『外交報』に連載された論説「論英国憲政両権未嘗分立」とその続編である「続論英国憲政両権未嘗分立」（未発表）もシーリーの同著作に拠っている。

『講義』は訳著であるが、ほかの訳著において、厳復は翻訳者という役に徹したのに対して、『講義』において、シーリーの主張に全面的に共鳴した彼は、シーリーの主張を翻訳としてではなく、自分の主張として紹介した。したがって、シーリーの理論と厳復自身のコメントとが巧妙に結合された『講義』は、シーリーの著作の意訳であると同時に、厳復自身の考えを反映するものでもあると考えてよい。

88　日本では、初めて厳復のユニークな自由論に注目した研究は、佐藤慎一1996における「補論」である。

89　厳復はルソーの民約論を非歴史的なものとして批判している。例えば、厳復「《民約》平議」『合集3』を参照。

90 Benjamin Schwartz, "*In Search of Wealth and Power: Yen Fu and the West*", The Belknap Press of Harvard University Press, Cambridge, Massachusetts, London, England,1964.

二　三権分立論の「牽制」と国会の「通」の間

1　法治の重視

　まず、憲法という概念について、厳復は中国語の語彙からわかりやすく説明している。厳復によれば、「憲即ち法」であり、「立憲」はすなわち「立法」である（『合集2』：472）。『法の精神』の翻訳のなかで、彼は、モンテスキューが分けた共和政体（「公治」、「民主」）、君主政体（「君主」[91]、「独治」）、専制政体（「専制」）[92] という三つの政体をとらえて、前の二者は「有道の治」であるのに対して、最後の「専制」は「無道の治」だとしている。彼にとって、同じく君主制である「独治」と「専制」との間の大きな違いはすなわち「無道」か「有道」かという点にある。厳復は、「いわゆる道とは、法があるということにほかならない。専制に法がないわけではないが、君主は法があってもそれを超越する。民はそれに従うが自分は従わなくてよい」（『合集2』：473）と述べている。

　つまり、モンテスキューが述べている、「法律によって統治」することの有無という君主政体と専制政体との間の区別、すなわち、君主を含むすべての構成員を超越する存在である憲法をもつか否かということは、厳復にとって、正しい「道」にかなっているかどうかを意味するものにほかならなかったのである。

　厳復はさらに、『法の精神』における法を中国の伝統にあった法家の法と比較して、モンテスキューが説く君主をも拘束する法の最高性という特徴をよりはっきりさせた。すなわち、法家も君主に法による支配を薦めるが、その場合の法は臣民を束縛するための「刑」にすぎず、法があっても、専制政治であった。それに対して、モンテスキューが唱える法は、たとえ必ずしも民権が取り入れ（「参用」）られていなくても、「上下が為すことは皆それによって拘束されている」（『合集13』：36）。君主権力までを制限するという

法による支配、現代流に言い換えれば、rule by law ならぬ rule of law こそが「道」にかなうものだということである。

　そもそも、厳復がモンテスキューを翻訳したのは、西洋の「富強」の本である非人格的な「法の支配」への強い関心からであった。シュウォルツが指摘しているように、「厳復の法に対する関心は、変革の一手段としての法を越えるものであった。すなわち、彼は、西洋の法体系と法的世界観を、西洋のプロメテウス的な爆発を生み出した、あの諸要素の総合体に不可欠な一成分とみなし、それに強く心を奪われていた」(シュウォルツ 1978：148) のである。厳復にとって、法治は西洋諸国の富強の原点にほかならなかった。

　法治の制度的保障は三権分立であり、そして、議院はその象徴であることは言うまでもない。厳復にとって、すでに見てきたように、量としての政治的自由が法の多寡と反比例をなしている以上、このような自由と議院との関係もまた反比例をなしているものである。なぜなら、議院の存在と民権の増長は、政令の簡略化を意味するどころか、むしろ法制がますます多くなり、逆に、民の自由がそれに伴ってますます少なくなるからである。では、厳復にとって、議院は一般的に理解されているように、国民の自由を体現し保障する機関ではなければ、それはどのような機関であるのだろうか。この点について、厳復ははっきりした態度を表明している。彼は、「現在、国に代表議院がある場合、その作用は、政府の行為が必ず国民大衆の監督を受けることにあるにほかならない。もしそうであるならば、なんぞ必ず自由という名詞を用いてその国の国民が自由なる国民と称しなければならないだろうか。その国が作った政府は責任ある政府であるといえば十分である」(『合集6』：61) と述べた。自由なる人民よりも、厳復は責任のある政府 (responsible government) を重視していた。そして、民権を代表する国会は何よりも政府を監督し、政府に責任をもたせるための監督機関として位置付けられたのである。厳復は、「立憲を云うのは、要は国の君主が法を守ることにあるにほかならない。必ずしも立憲でなくても、代表の議院自体が (政府を) 製造・破壊する機関となるのである。専制と立憲の分かれ目はこのような機関

があるか否かによって判断される」(『合集2』:490) と言い切った。立憲制の下で、君主は自分が「天下の公僕」だということを知り、立憲の民は国家思想をもち、愛国を最重要な天職であることを知る（同上:481) のである。

2 三権分立への違和感

しかし、意外なことに、『法の精神』におけるもっとも名高い三権分立論に対して、厳復はむしろ違和感をもっていた。彼の三権分立論に対する不信感は何よりも権力を制限するための相互牽制という点にあった。厳復の議会論は、三権分立のミソともいえる「抑制」や「牽制」に基づいて理解したものではなかったのである。

『法の精神』における「イギリスの国制について」（第二部第五章）という章を翻訳する際、厳復はその冒頭で、「この章で述べられているものは、大半、英国の哲学者ロックの『民政論』に基づいている」（『合集13』272）というコメントを加えており、モンテスキューの権力分立論はロックの『統治二論』に基づいていることを指摘して、両者を同一のものとしてとらえている。しかし、例えば、ロックとモンテスキューの権力分立論の違いを考察した清宮四郎が、「ロックは権力の過度の集中を防ぐためにたんに権力の分離を主張するに止まるのに対し、モンテスキューはさらに各権力の抑制・均衡の必要を説く」（清宮1999:75）と指摘しているように、モンテスキューの「分立」論のほうは、「分離」だけでなく、さらに「抑制」の性格をもっている。それにもかかわらず、モンテスキューとロックとの共通性に注目した厳復は、モンテスキューにおける権力の抑制・均衡の側面を必ずしも重視しなかったようである。

そして、厳復の違和感は1906年に『外交報』に連載された論説「論英国憲政両権未嘗分立」のなかでより明確に述べられている。そのなかで、厳復は、歴史や実際に各国で実施されている状況に徴すれば、「孟（モンテスキュー）説は確かに通用できないところがある」（『合集2』:460）と指摘し

ている。前後の文脈からすれば、ここでは三権分立制度を指していることが明らかである。厳復はとくに第一次憲法期のフランスの例を挙げて、フランスはまさに行政権と立法権を混交させないことを第一義とする三権分立を忠実に踏襲したため、行政と立法府とが相対立し、互いに通じなくなって(「莫通其郵」)、結局、国に大きな動乱をもたらしたと指摘した。

　上述したように、『法の精神』を翻訳する期間中、厳復はさらに二つの重要な訳著、ジェンクスの『社会通史』とシーリーの『政治学概論』を訳出している。そして、同時期に発表した「論英国憲政両権未嘗分立」と未発表となった続編は、厳復の『講義』とともに、いずれもシーリーの著作を翻訳に属する。厳復が『法の精神』の翻訳に取り組んでいる最中に他の著作の翻訳に手掛けることになったのは、おそらく偶然なことではなく、この両訳著と『法の精神』の翻訳との間に何らかの関係があることが考えられる。実際、前者の『社会通史』について、シュウォルツによれば、それは「『法の精神』に対する一種の補遺であった」(シュウォルツ 1978：172)[93]。同様に、後者のシーリーの著作『政治学概論』についても、それは厳復が『法の精神』に対する「補遺」のために翻訳したものだと考えられる。では、それは何に対する「補遺」であったのだろうか。

　その答えは厳復の論説「論英国憲政両権未嘗分立」と「続論英国憲政両権未嘗分立」とのなかに隠されている。両論説のタイトルから伺えるように、シーリーの著作を元に著されたこの二つ論説のなかで、厳復は、シーリーの説を借りて、イギリスの国制をモデルに論じたモンテスキューの三権分立論が現実に合っておらず、「立法権」と「執行権」(憲政両権)は分立されていないことを強調した。つまり、厳復はシーリーの理論をもって『法の精神』におけるモンテスキューの三権分立論に対して修正的な「補遺」を行おうとしたのである。

　『法の精神』の第 11 編の第 6 章「イギリスの国制」のなかで、モンテスキューはロックの『統治二論』の後編から出発して、その三権分立論を展開した。モンテスキューは「同一の人間あるいは同一の役職者団体において立

法権力と執行権力とが結合されるとき、自由は全く存在しない」(『法の精神〈上〉』：291)[94]と述べている。厳復はここでモンテスキューを忠実に訳しだしているが、それとは別にシーリーを借りて、実はイギリスにおいて、両権が分立されていないと主張した。

『講義』のなかで、シーリーの主張を踏襲した厳復の議会観が明確に打ち出されている。厳復からすれば、一国の中に、「治者」(the government[95])と「受治」(the governed) だけでなく、その間にさらに「扶治」(the government-supporting body)(『合集6』：100))がある。「扶治」とは、政府を「建立、維持、破壊する権力」(government-making power) である。このような権力はどの国にもあるが、中国のような専制国に欠けているのは、「扶治」の機関 (government-making organ) である。いうまでもなく、このような「扶治」機関とは、議会である。厳復によれば、「立憲制の国会は……要は現政府を建造したり、助けたり(「扶持」)、破壊したりして、もってその天職とするのみ」(同上) である。

厳復によれば、イギリスの議院はまさに「政府を成り立たせ、または毀す機関」(『合集2』：470) である。それは決してモンテスキューの三権分立論に沿って理解されるような立法権を行使する機関ではない。論説のなかで、厳復は次のような見解を示している。

一方では、内閣は、名義上行政府だが、実際、執行権をもつ内閣は立法の過程でも主導権を取り、あらゆる政策、法令を発起する。その立法の権力は議院よりも大きい。議員は立法に関して、これを議論し各々賛否の意思を示すにすぎない (同上：466-467)。その意味では、厳復によれば、「議院立法というのは、その名はそうであってもその実はそうではない。一方、宰相は立法を主導するが、その権は議院から得ているのだ」(同上：469) というのはイギリス政治の実情である。

しかし他方では、英国政府がなすことは議院の討論を経ないものはない。議院のもっとも大きな権力は、行政を監督することにあり、議院の役割は、実は「禁制」(veto——原注) に存する (同上：468)。それはすなわち政府

を擁立し、あるいは改廃する権力である。厳復からすれば、このような権力は政治を執行することに近いものである。

　厳復によれば、もしイギリスの国政が『法の精神』のなかで指摘されているように、内閣諸行政大臣を議院から排除したのであれば、その全体はとっくに壊散していた（同上：460）。したがって、英の憲政は実際、分立されていないのである。つまり、厳復からすれば、三権分立をその通りに実施すれば、内閣と議院との間に大きな溝ができ、互いに及ぶことがない、という結果になる。このような相互牽制は「通」を妨げ、政治を害する。したがって、イギリスにおいては、立法権と行政権とが実は分立されていないのであり、議院内閣制のもとで、「閣部と議院とは、職が分かれているようだが、実際に国家の重要な政治において、初めから境界というものがあるわけではない」（同上：466）。厳復によれば、イギリスのような立憲制度は、立法と行政の権は混同されないように厳しく規定されているが、同時に、以上で見たような「憲政両権」の相互浸透という調節の方法（「調剤之術」）によって、立法、行政両権は相交通し、相資して、互いに束縛する（「相軛」）ことにはならないのである（同上：461）。

　逆に、モンテスキューの三権分立論にこだわったフランスの憲政は、当初、行政と立法とがにらみ合い、結局大きな混乱が引き起こされた。それは厳復が「モンテスキューの説は確かに通用できないところがある」（同上：460）と評した所以でもあった。

　実際、以上のような、厳復がシーリー経由で認識したイギリス議会政治の在り方は、イギリスでは決して特殊なものではなかった。遠山隆淑がバジョット（Walter Bagehot, 1826-1877）の議会政治観を考察して、「内閣の位置付けや行政と立法の分離が事実に反するという認識は、すでに当時においてもかなり広範に共有されていた」（遠山2017：117-118）と指摘している。バジョットと同時代のシーリーの認識もこの流れに属しているといってよい。

　バジョットはその『イギリス憲政論』において、イギリスの政治体制を、

三権が完全に分離しているものとして理解することの誤りを指摘している（バジョット 2011：4）。彼によれば、「イギリス憲法に潜む機能の秘密は、行政権と立法権との密接な結合、そのほとんど完全な融合にあるということができる」（同上：14）。そして、このような「融合」により、権力が統一され、憲法上主権が単一で、良く機能し、しかも強固である。バジョットからすれば、これはイギリス憲法の長所にほかならなかった（同上：280）。上述の厳復によるイギリス「憲政両権」間の「調剤の術」という認識はバジョットに通じていることは言うまでもない。

バジョットによれば、「イギリスの制度は、立法権による行政権の吸収ではなくて、両者の融合である。内閣は法律を制定したり、またそれを執行したりする」（同上：19）。したがって、実質的には「内閣自身が、立法部なのである」（同上：27）。一方、「立法部は、名目的には法律を制定するために選出されるのであるが、実際には行政部を作り、これを維持することを、主たる任務とするに至っている」（同上：16）。このような認識を、ほかならぬシーリーが government-making power ＝ 政府を「建立、維持、破壊する権力」と表現しているものだったといってよい。

このように、厳復は『法の精神』の翻訳のなかで、モンテスキューの三権分立論を忠実に訳出した一方、それに違和感をもった彼は、シーリーのイギリス憲政論のなかから回答を見出した。立憲政治における国会は何よりも「扶治」機関であり、立法権や行政権は相牽制するのではなく、相交通するものであり、政治運営における「通」を保つためのものであった。厳復はこのように、シーリーの著作の翻訳を通じて、モンテスキューの三権分立論に対する修正的な「補遺」を行った。

以上、改めてまとめてみると、厳復はイギリスの国政に対する考察を通して、イギリスの立憲における次の二つの特徴を明らかにした。すなわち、第一に、イギリスの立憲制はモンテスキューの三権分立論で議論されているように行政権と立法権とが厳格に分離されているわけではなく、むしろ、イギリスの立憲制において、立法と行政の権限が厳しく規定されている一方、両

者を調和する術があり、そのため、立法と行政の二権を相通じさせており、牽制し合うのではなかった（『合集2』：461）。つまり、代議制について、厳復はモンテスキューの三権分立論のように権力の相互牽制を強調するのではなく、逆に、立法と行政との間が相資し、調和することを強調した。

　第二に、議会の意義は立法にあるというよりも、この民権を代表する機関の役割は実質的には、何よりも政府を建立しそれを維持しあるいは逆にそれを破壊するという「禁制」の役割にある、ということである。厳復からすれば、「このことはモンテスキューの時代にまだ胚胎にあり、固よりそれを見るのが難しい」（同上：470）とモンテスキューの時代的制約を指摘した。

　バジョットがイギリス議会政治を論じた時代は、イギリスが産業革命によってもたらされた繁栄の時代であった。そのなかで、新興階級の成長に伴い、政治的な民主化も進められた。その結果として、新しく現れた政治の新規参入者を国政運営のなかでどのように位置付けるべきか、というのは時代の課題になった。バジョットもその一員であるウィッグにとって、「自由な統治」（free government）は、イギリス国制がフランスのように政治的破綻を招くことを避けさせた優れた価値であった。それを実現すべく、ウィッグは名望家層のリーダー機能の強化を図る一方、政治制度を通じて多様性の維持を徹底させ、統一的な政治秩序としてのイギリス国政を維持することに心がけた。多様性を保つには、「融合」、「妥協」の姿勢は不可欠であった。バジョットの主張はこのようなイギリスの時代的課題に対応するために打ち出された一つの選択であったといってよい。

　では、厳復の議会認識はどのような時代的現実に直面し、また、どのような課題に応えようとしたのか。厳復は民権を伸張し君権を制限するという代議制の意義を十分に理解していながら、三権分立における権力の相互牽制に敏感に反応して、わざわざ論説「論英国憲政両権未嘗分立」および続編を著し、三権分立に対して批判的な見解を述べたのは、やはり中国の現実の政治に対する厳復の認識があったのである。

〈注〉

91　君を主とする、という意味。
92　『法意』のなかでは、「公治」・「君主」・「専制」と訳されているが、論説「憲法大意」のなかでは「民主」・「独治」・「専制」と訳されている。
93　その理由について、シュウォルツは、ジェンクスの単線的な進化論が厳復にとって、「モンテスキューの分析の静的で、『非進歩的な』性格を補正する機能を営むものであった」と説明している（シュウォルツ1978：172）。
94　ここの「自由」を、厳復は「国群の自由」と訳している（『合集13』：273）。
95　シーリーの原著における対応した言葉である。以下同。

三　伝統と現実の間

1　厳復の現実に対する認識

　厳復は法治の重要性を強調する一方、三権分立に違和感を持ち、また、代議制の重要性を強調しながらも、牽制の原理を働かせるのではなく、むしろ、それを政治における「通」のための「扶治」機関として期待していた。厳復の立憲に対するこのような理解の支えとなる論理をどのように理解すればよいのだろうか。それはこれまで見てきた厳復の西洋の近代的価値に対する独自の理解のみならず、彼の同時代の国内の政治現状に対する認識によって規定されているといってよい。彼の認識は二つの側面からなっている。

　まず、君主のあり方に対する認識である。厳復からすれば、西洋の君主と異なって、まだ宗法社会の段階から抜けていない中国における君主は同時に人民の親であり、師である。君主の責任は無限であるのに対して、人民は仁君の下では子であり、暴君の下では奴隷であるため、国の政治にかかわる権利（「治柄」）も、奪われてはならない（個人の）権利も全くもっていない（『合集12』：168）。政治をめぐる権利（「権」、「柄」）はみな「官」がもっていた（同上：174）。このようななかで、君主が仁政を行うときに民の父母となるが、暴政の場合はオオカミとなる（『合集13』：276）。

　このように、君主が無限な権利をもって君、親、師という無限の責任を果たす場合に、権利を持たない民は、君主がオオカミになる可能性から逃れられない。しかし逆に、これまで見たきたように、君主がその責任を放棄した場合、放任政体となる。上述したように、章炳麟は代議制に反対して、政府の放任によって民がむしろ自由を享受することができると主張した。しかし、このような観点は厳復にとって受け入れられないものだった。自由と拘束のない放任（「無遮之放任」）（同上：270）との両者を峻別した厳復にとって、無責任の政府はとくに国家が危急存亡の情況に直面した時に避けなけれ

ばならないことであった。したがって、中国における君主のあり方は常に以上の両極端の危険性をはらんでいるのである。厳復にとっての課題も、君主による専権とその逆の無責任な放任との両方をいかに避けるか、ということだった。

　次に、民も官僚も各々の私だけを気にする（「各恤己私」）という認識である。厳復は、中国の民はあらゆることにおいて各々の「私」だけを気にしているというモンテスキューの批判を急所を突くものとして高く評価した。厳復からすれば、このような民がただ各々の私を気にするのは、法制と教化によるものだった。西洋において、個人のことはそれぞれの自由があり、他人が口を出すべきではないが、一方の社会のことについてはみんな口を出すことができる。それに対して、中国はそれと対照的で、社会のことは国家のことであり、君主や官のことに属することだった（『合集14』：509）。

　以上のような「各恤己私」の現象は、官の場合にも見られる。各省の督撫は他の省を他国を見るがごとく、郡邑の場合も全く変わらない。みな目の前の利益を追求するだけで、その他のすべてに関心を示さず、大局を見据えて長久の計を立てる者はない。

　その理由は、厳復の次の指摘からうかがえる。『法の精神』における風土論の部分で、モンテスキューは「人間の事業について」という短い章を立てて、ペルシア人の例を引き出して「人間は、自らの配慮とよき法律とによって土地を自分らの居住にいっそう適したものにした」（『法の精神（中）』：122）ことを論じた。厳復はこの章の見出しを「民力」と訳し、この章の訳文のあとにこの章よりも長いコメントを付けた。その中で、厳復は次のように指摘している。すなわち、本来、人は自分が生まれた土地に対して愛着をもつことは自然の情だが、君主政府がその民をコントロール（「鈐制其民」）するために、全権を旅館の客（「伝舎之人」）のような官僚に授ける一方、煩雑な法と短い任期などの制限を設けて何もできずにさせている（『合集14』：456）。厳復がここで念頭においているのは官僚制における本籍回避制と不久任制であったことは明らかである。つまり、厳復からすれば、政府は民を

三　伝統と現実の間　197

「鈐制」し権利を持たせないように官僚制を設けた一方、官僚に対しても様々な法をもって牽制しているのである。厳復によれば、中国のような専制国において、「法を立てたのは、奸を塞ぐことが九を占めるのに対し、国や民に利することは一だった」。このような法を用いれば、国は決して進化することができない。無限の権力を手にした君主政府は、法制と教化を通して民権を萎縮させ、さらに官僚に様々な制限を加えることによってこれを牽制し、結局、民も官僚も各々の「私」に走ることになった。その結果として、厳復によれば、「一国の人民はみな公徳とは何かを知らず、愛国とは何かを知らない」（同上：457）という状況を作り出した。

したがって、厳復は、改革は何よりもまず官僚制の改革から始まり、「行われることは、国家に利するもので七を占めさせ、奸を塞ぐものでその三を占めさせること」を旨としなければならない（『合集13』：278）と主張した。中国の官僚制に見られる現実に鑑みて、厳復は「塞」＝「鈐制」・「牽制」に不信感をもっていた。それは厳復が牽制を旨とする三権分立の制度に違和感をもつ理由でもあった。

以上のような現状認識に基づいて、厳復にとって、課題を解くカギはやはり民権の確立以外にありえなかった。厳復からすれば、良い制度は必ず民が自ら作ったものでなければならず、ただ人が与えてくれるのを待つだけでは得られない。また、たとえ得たにしても、君主が仁君であることを意味するだけで、制度はいまだに仁になっていないのである（同上：316）。つまり、良い制度は民権から生まれるということである。厳復によれば、立憲国において、官吏は交替するがその国は存続し、そして国を存続させる主人がいるのである。主人とはほかでもなく、民権によって担保されるものである。民権は全体の計画と長久の計を立てる存在である（『合集14』：648）。厳復にとって、民権の有無は競争の優劣の分かれ目なのである。

厳復はさらに民権をより具体的に制度面からも考案した。すなわち、「人各顧私」や、公徳を知らない民という現状を変え、「今の中国のために自強を謀れば、議院代表の制度をすぐに行うことができないと雖も、地方自治の

制度を設け、中央政府が任命する官僚と和同して治めさせ、億兆の私を合して公と為し、朝廷を安泰にして盤石を固めることは、一日の猶予も許せない」(『合集14』457) と説いた。

　国家の富強のための「民力」を引き出すために、厳復は議院代表制という制度を目標として据えておきながらも、まず民権の伸張を象徴する地方自治の実施は何よりもの急務だと主張したのである。

　上記の厳復の現実にある官僚制に対する批判については、顧炎武の封建論が思い出される。なぜなら、一つは、厳復の批判は顧炎武が指摘した郡県制下の官僚制がもたらした弊害と重なっているからである。もう一つは、顧炎武は従来の封建郡県論の枠組みのなかで、封建の意を郡県に寓することを主張し、「独治」よりも「衆治」を選んで、官僚が土着化し「親民」の官になることを期待したが、厳復もまた「独治」・「衆治」の言葉を用いたからである。そして、議院は厳復にとって、まさに「衆治」の機関にほかならなかった (『合集2』: 457)。

　顧炎武における「封建の意」は一種の地方自治の提唱であった。したがって、地方自治制度の実施は急務だと主張した厳復は顧炎武を思い出すのも自然なことであった。しかし、厳復は自らが意味するところの地方自治を顧炎武の「封建の意」とを峻別する。厳復は「地方自治の制度は古の中国になかった制度である。三代の封建は、フューダリズム (「拂特」) の制度であり、自治ではない」と言い切った。厳復からすれば、顧炎武の封建に関する議論は有力だが、欧州の自治制度と比べてはるかに及ばないものだった。その理由は、厳復によれば、中国と西洋との間に絶対的に異なったのは、中国には、治める人が治められる人によって推挙されるという発想をたとえ古の聖人や賢人に求めてもなかったからである (『合集12』: 187)。治者と被治者の同一性は厳復にとって、封建と近代的地方自治を区別した決定的な分水嶺であったのである。「独治」・「衆治」も、言葉は同じでも、とくに「衆治」の場合は顧炎武と厳復の使い方は本質的に異なったものである。顧炎武の「衆治」における「衆」は多くの「小官」を設けることを意味し、その「下」

の民が視野の外にあったことは明らかである。顧炎武における「小官」は視点を変えれば、章炳麟が批判する「豪強」でもありえた。それに対して、厳復における「衆治」は治者と被治者の同一性を意味する民権であった。民権を重んじるという点においては、近代の厳復と章炳麟とは同じ立場だったのである。

厳復はジェンクスが西欧の封建に関する議論を翻訳するときに、「昔の地主は、国に封じられてその土地を治めていたが、その後の地主は、封じられた土地を自分のものにし、その土地を自分の産業として、その土地を治めた」というジェンクスの議論を受け、「ここまで読んで、商鞅や李斯が中国に無窮の福をもたらしたことを悟った。封建を破壊しなければ、中国の末路もそれと変わらなかっただろう。三代にこだわった者はこのことを知っているのだろうか」（同上：123）とコメントした。彼はむしろ顧炎武とは対照的に、封建制を終結させた法家たちのことを讃えたのである。「政」と「制」とを峻別して、「制」を重んじた柳宗元の主張はここでよみがえった。いうまでもなく、柳宗元と比べて、厳復にとっての「公天下」を体現する制度は郡県制ではなく、近代的な議会制度であった。一方の顧炎武による封建論も厳復にとって、取るに足らないものであり、顧炎武が主張する封建、宗法社会機能の強化に至っては、進化論の立場に立つ厳復にとって、もはや論外であった。

このように、膨大の数の西洋近代思想家たちの著作の翻訳を通して自己武装した厳復は、中国の現実を見据えながら自分の政治構想を打ち出した。彼は、一方では、中国の現実に対して顧炎武が指摘したものと同じような欠陥を見出した。そんな厳復は権力に対する牽制を旨としたモンテスキューの三権分立制度に違和感をもった。他方では、近代的地平に立って政治を構想した厳復は、旧来の封建郡県論の枠組みに拘束されることなく、どこまでも治者と被治者の同一性という近代的デモクラシーの立場から、民権を主張し、それを前提とした地方自治と代議制を唱えた。中国が直面していた現実政治の弊害に対する認識を、厳復はそれまでの歴代の知識人たちと共有していた

が、しかし厳復の議論の近代性はそれまでの論者たちとは一線を画したものだった。

　さらに、厳復の地方自治論の先には代議制の確立という目標があった。厳復の制度構想のなかで、地方自治は官民が「和同」して治めることを目指すものであり、彼における民権を反映した議院制度は「扶治」の機関であり、国家の独立が脅かされている政治状況のなかで、民が皆国を「私」して、近代的意味においての「上下一心」・「君民一体」を創出するための装置だったのである。厳復は 19 世紀後半以降の清末知識人たちと同じような政治的課題を共有していた。また、彼の構想にはやはりいかに「通」を実現するかという意識が貫かれていた。しかし、厳復にとって、民権と、治者と被治者の同一性の制度的実現こそが「通」を実現するための究極的な手段であったのである。

2　厳復の狙い

　厳復の主張に見られるような、民権とそれを象徴する機関としての議院とが互いに表裏をなしたことは、中国に先立ち日本で展開された自由民権運動の発端が民撰議院設立の建白書が左院に提出されたことと似ている。しかし、日本の場合と異なったのは、厳復は意識的に自由と民権とを使い分けた。それは厳復の立憲思想の独自の特徴だといってよい。

　ちなみに、この点について、同じ近代的自由の伝統を欠いていた近代日本の例からもわかる。明治初期の日本において、一方では、福澤諭吉のような、個人の自由、独立の主張を唱道する啓蒙思想家がいたが、他方では、たとえば、丸山眞男が明治維新について語るときに述べたように、「当時の進歩的知識人（とくに明六社グループ）においてはわれわれは不徹底ながらなお積極的な、換言すれば規範創造的な自由観を見出すことができる。しかし、文明開化のスローガンが維新後の社会を嵐の様に吹きまくったとき、それは旧体制下に抑圧せられていた人間の感性的自然の手放しの氾濫となって

三　伝統と現実の間　201

現れたのである」（丸山 1976：303）。開国後の政治言論の自由のもとで啓蒙思想家たちの宣伝があったにもかかわらず、社会に流行していたのは人々の感性的開放によってもたらされた享楽主義の価値観とエログロ文化の氾濫であった。このような感性的快楽主義の人生観と主体性をもつ自由の精神との混同現象は、たとえ明治時代の著名な民権思想家である植木枝盛でも免れることができなかった（松沢 1993：61）。したがって、西洋の歴史の中で形成された自由の価値に対する受容と理解は決して容易なことではなかった。

　それに対して、厳復はどこまでも民権を強調する。その代わりに、自由をあくまでも量としてとらえ、自由主義的な「個人の自由」からアプローチするのではなく、「国群の自由」を強調した。すでに見てきたように、厳復が主張するところの「国群の自由」には国家の独立と法治国家の建設という二重の意義が含まれている。厳復の議論から読み取れるように、彼が自由を量として限定して議論を展開した背後には、厳復の自由＝放任に対する警戒と、国家の独立富強という至上課題に直面していたこととの背景があった。そのような背景のなかで、厳復は章炳麟の主張に見られるような政府の放任による自由をも拒否する。彼はむしろ逆に、民権を代表する議院制度をもって政府を責任ある政府にすることを強調する。厳復は、民権によって選ばれた責任のある政府の下で、治者と被治者の同一を意味する「君民一体」で国難を乗り越えていくことを構想したのである。

　のみならず、自由と民権とを使い分けた厳復に一つの戦略がうかがえる。すなわち、厳復はルソーによる代議制批判（『合集 2』：476）をよく知っていながら、それでも中国の改革を代議制の確立に賭けた。ルソーの一時的自由を得たにすぎないという批判を知っている厳復は、代議制は自由の象徴であるというより、なによりも「民貴君軽」を意味する民権の制度的象徴であったと考えたからである。

　逆に、民権ではなく、「個人の自由」から立憲政治にアプローチするならば、自由主義の視野の下では、自由と君民の「和同」、「群策群力」とはどうしても衝突することになる（その意味では、ミルの自由論に対する歪曲は厳

復の問題関心からの意識的な「読み換え」として理解することができる）。しかし、民権からのアプローチであれば、国家の自立富強にどうしても必要な「群策群力」と君民「和同」とは価値的に矛盾せず、より説得力をもつものであった。もちろん、厳復における議院がもつ「群扶之力」、官民の「和同」は、治者と被治者の同一性という「真の君民」を前提にしていたことは言うまでもない。

　以上のように、厳復は西洋の近代思想に対する独自の理解から、現実の中国のために立憲制度を構想した。彼は「制度には善悪がなく、時に適することに期す。変革は遅速がなく、妥当であることが重要」だと述べ（同上：474）、二百年前から権が国王から貴族、そして金持ちに広がり、今日になってようやく民権の実を得る、というイギリスの歴史に徴すれば、「国の程度から言えば、法制度は実を求めずに名を求めることをしてはならない」（同上：475）と述べた。

　厳復は、「政治の目的は、千言万語を要するに、賢を求めて国に仕えさせるにほかならず、立憲の主旨もまた同じである。別に深い意味や難しい意味があるわけではない」（同上：477）と述べている。したがって、立憲を高嶺の花として見る必要がなく、どこの社会も実行できる。立憲は「群力群策」の効果を収め、しかも、人心の不平を鎮めることができる（同上：479）。理念的に民本思想に通じる近代の立憲主義の原理は決して難しくなく、「危制」である開明専制の代わりに、常に賢人を担保する制度を求めるだけ、ということである。厳復は中国における「民力、民智、民徳」の現状と民本思想の理念との間の大きなギャップに直面しながらも、けっして悲観視することはなかった。民権の確立による「真の君民」を実現し、制度面では、地方自治の制度を確立してやがて代議制を実現することができるのである。

　以上の厳復の主張は、その後の国会請願運動に受け継がれた。1907年に、楊度がいち早く「国会速開」論を打ち出し、それはさらに梁啓超によって広められて、清末国会請願運動へとつながった。楊度や梁啓超らが国会を速やかに開設すべきだという理由を何よりも、「放任政体」下の無責任な政府

を「責任のある政府」に改造することに求めた。辛亥革命によって、清末立憲は目的を達成せずに夭折した。しかし、その中で蓄積されていた立憲に関する思想的営為は現代に資する資源として、今こそ再検討すべきものだといわなければならない。次章では、現代中国の場合を考察することにしたい。

第 6 章 「双軌政治」、「協商民主」と現代中国

一 憲政民主と双軌政治：
1940年代の文化論争に見る梁漱溟と費孝通

　中華民国の初代大総統袁世凱の死後、中国はたちまち軍閥混戦の時代に突入した。孫文の遺志を継いだ蒋介石は北伐を通して、曲がりなりにも中国を統一したが、満州事変後、国民政府は日本による侵略の脅威に直面するようになり、国家を建設する余裕を与えられなかった。さらに、日中戦争後、蒋介石の国民政府は共産党と鋭く対立するようになり、やがて内戦に突入した。1947年、国民政府は有力な知識人が多数参加する組織民盟の支持をえないまま、三権分立の方策と、言論、出版、結社の自由を保障することを明記した「中華民国憲法」を公布し、孫文の「訓政」から「憲政」への移行構想を実行することとなった。それに合わせて、同年の11月に国民大会代表直接選挙が国共内戦のさなかで実施された。

　内戦が勃発したなかでの憲政の実施を、この時期の知識人たちはどのようにとらえていたのか。「五・四新文化運動」を経て、また、欧米留学の経験をもつ知識人が多数いたなかで、中国における憲政のあり方をめぐって、様々な議論が交わされていた[96]が、ここでは、梁漱溟と費孝通の議論を中心にとりあげてみることにしたい。調査や社会的実践を通して中国の農村を熟知している二人はともに基層社会の視点から中国の政治の在り方を考え、憲政に対して各々の見解を明らかにした代表的な論者であり、本書もこのような視点を共有しているからである。

1　論争

（1）　梁漱溟の主張

　まず、梁漱溟の場合、その思想が「もう一つの五・四」（溝口雄三）と表現されているように、彼は同じく「五・四」のサークルに属する知識人であ

りながら、近代的な民主と科学を掲げて伝統的儒教を徹底的に排撃した陳独秀らとは対照的に、中国文化の優位性を唱え、儒教精神による中国社会の再生を構想した。1927年以降、彼はさらに山東省で郷村建設運動に取り組んだ。それは知識人と郷村の人々との協力を通して、農民の主体性を引き出し共同的組織の自己構築を目指した運動だった。そして、取り組みの方法は梁の言葉を借りれば「郷約の補充改造」であった。端的に言えば、それは「郷約」という中国地域社会の自治伝統を近代的に改造し、人々の「自覚」と主体性を呼び起こすことによって、「相互扶助」、「人生向上」をより積極的なものにし、そして、社会運動として一郷一村を超えて連携を広げていくという構想であった（中尾 2000：69）。

　そんな梁漱溟は、1947年の選挙を念頭に、「予告選災・追論憲政」という論説をこの時期の知識人の間でもっとも影響のある雑誌『観察』に発表した。そのなかで、彼は、「中国には民主も憲政も必要である。しかし、中国の民主や憲政は、固有文化のなかから引き出し発揮して、目前の事実に適合させなければならず、外国の制度を踏襲してはならない」（梁 1947〈上〉：6）と主張した。

　梁漱溟は一方では、まず、現実の政治について、厳復が翻訳したジェンクスの『社会通詮』から引用しつつ、競争を旨とする西洋の選挙のあり方を確認したあと、実施されることとなった選挙について次のように批判している。すなわち、数百年の間に法治の伝統や習慣、そして道徳、知識水準を育んできた西洋に対して、中国の人々は競争選挙とは何かを知らない。また、公平な選挙で初めて民意が現れるが、しかし金も、権勢も、知識も、勇気も、暇も、興味もない一般の人々は意思を表明する術もないため、結果として、既成の勢力としての新旧の悪勢力だけが民選の美名を得て、一層合法的な保障を得ることになるにすぎない。したがって、梁漱溟からすれば、このような選挙は結局、中国に災いをもたらす「選災」になり、議会選挙制度は既成勢力の特権を正当化する道具になるのである。梁漱溟の批判は、清末の章炳麟の代議制批判と一脈通じたものだっただけでなく、民国成立以来の議

会選挙の実態に対する彼の冷めた観察によって裏付けられていたことは言うまでもない。

　他方では、固有文化から言えば、梁漱溟によると、憲政は西洋の国家内部における「競争しても乱れない方法（「有争而無乱之道」）である。「競争・闘争」を旨とする西洋に対して、中国の文化は「和合統一」を旨としている。梁漱溟にとって、この「和合」という伝統は「中国人の道」であり、変えてはならないものである。逆に「牽制と均衡」や、政党分立、選挙競争などの中国への移植はそもそも中国の精神に合わないものだったのである（同上：10）。民族の固有精神と優良な伝統と相反することを行えば、自らを滅ぼすことになる（同上：9）、と彼は警告を発している。

　梁漱溟にとって、中国の課題は何よりも「建国問題」である。一つの新しい国家を建設するにあたって、彼からすれば、「団体組織生活は中国にとってもっとも欠けておりもっとも必要なものである」（梁漱溟1947〈下〉：8）。このような視点からすると、個人本位から出発して、自由競争を旨とするイギリス式の憲政は中国になじまないものだ、という主張は必然な帰結であった。

　梁漱溟の議論からわかるように、彼はイギリス式の憲政、代議制そのものを批判するというよりも、現実にある選挙をはじめとした憲政の運営を問題にした。中国に憲政が必要ないのではなく、中国には中国の文化伝統に即した民主と憲政を創出しなければならないと彼は主張したのである。しかし、「競争・闘争」と「和合統一」を西洋と中国の文化伝統と対峙させ、イギリス式の憲政は中国になじまないとする彼の主張は、やはり批判を招くこととなった。梁漱溟の主張に対して、同時代の知識人費孝通や張東蓀は、梁との共通点を踏まえつつも、それぞれの立場から梁の主張に疑義を呈した。

（2）　費孝通の主張

　梁漱溟が選挙批判の論説を発表したのと同じ時期に、一方の費孝通は天津の『大公報』で「基層行政の僵化」（1947年9月25、26日）[97]を発表して、

基層社会の視点から現実の政治に対する批判を行った。

　費孝通は論説のなかで有名な「双軌政治」論を展開した。彼によれば、健全で持続できる政治は必ず「上通下達」で、自由に往来できる「双軌」という形式をとっている。このことはたとえ専制政治下でも実際の運営上は例外ではない。伝統中国においても、中央の「上」から「下」へというレールだけでなく、「下」から「上」へというレールをももつ「双軌政治」があった。

　費孝通によれば、中国の専制政治に対して、暴君を防ぐために二つの砦があった。一つは、「無為」という政治哲学をもって権力を軟禁する方法であった。それは西洋の憲法にとって代わる方法であった。費孝通によれば、歴史上、商鞅や、王莽、王安石らの改革が失敗したのはこの政治上の「無為主義」に背いたからにほかならなかった。法律が皇帝を規制できない専制政治下で、政府の積極的な政治（「有為」）は上から下へのレール上で突っ走ることしか意味せず、それらは人々の信頼を得られるものではなかった。費孝通は、このような政権を軟禁する伝統があったからこそ、中国は憲法の伝統をもちえなかったのだと述べた。

　そして、「無為主義」よりも重要なもう一つの砦は、「下から上への政治軌道」が維持されていたことである。中央の行政機構は県政府（「衙門」）に止まり、県知事（「知県」）は直接に庶民と接触せずに、「胥吏」を通して命令を伝達する。一方の民間の郷村では、「公家」という自治組織があり、水利、自衛、互助などの公共事業を担う一方、上からの行政命令に対応する。そのリーダーである「管事」や「董事」は衙門と直接に応対せず、行政への対応は「郷約」と呼ばれる地方代表に委ねられている[98]。つまり、言い換えれば、「国家」である「衙門」・「知県」と、「社会」である「公家」・「管事・董事」とは、それぞれ「国家」の手先の「胥吏」と「社会」の代理である「郷約」とを通じて間接的につながる、ということである。このように、国家と社会との間に緩衝が設けられたことによって、社会の自治組織は自律性を維持することができた。一旦国家行政と社会の自治との間に衝突が生じた場合に、地域リーダーである「管事・董事」はその紳士という地位を生かして個

人的関係をもって地方官と交渉に入る。さらに、協議が達成できなかった場合、「管事」はさらに人的ネットワークを動員して当該地方官の上司と交渉することになる。このような無形の「下から上へ」の軌道によって、地方自治が維持されていた。このように、伝統中国の地方自治は郷紳という存在を通じてこの「下」から「上」へのルートを担保しており、専制政治に対する砦になっていたのであった。

　しかし、費孝通によれば、上記の二つの砦はいずれも崩壊することになった。前者の「無為主義」という消極的な方法で「有権無能」な中央政府を維持することはもはや時代に合わないため惜しむに値しないが、問題は、後者の「下から上へ」の軌道で維持されていた高度な地方自治が国民政府が推進した「保甲制」[99]によって破壊されたということである。

　費孝通によれば、保甲制はもともと政令の執行をより徹底させるための制度であったが、結局、伝統的自治単位の一体性を破壊することとなった。その理由として、まずは、政治単位は生活単位を元にすべきだったのだが、保甲制は人為的に数を規定し地域社会の単位を一律に区分けしたため、従来の自治単位を支離滅裂なものにし、混乱を招くものであった。そして、それよりも深刻なのは、保甲の人選の問題であり、保甲は上級機関の命令を執行する行政機構であり、地方公務の執行者であるため、保甲の責任者「保長」は従来の国家代理人の「胥吏」(「差人」)、と社会代理人の郷約や、管事を一体化したものとなり、地域リーダーが行政機構に取り込まれたこととなった。そのことは「下から上へ」という軌道を塞ぐこととなり、政治的「双軌」を破壊してしまった。

（3） 討論の深化

　費孝通の論説は反響を起こした。彼のところにはその真意をただすべく、多数の意見が寄せられた。それに答えるために、費孝通はさらに「再論双軌政治」(『大公報』1947年11月12日) という論説を著した。この論説のなかで、費孝通は、前の論説における自分の狙いは権力の濫用を防ぐことに

あったと説明した。彼によれば、権力の濫用を防ぐには、積極的方法と消極的方法の二途あり、伝統中国は消極的方法を取っていたが、一方の積極的な方法はすなわち民主と憲法なのである。費孝通は、「伝統中国がわれわれに残した遺産のなかで不足しており、英米に学ばなければならないものは、権力を制限する必要性ではなく、政治権力にできることが大いにあるという状況のなかで、権力が濫用されることを積極的に防ぐ有効な機構」（費1999：346）だと指摘した。そして、「有効な機構」とはほかならぬ憲法と民主の制度であった。つまり、中国には権力を制限する思想はあるが、権力の濫用を防ぐ有効な機構はない、というのである。このような機構、制度がもたらす確実性と有効性に対する信念は清末以降、ずっと続いていたといってよい。

さらに、費孝通は中国の民衆（「老百姓」）は数千年の専制政治の圧迫下で、政治の程度が極めて低い、事なかれ主義で、盲従であること、中国の近代化の必要性は基層の庶民が自覚したところではないこと、などの事実を認めている。しかし、彼は、「これらの事実から導き出した結論は、庶民とかけ離れた中央権力を強化するのではなく、むしろ逆に、基層自治事務のなかで啓発と領導の役割を強化すべき」（同上：350）だと主張した。

最後に、費孝通は自ら定義した伝統的な「双軌政治」に判断を下した。彼によれば、伝統構造における「下から上へ」という軌道は実際、脆弱なものであり、無形の組織と紳士の間の社会的ネットワークは皇権を制限できないどころか、この軌道自体は常に有効だとも限らず、紳士自体の腐敗の原因にもなるものであった。したがって、中央集権が強まり、政府が次第に「有為」になっていく中で、費は「われわれは二つの政治軌道のなかで下から上への軌道を強化しなければならない。私が見る限り、おそらくその強化の方法は、英米の代議制度に学ぶしかないだろう」と明言した。ここで、費孝通は、梁漱溟の主張に対して、「もしわれわれに本当に英米の代議制度を学び取る能力がないのであれば、われわれにはほかにどんな代替の制度があるというのか」（費1999：351）と問いただした。

以上の費孝通の質疑と似たような形で、張東蓀も梁漱溟の主張の問題点を

指摘している。彼は梁漱溟の論説に応じた形で同じく『観察』に「我もまた憲政を論じ、文化的診断を兼ねる」（張1947）と題する論説を発表した。論説のなかで、張東蓀は費孝通が提起した「双軌」の政治を「甲橛[100]」と「乙橛」とで表現している。前者は皇帝の政権と官僚政治を指し、後者は郷村の庶民が地方公益のために自ら実行した互助のことを指す。張東蓀からすれば、郷村建設運動を進めた梁漱溟は「乙橛」を重視するあまりに、「甲橛」を見過ごしているようである。張東蓀によれば、西洋のような「民族国家」では、もはや「甲橛」と「乙橛」との区別はない——言い換えれば、治者と被治者の同一性である——のに対して、いまだに「天下式国家」である中国においては、「甲橛」と「乙橛」が分かれている。したがって、中国においては「乙橛」を保留する必要があるのみならず、それ以上に「甲橛」を制限する必要がある。西洋の制度ややり方をそのまま踏襲することは天下式国家の政府の権力を増長し、人民に対してより高圧的になりもっと搾取することになる。

　費孝通と張東蓀の所論を受けて、梁漱溟は二人に答える形でさらに『観察』に「略論中国政治問題」を発表した。梁漱溟は費孝通の「双軌政治」論や二つの砦の議論を評価した。一方、梁は「無為主義」の砦を取り払い、上から下への軌道を強化すべきだと主張して、むしろ費孝通が批判した保甲制を支持した。彼は張東蓀が「甲橛」——公権力——を全て悪いと認定したことにも同意できなかったのである。しかし、だからと言って、梁漱溟にとって、「下から上へ」の軌道を必要としないことではなかった。むしろ逆である。彼は、「結論は庶民とかけ離れた中央権力を強化するのではなく、むしろ逆に、基層自治事務のなかで啓発と領導の役割を強化すべき」だという費孝通の主張に共鳴して、自分が20年来進めてきた郷村建設運動は下から上への軌道の建設にほかならなかったと述べた。「下」からの郷村建設運動の推進者が「上」による管理と動員体制の強化を支持したことは、一見、矛盾しているが、梁漱溟からすれば、抗戦のために、上から下へ動員するだけでは、「下」に下れば下るほど人間を道具化してしまう。しかしそれではよく

ない。同時に全国の人々を国家の主体としてこれを主体化しなければならない。すなわち下から上に向けて、すべての結節点に自覚的で自ら志願する者がおり、基層民衆を民意の源としなければならない。梁漱溟の狙いは、戦時の国民動員体制から国民の政治参加を引き出し、動員機構から民意機構を作り、もって憲政の基礎とする、ということだった。

2　考察

　以上、梁漱溟、費孝通、張東蓀の三人は相互の議論を意識しつつ、それぞれ自らの主張を展開して、各々の主張の異同を明らかにした。

　まず、共通点から見ると、第一に、西洋の憲政は、彼らが議論するときの共通した前提だったといってよい。たとえ梁漱溟でも、自分はイギリス式の憲政に敬服していると述懐している。梁漱溟が「選災」と批判していたのは、目の前の政治的現実であったことは明らかである。梁、費らの民権、自治、そして、治者と被治者の同一性などの議論からわかるように、憲政と民主の理念はこの時期の中国社会の知識人の間にすでに定着しており、清末以来の憲政論は一つの伝統を形成していると言ってもよい。

　第二に、彼らは次のような意識を共有していた。すなわち、中国は西洋とは異なった政治的文化的伝統をもっているため、どのように西洋に学ぶか、何を学ぶのかを考える時、やはり固有の政治的文化的伝統から出発しなければならない、という意識である。清末以来の紆余曲折の憲政追求の道を目の当たりにしてきた知識人たちは、より複眼的な視点で伝統をとらえることができた。例えば費孝通は、民主・憲政という近代的理念を視野に収めながらも、あえて中国の政治的伝統の文脈のなかで、「上通下達」＝「通」という「双軌政治」の視点から現実の政治を批評したのは、そのような姿勢の表れだったといってよい。このような思索は、中国の政治的文化的伝統を近代的な価値と対比させることによって、その合理的な部分と逆の欠陥をともにあぶりだした。同じように、梁漱溟もまさに中国の文化的伝統と政治的現実に

対して深い洞察があったからこそ、郷村建設運動を通して、「下から上へ」の軌道に沿って、農民の自覚を呼び起こし人々の主体意識を養成しようと努力した。また、張東蓀も同じく、西洋の近代的価値や制度を受け入れるにあたって、中国の現実に合わせなければならないと認識していた。

　そして、第三に、彼らの議論はいずれも清末以来の憲政論の延長上でとらえることができる。中国の伝統における「無為主義」という認識は清末の厳復ら知識人たちの政府の放任専制という認識と通底しているといってよい。そして、責任を負わない放任の政府を責任ある政府に改造するという課題も共有していた。建国を至上課題とした梁漱溟は、郷村建設という「下から上へ」の軌道に力を入れる一方、「上から下へ」の軌道を強化することを強調した。費孝通の場合も、権力の濫用を防ぐことに議論の重点を置いた一方、人々の生活を「改良」して現代社会に適応させるために、上から下へという軌道の強化、言い換えれば、中央権力の責任は重要だという見解を示している。「責任ある政府」を要請する一方、権力濫用を防ぎ上下相通じる＝上通下達を実現するための制度を構築する、という清末以来の課題はここで再現したのである。

　しかし、一方で、議論を通じて、知識人たちの主張の間の違いもはっきりしている。まず、清末から受け継いだ課題に対して出した答えは梁漱溟と費孝通とで見解が分かれた。基層社会で施行された保甲制度に対して、梁と費とで異なる見解を示したのである。梁漱溟からすれば、建国のための政治、経済、教育文化建設は「上から下へ」の軌道の強化を求めるものだった。中央の政令は県レベルに止まらずに個々の家までに貫徹させるために、保甲制のような制度が必要であった。梁漱溟は、戦時中の国民動員体制を強化することは国民に政治参加させる絶好な機会だと考えていた。それは政治に関心をもっていなかった「老百姓」がこの体制の中で、徴兵、徴工、徴糧など自分たちの利害にかかわる切実な事柄に直面させられ、もはや無関心ではできなくなるからである。動員機構から民意機構を作り、それを民権政治の基礎とする、というのは梁の発想であった。梁漱溟の主張は、一見、開明専制的

な主張に見えるが、「上」による動員は、一般庶民の政治意識や政治への関心を喚起するための手段だという梁の意図が見て取れる。

　しかし、張東蓀はそれを受け入れることはできなかった。梁の発想に対して、張東蓀は保甲制にこそ触れなかったが、「甲橛」である政府はみな悪政府だとしており、彼は「甲橛」と「乙橛」がまだ厳然と分かれている中国において、政治権力に対して強い警戒感をもっていた。

　さらに、保甲制を批判した費孝通の議論は梁漱溟の見解と異なっただけでなく、張東蓀の主張とも異なっていた。費の「双軌政治」論は、政治権力に対して善悪の判断をせずに、あくまでもそれを中性的なものとしてとらえている。費孝通が関心をもっているのは、政府の権力を削ぐことではなく、政府が大いに作為できる（「大可有為」）趨勢のなかで、いかに権力機構の健全さを保つかという問題であった（費 1999：351）。そのため、費孝通によれば、権力の濫用に対する二つの伝統的な砦のなかで、前者の無為主義はもはや時代に合わないものになったが、後者の伝統構造における「下から上へ」の軌道もまた脆弱なものであった上に、現在の保甲制による権力の基層社会への干渉と浸透によって破壊されてしまった。したがって、費孝通にとって、「下から上へ」の軌道を強化する方法は、英米の代議制に学ぶ以外に方法がないということであった。費孝通の「双軌政治」論は彼の中国社会の特質に対する認識に基づいている。彼はそのような伝統に健全的な一面を見出した一方、その脆弱で不安定な特徴を克服するために、近代的な代議制をもって制度面から強化しなければならないと主張したのである。「通」＝「上通下達」という視点から、代議制の意義をとらえるのは、清末以来の議会論と一脈通じるものであったといってよい。

　次に、「下から上へ」の軌道を強化することは、費孝通と梁漱溟の共通した見解であった。そして、基層社会における「老百姓」から出発して、政治程度が低い中国の「老百姓」を基層自治の事務のなかで啓発し、民権政治を推進していく方法も、二人は共有していたといってよい。しかし、一方、強化し続ける中央集権と政治権力の基層社会への浸透に対して、それを手段と

して利用すべきだと考える梁漱溟と、それは基層社会の自治の自律性を破壊したと批判した費孝通とは異なる立場をとった。そのことは英米型の代議制に対する二人の温度差と相表裏をなしていると言える。

　梁漱溟の思想と実践は、知識人の指導の下で、農村地域社会の人々の主体性を引き出して、自覚的に「郷約」という伝統的自治の伝統を現代に再生させようとしたものである。より積極的な「相互扶助」、「人生向上」を唱えるこの社会運動という実践は、儒教伝統を色濃く残しながらも、下から主体的に自治のメカニズムを構築していくという構想であり、それは梁漱溟のなかにおける近代性を表したものだったといってよい。一方の費孝通は、伝統的自治伝統における合理性を梁漱溟と共有しつつも、より近代的立憲制度に重きを置いた。そのスタンスは同じくイギリスに留学した厳復の立憲政治論に近いものを感じさせている。西洋の立憲制は、たとえルソーの批判に見られるような落とし穴があるにしても、それは民権を表出するものとして、「下」が「上」に通じる機関として、中国にとって有効かつ重要だという認識は共通しているからである。「五・四」以来の全面的に西洋化する主張のほかにも、儒教を中心とした「伝統」と「近代」的価値理念との間で繰り出された諸々の主張はバラエティに富んでいるのである。そして、これらの議論ないし論争は現在にまで続いているといってよい。

〈注〉

96　例えば、中村 2004、石塚・中村・山本 2010、などの研究を参照されたい。
97　費 1999 に収録されている。以下の「再論双軌政治」も同じである。
98　この場合は「郷約」は職務であり、組織としての「郷約」と区別される。
99　10 戸が一甲、10 甲は一保。
100　「橛」とは、くさび、短い棒のこと。

二 合法性と代表性から問う正当性：
人民代表大会制度から

1 問われる正当性

　本書のこれまでの中国の伝統政治に関する議論から、少なくとも以下の三点が確認することができる。

　まず、「民惟邦本」や、「民貴君軽」、「易姓革命」をはじめとした中国の政治的伝統において、権力に対する制限の思想的資源は豊かである。また、権力に対する制限の方法も長い歴史のなかで絶えず構想されてきた。しかし、「徳治」を理想とする儒教イデオロギーのなかで、このような君権を制限する思想は基本的に「封建・郡県」論の枠組みのなかでしか議論されることができず、制度的に十分に発達できなかった。近代の「ウェスタン・インパクト」によって、西洋の議会制度を理解するようになった多くの知識人たちがその制度を積極的に受け入れようとしたのは、それは従来の「封建・郡県」論の枠組みを超えて、民本思想の伝統に制度的規範をもたらす装置として期待したからにほかならなかった。

　次に、伝統的政治観において、易の論理における「通」の思想は、中国の政治的伝統におけるもう一つの特徴を示している。易というダイナミックな構造のなかで、儒教的家父長的上下のヒエラルキーはあくまでも条件付きで相対的なものとしてとらえられ、「上」にいる君権に「愛民」、「上下相通」、「政通人和」の政治的義務を課された。近代以降でも、例えば、費孝通の「双軌政治」という表現はそのような伝統をよく表しており、厳復が語る「扶治」機関としての近代的国会は「通」と監督の両方の働きを果たし民権を代表する機関であった。

　第三に、上述の「通」の政治は、君権の「無為」という伝統の中で実現されるのみならず、近代になって、政府が「責任」を果たす中で実現すること

を求められるようになった。伝統的「無為」の政治は、県以下の地域社会に膨大な自由な空間を残した。本籍回避制と不久任制に規定された官僚は、プロフェッショナルな「官」としてよりも、徳の高い人格が求められていた。このような無為によって「上」の君権、官権と「下」の地域社会の自治とが相安んじていた。しかし、清末以降、近代国家建設という課題の前で、無為の政治にはもはや存在する余地がなかった。「無為」は「放任」としてとらえられるようになり、責任を放棄してきた放任な政府を責任ある政府に改造するすることが国会の役割だと唱えられるようになり、「責任ある政府」は清末国会請願運動のスローガンになった。

　革命によって誕生した現代中国はそれまでの政治体制と異なったイデオロギーの上に成り立ったものである。その意味では、現代中国とそれまでの政治とは大きな断絶があった。しかし、上記の中国政治伝統をなした諸特徴もこのような断絶とともに消え去ったのであろうか。もしそうでないとすれば、その連続性をどのように考えばいいのか。

　これまでの国会をめぐる議論からして、現代中国においてそれに相当する機関は全国人民代表大会（以下、「全人代」と略す、各級の人民代表大会をも含むの場合は、「人代」と略す）である。しかし、それは憲法では最高立法機関と最高権力機関として位置付けられていながら、「ゴム印章」と揶揄されていたように、その最高権力を実質的に果たしてこなかった。1990 年代以降、人代は改革を通じて活動が活発になり、立法権や監督権をはじめとした憲法に賦与された諸権利を積極的に行使するようになった事例が多数観察されるようになった（加茂 2006）が、根本的には、全人代は人民が国家権力を行使する最高国家権力機関でありながら、代表と、常務委員会の委員とは 3 分の 2 が共産党員である（毛里 2012：124-126）のみならず、全人代の意思決定機関と実務活動機関に意思決定を行う党グループ（「党組」）が設置されているなど、実質的に共産党の領導を受けている。各級の人代も同じである。そのため、立憲制下の国会と比べて、人代の権威が大きく疑われている[101]。この問題は結局、根本的には、人代を領導する立場にある共産党

の政治的正当性が問われていることでもあるといわなければならない。この場合、正当性は合法性と代表性として問われている[102]。

2 合法性から問う正当性：
法実証主義との関連で

　正当性について議論するときに、何よりもまず合法性が意識されるのは一般的である。そもそも、レジティマシーの元であるラテン語のレーギティムスはレクス（法）から派生した言葉であり、法に合致した、法の妥当する範囲のうちにあることを示していた。現在でも「適法、合法」の訳語が残されているのはそのためである[103]。

　中国共産党は、現在、西洋的法治と憲政を拒否している一方、法治を核心的価値観の一つとして位置付け、指導者がみずから「権力を籠の中に閉じこめる」と宣言している。しかし、この場合の「法治」は、「道具主義的法観念が支配的であり、法はあくまで政治の従属変数」（高見沢・鈴木：227）という伝統から抜けていない、と指摘されている。そして、その多分に rule by law の性格は、「法律があっても法治がなく、憲法があっても憲政がない」（李・張：2009）と批判されている所以でもある。法を統治道具としてとらえるという性格は、実は、伝統的な法家の発想に近似している。

　法家における法の道具主義を西洋の自然法思想から眺める場合、道具主義の問題性には二つの側面が含まれているように思われる。一つは、法が最高権力をも超越するという法の最高規範性の欠如であり、もう一つは、これと関連して、実定法を超越する法的原理の欠如である。後者について、法家的な発想はさらに西洋の法実証主義に通じている側面がある[104]。すなわち、法の最高性という点において、法の上に君主が君臨するか、それとも法の最高性を認めるかは、法家と法実証主義とは本質的に異なっているが、法家思想と西洋の法実証主義とは、法を支配者が作ったものだと考える点、法から道徳を排除した点、そして、法実証主義は法律を制限するものを取り払って

政治権力に対する制約がなくなり、結果的に法家と同じように政治主義を許容した点において、共通している、ということである（古賀 2014：44、308）。

　法実証主義が抱えている問題点について、フランスの学者 J-M. クワコウはウェーバーの法社会学の成果などの先行研究に拠りながら次のように指摘している。すなわち、近代立憲主義の発展と法の合理化の増大とが、政治的正当性の過程における実定法の役割と合法性の基準の重要性とを大きくした。その過程で、倫理的考慮も、実質的正義への引照も次第に排除される傾向にあった。合理的法のもとで、「決定が、具体的状況に応じてでなく、規則性と予測可能性とを同時に提供する抽象的規範に従ってなされ」た（クワコウ 2000：47）。このような法の形式化の運動の結果として、「正当性の形式として今日もっとも一般的なのは、合法性の信念である。すなわち、正式の手続きを踏み、通常の形式で成立した規則に対する服従である」（ウェーバー 1972：60）、という状況が生み出された。合理的法は、諸価値に依拠せず、神聖な内容を全くなくした。こうして、正当な支配は法実証主義によって、もっぱら合法的支配に還元されてしまう。そして、合法性への信念が政治的正当性の究極的基準となりうるとなると、合法的支配がその技術的手段だけで正当性を保証し、外面だけで観察された国家の効能が正当性を生み出しているということを肯定することになってしまう（クワコウ 2000：49）。

　この点について、ハイエクも同様に、「法実証主義はまさにその始まりから、法の支配の理念あるいはその概念の本来的意味での法治国家の基礎をなす超法的原理にたいして何の共感もなければ、それを必要ともしなかった」（ハイエク 1987：146）と指摘している。ここでの「超法的原理」は自然法を指しており、それは、本来、神につながるものであり、神の被造物としての人間の理性によって「発見され」たもので、実定法の構成の基準とそれに対する人間の服従の根拠を与えるものであった。ハイエクによれば、自然法の概念に真っ向から反対した法実証主義は法治国家の実体的概念を形式的概念に変質させ、その結果として、「『法律』とは、ある当局のすることが何で

あれ、それが合法的であればよいということを述べただけのものであった。こうして問題は、単なる合法性の問題となった」(ハイエク 1987：146-147)のである。

　しかし、正当性は合法性だけに還元されることはできないものである。西洋では、理性的な人間の本性に基づいた自然法は国法（jus civile）を超越する普遍的に妥当するものであった。この自然法に適合するか否かで正と不正という道徳的判断が下される。そのため、合法性は正当性とイコールできない。しかし、自然法思想を否定した法実証主義は法に対する自然法の制約を取り外して、正当性と合法性とを同一化して、結果的に法を主導する政治権力に対する制限を取り外すこととなった。

　以上の法実証主義がもつ問題性は、中国の法家的発想にも当てはまる。法家にとっての法は何よりも「刑」を意味し、したがって、統治のための道具しか意味しなかった。そこにおいては、法を道徳面より拘束するいかなる「超法的原理」も存在しなかった。近代になって、西洋の近代的立憲主義が「富強」の源泉として受容され、それは儒教的イデオロギー支配の政治体制に近代的法治の観念を確立するのに大きく貢献した一方、道徳と法律とを截然と対立したものとして捉えており、法実証主義的な性格を強くもつものだった[105]。そして、このような法の道具化と政治主義の性格が継承され、それは社会主義下の中国法の性格にも通じている、ということが指摘されている（梁 2015：138-139、古賀 2014：294-300）。

　法実証主義が抱えている問題点を踏まえて、クワコウは、「法律との合致が正当な統治の標識であるためには、法律は被治者が互いに承認している諸価値と合致していることが必要である」（クワコウ：53）と主張する。すなわち、正当性の確立には、合法性だけでは十分条件ではない。そもそも、法律そのものは正当化されなくてはならないからである。そのために、被治者である「個々人の同意」および「社会の基本的諸規範」[106]も同様に政治的正当性の条件である、ということである（同上）。

　この指摘は、法実証主義と同様な問題を抱えている中国の法治を考える際

に参考になる。

　まず、伝統的法家の場合、第2章ですでに指摘したように、孔子は法家を批判して、「これを導くに政をもってし、これを斉うるに刑をもってすれば、民免れて恥無し。これを導くに徳をもってし、これを斉うるに礼をもってすれば、恥ありて且つ格し」（『論語・為政』）と述べている。現代流でいえば、もっぱら法（「刑」）をもって支配を行う政治主義（「政」）は、結局、正しい支配ができず、倫理道徳が欠如する社会になってしまう、ということである。ただし、ここでは、「政・刑」に対する「徳・礼」の優位性が説かれているが、両者は同じ次元でとらえられているため、「政・刑」に対する否定が逆に、もっぱら「徳」による支配（徳治、礼治）の主張につながったことに大きな問題がある。しかし、実際、「政・刑」に対して優位性をもつ「徳・礼」の儒教的道徳理念は、儒教のその後の発展過程で、『易』を通して実定法に対する超越性を獲得して、「超法的原理」という性格をもつようになったのである。

　中国には西洋のような自然法はないが、その普遍性に相当するものはなかったわけではない。『易』の思想はまさにそれに相当するものだと考えられる。儒教の核心的価値「仁」を体現する「天の視るは我が民の視るに自い、天の聴くは我が民の聴くに自う」（『孟子・万章章句上』）や「民貴君軽」の理念、また、暴君放逐の易姓革命などの理念は「天」や「道」と関連付けられたことによって、少なくとも理論的には最高権力に対しても超越性を保ったことができた。そして、儒教的理念と天・道とをつなげる論理を提供したのは『易』にほかならなかった。

　近代になって、中国の知識人たちは法治を唱えて、近代的な立憲制を目指すようになった。その過程で、伝統的法家思想はおのずから想起され、一方の「徳治・人治」の儒教思想は厳しく批判された。しかし、それでも、例えば、梁啓超は、法家に比べて、儒家の主張に、君主に義務が負わされている点では、むしろ法家に優っている、と主張する（『文集7』：55）[107]。それは、儒教においては、『易』によって担保され、君主の権力をも超越し制限する

儒教的政治道徳があったからにほかならなかった。まさにそのために、梁啓超は、儒家と法家との結合から中国における近代的立憲政治の可能性を見出そうとしたのである。梁啓超の思想に注目した日本の法学者田中耕太郎が、「今後の問題は要するに儒家と法家、王道と覇道の両個の立場の提携調和の企図に存す。而して斯かる企図は不可能ではない。是れこそ法と道徳、自然法と実定法、との法律哲学的架橋の問題である」（田中 1947：107）と述べているように、梁啓超にとって、儒家と法との結合は、法と道徳と、自然法と実定法とのあいだの架橋の問題であったのである。

　さらに、現在の中国に目を転じたとき、これまで見てきたように、もっぱら合法性、または、西洋のような三権分立の制度やその象徴である立法府があるか否か、競争的選挙による代議制の運営がなされているか否かなど、ただ制度の次元から共産党支配の正当性を問うのはやはり不十分である。法治を掲げている現政権の正当性を問う場合に、「法に依る支配」を問うことは重要だが、それに止まらずに、同時に、「個々人の同意」と「社会の基本的諸規範」からも問わなければならないのである。つまり、具体的に個々人の同意という手続きとともに、構成員が共有する社会的諸規範に合致しているか否かを問うことは、権力による政治主義の暴走を防ぐには重要である。この場合、伝統的に共有されてきた諸価値は、近代以来中国の人々の間で共有されるようになった「自由」「平等」などの近代的価値とともに現在の人々のなかに生きている。そのため、政治的正当性もこれらの諸価値を見据えてより広い視野のなかでとらえるべきであろう。

　具体的に言えば、一方の「個々人の同意」について、その表出のチャンネルの確保および制度的保障は、従来の議会制度に止まらずに、例えば、討議デモクラシーや、あるいは、現代社会の特徴をとらえて主張される「一般意志2.0」（東 2011）の構想、また、中国の場合、例えば各レベルの「協商」メカニズム、公聴会など形式をも視野に入れて考察する必要があるだろう。そして、他方の「社会の基本的諸規範」について、近代的諸価値規範に加えて、当該社会の歴史文化的伝統に由来し成員に共有されている諸価値観念を

も無視するわけにはいかない。

　さらに、「個々人の同意」は、「治者と被治者の同一性」の理念から問うならば、同時に、共産党は人民を代表しうるか、という代表性の問題でもある。

3　代表性から問う正当性

　共産党が人代を領導することができるのは、なによりも共産党が人民の立場を代表しているからだという論理に求められる。人代をめぐって党の代表性を問うには、二つのポイントが含まれているといってよい。

　一つは、人代の代表は競争原理に基づく立候補制ではなく、各レベルの党委員会の主導の下で代表候補者の指名（「提名」）が行われる形式をとっているため人大代表の代表性が問われるということと、今一つは、より本質的に、そもそも人代を領導する立場にある共産党は人民の代表たりうるか、ということである。

　まず、人大代表の代表性問題について。

　人大代表は、区が設けられていない市と、市の下の区、県、郷、鎮などの基層とでは直接選挙方式で、選挙民や政党がそれぞれ候補者を指名し、市、またそれ以上のレベルの人大代表は間接選挙方式で、下のレベルの人代によって選出されることになっている（石 1998：39）。その過程は党の主導の下で、指名方式によって行われる。指名はさらに直接指名と推薦指名に分けられている。前者の直接指名は上級の党委員会が直接に指名した代表候補者で、各級の党組織や政府機関の主要な指導者、民主党派を含む各界の著名人や先進人物などからなっている。一方の後者の推薦指名は、「下」の各地区や「単位」の選挙区の党委員会による「上」のレベルの人代への推薦方式である。各級の指導者、人大代表、基層の街道や居民委員会の党関係者、および各単位の党委員会による推薦者などからなっている（王 2017：47）。

　指名過程は、上級の党委員会は代表候補者の枠や、配分案と配分基準を決

めたうえで、直接指名者とその枠を決める。直接指名者はほぼ確実に代表になる。一方の下級党委員会は上級から与えられた枠をさらに各選挙区に配分し、枠を超えた数の候補者を推薦させる。候補者指名はこのような差額制を採っているため、競合的である。下級党委員会は各選挙区の推薦に基づいてこれを総合的に検討し協商したうえで、候補者名簿案を決めて、上級の党委員会に提出する。これを受けて、上級党委員会はまた名簿に基づいて考察、根回しをし、協商を行う。その後、上級と下級の党委員会の間でさらに協議を重ねて、最終的に推薦指名の名簿を決める（同上：46）。この過程は一つの高度な政治化過程（石1998：40）である。

　なお、代表候補者を指名する際、党は各階層の利益を代表するように考慮する（王2017：44）。従来の労働者、農民、幹部、知識人、軍のみならず、新興社会階層の私営企業主や農民工などに注目して、調整を行う。一方の党における指名主体も党書記長をはじめ、組織部、統戦（統一戦線の略）部、人代常委会党組という四つの主体からなっており、組織部は党や政府幹部の指名を担当し、統戦部は民主党派、無党派、工商連合会など各界の人士を担当し、人代常務委員会党組は労働者、農民、テクノクラートなどの基層代表と再任代表の候補者を担当するなど手分けして、党書記長は全体的に統括する（同上：46）。通常、党による指名は他の政党などの人民団体と共同指名の方式をとっている（石1998：40）。

　このように、代表指名過程は、党がこれを主導することは間違いない。同時に、指名過程で、党は他の各党派や各界と協商を重ねなければならない。共同指名方式は共産党の正当性を高めるための措置であるため、協商の必要性も高まる。一方、党内でも、各級の党委員会組織は一方的に服従するのみならず、とくに下級の各選挙区や単位の党組織による推薦指名は、それぞれの選挙区における利害を考え調整協商しなければならない。要するに、党は指名を主導している一方、絶えず各界、各党派、そして各地域の利益を考慮しつつ、それらと協商することが要求されている。

　もちろん、これは結局、代表と選挙民との間の権力授受・問責関係ではな

く、代表と民衆の代理人とされる党委員会との間の権力授受・問責関係だ、という指摘は正しい（王 2017：48）。しかし、一方で、推薦指名を受けた代表は当該地区や所属単位というコミュニティや団体（「集体」）の利益を代表する側面もあり、たとえ推薦指名の代表が共産党員であっても、当該代表は党の立場と所属地区や単位の立場という二重の立場にあり、両者の間でバランスを取らなければならない。これらの党員推薦指名代表は党員として党に従う義務を負うとともに、所属団体の利益の代表者として、「下意上達」の機能を果たす義務をもつ。同様に、推薦主体である基層のコミュニティや単位における党組織も同じように二重の立場に立っているということが言える。上記の指名制度に体現された「民主集中制」を、台湾の政治学者石之瑜が「団体（集体）主義民主」という言葉で表現している。そして、石之瑜によれば、指名制度は政治民主化過程で集体主義の要求を保証するものであり、（石 1998：55）事前協商はそのエッセンスである（同上：115）。選挙に参加することは個人または一つの「単位」で決定できるものではなく、すべて協商の産物だからである。問題はむしろ、指名をめぐる協商は遵守すべき制度化された準則が欠けているということである（石 1998：37）。もし規範となる制度がなければ、協商に「談合」のイメージが付きまとうことは避けられない。

　さらに、正当性にかかわる代表性の問題のもう一つの側面は、より本質的には、共産党の正当性の問題である。共産党は「人民が主人であること」（「人民当家作主」）を謳っているが、「人民」を共産党が代表して「主人」の代行をしている。その正当性は、一方では、イデオロギー的には、共産党はプロレタリアートの先鋒隊であるという位置付けと、他方では、実際の歴史においては中国革命を勝利に導いて建国したという実績、いわば、ある種のアプリオリ性とから来ている[108]。しかし、まず後者に関して、たとえこのようなアプリオリ性が現実のなかで承認されていたとしても、それは永続的なものではありえない。そのような先天的な「正当性」は「紅二代」と呼ばれている革命世代の二世である現在の指導者の代ですでに大きく薄められて

おり、このアプリオリ性は次の世代ではもはや通用しなくなるであろう。

　次に、前者に関して、従来のイデオロギーにとって代わり、中国共産党は現在、「三つの代表」理論、すなわち、先進的な生産力の発展の要求と、先進文化の前進方向、そして、もっとも広範な人民の根本的利益代表を代表しなければならない、をもって自身を位置付けている。とくに「先進的な生産力の発展の要求」は、80年代以降、党の正当性が実質的に経済発展という実績から調達しているという現実に則っているといってよい。しかし、経済発展の実績もいつまでも続くわけはないため、それに頼るのは非常に不安定なものであることはいうまでもない。それに加えて、今後の共産党の領導の正当性はもはやアプリオリに主張できるものではない。このことは共産党の「外部」のみならず、党の内部でも、危機感をもって認識されている問題であるはずである。

　正当性は一方的なプロパガンダから生まれてこない。また、強権によって真に獲得することもありえない。共産党は、現在、現実の政治運営のなかで人民の代表であることを努めてアピールしている。「公のために立党し、民のために執政する」(「立党為公、執政為民」)のスローガンの提出や、「群衆路線」が再び脚光を浴びられるようになったのは、ただ見せかけのものに止まらず、上記のような危機感から発したものだといってよい。正当性危機を回避するために、民意を効率的に吸い上げて把握し、それに応えていくという「通」を実現することは、現政権にとって決定的に重要な意味を持つ課題だともいえる。したがって、現実政治において、人代をはじめ、政治協商会議、各レベルの公聴会、協議会など、多レベルの多様な「協商」がおのずと重要性をもつようになる。

　そして、実際、近年は「協商民主」が盛んに議論されるようになっている。

〈注〉

101　加茂2006：第1章を参照。なお、党グループについて、毛里2012：174以降、

を参照されたい。
102 議会制度との関連で「正当性」・「正統性」に注目した研究は、西村・国分2009、杜崎群傑2015、などの研究があげられる。杜崎は従来の中国研究における「正統（当）性」の捉え方に対する整理を行った。参照されたい。また、深町2015：21をも参照されたい。深町は中国の独特の議会制度の柔軟性を見出し、その柔軟性は相当な長期にわたり持ち続けるだろう、としている。なお、「正統」は「異端」との対比で用いられることが多いため、本書では、「正当性」を用いることとする。
103 田中治男「訳者あとがき」、クワコウ2000：322-323。
104 この点について、つとに、田中1947のなかで指摘されている。
105 梁治平は、清末の刑法制定の過程で繰り広げられた世界各国の「大同」を強調する沈家本らの「法理派」と、「西法」に改めることを主張しつつも中国の「礼教」伝統を大事にすべきだと説く労乃宣らの「礼教派」との間の論争を考察し、前者が同時代に流行っていた西欧の法実証主義の影響を強く受けたことを示唆している（梁2015を参照されたい）。そして、その影響は多分に日本経由で受けたものだと言ってよい。
106 「天理、国法、人情」の統一という中国の法伝統からとらえれば、「社会の基本的諸規範」は「天理」と「人情」の両方を含むことになる。前者の「天理」は自然法的要素を含み、後者の「人情」は歴史法学を連想させるものである。礼教の支配下で「天理、国法、人情」三者の統一を追求する中国の法伝統は、西洋の歴史法学が強調する慣習の要素と自然法学が重んじる理想的法律規範の要素との両方を兼ね備えている、とされている（梁2015：61を参照）。
107 なお、梁啓超の中国の自然法に関する議論は「中国法理学発達史論」『文集15』を参照。筆者は拙著2005でとりあげている。
108 この点と関連する議論として、天児2018には、共産党の「正統性」として議論されている。著者は、「正統性」を担保するものとして、①一般国民が逆らえないという消極的承認、②国家の独立、人民の解放という実績のアピール、③民族の復興と国家の富強の指導的担い手をアピールすること、の三点にまとめている（天児2018：197）。

三 「協商民主」と討議デモクラシー（deliberative democracy）、その可能性

　近年、中国では「協商民主」という概念が盛んにとりあげられている。その背景の一つとして、2012 年に開催された中国共産党第 18 回全国代表大会で、党代表大会報告の形式で初めて「社会主義協商民主制度を健全なものにする」という目標を明確に打ち出して、現段階の中国の特色ある社会主義民主政治の方向と重点として定められた（房 2013：163、李 2014：15）からにほかならない。

　「協商民主」の代表的な論者の一人房寧（中国社会科学院政治学研究所所長）によれば、「選挙民主」と「協商民主」との概念が初めて確認されたのは 2007 年だった（同上：164）。房寧は、「民主政治の形式を協商民主と選挙民主に分けるのは、非常に中国的な民主政治についての分類方法であり、中国の特色をもつ民主観念を表している」（同上：163）と評している。また、兪可平（中央編訳局副局長）も「中国特色をもつ協商民主におけるいくつかの問題について」と題する論文のなかで、選挙民主は民主制度における権力授与（「授権」）を体現し、一方の協商民主は民主的政策決定を意味し権力に対する制限（「限権」）を体現しており、それぞれ民主制における異なった次元に属しているものだと位置づけて、選挙民主と協商民主とを相互補完関係にあるものとしている（兪 2015：89）。

　房寧によれば、民主の形式を選挙と協商に分けて議論がなされたのは、実は 1991 年にすでに当時の党総書記江沢民によって言及されており、共産党の領導のもとで広く民主的協商を行うことは「民主」と「集中」との統一を体現したものとして位置付けられている（房 2013：164）。また、房寧氏の議論のなかで、協商民主の直接な源は統一戦線の歴史に求められること（同上：175）、そして、それが制度的に体現した最初のものとして 1940 年代に実施された「三・三制」[109] であったことが指摘されている（房 2013：75）。

このような「協商民主」は、従来の共産党の「民主集中制」原則に一脈通じるものとして必ずしも新味を感じさせるものではないが、「協商民主」が西洋の「選挙民主」（したがって、競合することを意味する「競争民主」でもある）と区別され、中国の特色をもつ社会主義民主政治の方向と重点だと明確に位置付けられるようになった背景として、次の三点が注目に値する。

第一に、1990年代以降、ハーバーマスらの提唱により、欧米で「討議デモクラシー」が隆盛し、現代政治学の一大潮流になった（篠原 2012：235)[110]という背景である。中国における「協商」制度は決して新しいものではないが、それが「協商民主」として用いられ、明確に競争的選挙と並ぶ民主の一形態として位置付けられるようになったのは、欧米における討議デモクラシーの提起とは無関係ではない。現代西洋の政治発展と政治思想のもっとも重要な成果の一つとして位置付けられた討議デモクラシーは、コンセンサスの達成を最高目標とすることと、協商、討論を重視する姿勢などの点において、中国における協商制度と近似しているようにとらえられている[111]。

一方で、討議デモクラシーと「協商民主」との間の違いも強調されている。何よりもまず、中国の「協商民主」は党の領導下に置かれている（陳 2015：91)、ということである。これと関連して、一部の学者は、西洋発の討議デモクラシーは deliberation であるのに対して、中国政治協商会議における「協商」は諮問をも意味する consultation だと指摘している（談・霍・何 2014：254)[112]。次に、西洋においては、討議デモクラシーは競争的（選挙）民主の補完として位置付けられている[113]のに対して、中国においては、協商民主のほうが重点である。それは選挙民主の補完としての存在ではなく、むしろ選挙民主よりも長い歴史をもち、長い実践的経験をもつものである（李 2014：151）。その過程で、「政治協商」はすでに共産党と各民主党派や各界の人士との協力の主要形式になっている（房：2013：182）。そして、西洋の討議デモクラシーと比べて、中国の「協商民主」は二つの重点をもっており、すなわち、党とその他の民主党派や党以外の人士との間の協商・対

三 「協商民主」と討議デモクラシー（deliberative democracy）、その可能性　233

話と、基層政治における政府と民衆との間の協商との二つの重点である（陳 2015：91）

　第二に、「協商民主」という概念を強調しそれを定着させる背景には、これまでの「大民主」に対する反省があったといってよい。一つは文革の時のいわゆる「大民主」というポピュリズムの政治に対する反省であり（同上：126）、もう一つは、1980年代の共産党「十三大」前後に進められた「党政分離、社会協商対話制度の確立、競争的選挙の拡大」を旨とした政治体制改革とその結果として招いた1989年の「天安門事件」（「八九風波」）とに対する反省であった（同上：132）。

　前者の文革に対する反省はもはや贅言する必要はないだろう。後者については少々説明を要する。房寧によれば、80年代の民主政治に対する理解は「普遍的」で概念的なものであった。権力が党、個人に集中しすぎているという認識から、改革の目標は、権力を分散し、「下」や社会に向かって分権を行っていくことであった（同上：142）。そして、党政分離とともに、下情上達、上意下達、相通じることを旨とする「社会協商対話制度」の確立も政治体制改革のもう一つの重点であった。この協商対話制度について、房寧によれば、対話のポイントは何よりも対話者同士双方の対等性にある。しかし、この場合、民主政治に内在する価値観と実践形式の間の衝突という矛盾にぶつかることになる。つまり、価値的原則から言えば、領導者としての党と「人民群衆」とは対等であり、あるいは人民群衆のほうはむしろ価値的に上位にあるべきである。しかし、現実のなかで、法律上と形式上という手続きの意味において、対等の地位にあることは「領導」の合法性の危機と正当性に対する疑義となる（同上：142）。しかも、そもそも、対話双方の「党と政府」と「人民群衆」とは、前者が明確な法律的地位をもつ実体であるのに対して、後者は概念的な存在である。「バラバラの砂」であった民が共産党によって組織され初めて「人民」となりえたからである。そのため、人民は主権者であるが、党は人民という存在の前提と必要条件である（同上：146）。房寧氏によれば、「八九風波」の時に請願する学生の組織「高自連」

の代表が人民大会堂で国務院総理と「対話」をした、という例は、まさに民主政治に内在する価値観と実践形式との間の矛盾を端的に現したものだった。

このように、80年代の政治体制改革構想に対する修正として、党の領導が不動の前提、言い換えれば、党が主権者である人民の権力を代行するということが強調されるようになった（同上：147）。

そして、第三に、社会的矛盾が多発している現実という背景である。そこでは、経済高度成長に伴う社会的格差と階層間の隔たりなどの問題が意識されているのは言うまでもない。このような中国社会の現状を鑑みれば、競争的制度はこのような現実に合わないものである。その代わりに、民主的協商は社会的衝突を取り除き、社会的矛盾を調和することができる。つまり、「協商民主」は現実の社会問題を解決するのに有効な政治的手段だということである。

房寧らの以上議論の中からいくつかの点が読み取れる。まず、協商民主に対する強調の背景には現実への対応という性格が強いことである。ポピュリズムがもたらした秩序の乱れの教訓に対する反省として、党は人民の権力の「代行」を強調するようになった。一方で、現在の格差社会で噴出する社会的矛盾と人々の不満に対応するには、ただ力ずくで抑えることが許されず、「代行」者は主権者に対して、自らの正当性をアッピールしなければならない。そのため、「協商民主」は党と党外の人士や、一般民衆との間を通じさせる重要な手段として強調されるようになった[114]。

次に、論者たちは中国社会主義協商民主を唱えて、中国の民主の独自性を強調するが、独自性を強調する際に「中国 VS 西洋」という二項対立的な論法をとらずに、むしろ討議デモクラシーとの近似性をも論じている。上記の「選挙民主」と「協商民主」という分け方は、討議デモクラシーが多数決を旨とする投票・競争的民主主義に対して提起されたのと、たしかに近似している。このように、西洋の討議デモクラシーと協商民主との関係を強く意識し、両者の間に共通点を見出すことは、「協商民主」の正当性と普遍性の強

三　「協商民主」と討議デモクラシー（deliberative democracy）、その可能性　235

化につながるし、「協商民主」における民主的性格をクローズアップすることができる。

　さらに第三に、逆に、討議デモクラシーという参照軸を立てて、討議デモクラシーと協商民主との間の相違を指摘することは、中国の民主の独自性を体現する「協商」のスタイルはもともと中国の歴史や文化の土壌に立脚して生み出されたという側面を強調することにつながる。

　とくに上記の第三点について、筆者からすれば、「協商民主」はたしかに、直接的には革命時代の共産党の「統一戦線」や「群衆路線」に源をもち、革命過程のなかで生み出された方法である。それは「党の群衆路線の政治的領域における重要な体現」だと位置づけられている所以でもある[115]。しかし、伝統と言っても、ただ中国共産党の革命伝統にとどまらないであろう。より広い視野のなかでとらえれば、それは同時に本書が論じてきた上下相通じるという中国の政治的伝統を受け継ぎ、「双軌政治」を実現するための方法と軌を一にしているものだということもできる。論者たちによる「競争民主」と「協商民主」との対比は梁漱溟が述べた西洋の「闘争」・「競争」と中国の「和合」との対峙と期せずして重なっているのも決して偶然ではないだろう。その意味では、協商民主に関する議論はやはり「通」という中国の伝統的政治観の延長上に位置付けることができるのである。

　このように、「協商民主」は、一方では中国の政治伝統の延長でとらえることができ、他方では「討議デモクラシー」をもって自らの正当性を強化している。こうした「協商民主」と「選挙民主」との両者は、すでに多くの識者が指摘しているように、相互に代替できるものではなく（鈴木2012：231、237）、言い換えれば、「協商民主」は「選挙民主」に対するオルタナティブではない。また、「協商民主」の深化により、やがて「選挙民主」の発展、ひいてはリベラル・デモクラシーの発達の要求につながる可能性は考えられるにしても、協商民主をただ選挙民主へと発展すべきプロセスのなかでの過渡として位置付けるべきではないだろう[116]。協商民主をより広く中国の政治的文化的伝統の文脈の延長上でとらえる場合、それはただ一つの過

渡としての戦略、または選挙民主に対する補完であることに止まらず、中国にとって、それは選挙民主と相互補完する重要な民主の形式だと考えることは首肯できる。

たしかに、現状と論者たちの狙いとの間に大きな距離があることは否めない。これについて、例えば、毛里和子が、中国の民主党派は共産党の方針・政策に権威付けをし、追認する組織にすぎず、中国の協商政治と西洋の討議デモクラシーとは全く別のものだ（毛里2012：140-142）、と厳しく指摘しているが、協商は「通」の手段として中国の人々にとってやはりなじみやすい方式であり、より広い視野のなかでその可能性をとらえる必要があるように思われる。

しかし、だからと言って、それは現在唱えられている「協商民主」をそのまま受け入れ、その正当性を無条件に承認することを意味しないことは言うまでもない。「協商民主」を有効に働かせるために、それを主導する共産党自身が多くの課題を乗り越えなければならない。ここでは、以下の三点を指摘しておきたい。

まず、代表性の問題について。易という中国の自然法によってオーソライズされた「民惟邦本」「民貴君軽」という民本思想は常に政治権力を拘束する思想として働き続けていた。それが近代になって、例えば、厳復に見られるように、さらに、旧来の「民隠」や「下情」の上達が主体的な「民権」という形に変貌して近代的に読み換えられた。中国という国は党によって定義される「人民」の国だというよりも、「百姓」の国である。共産党は政治的に抽象された「人民」を代表している、と自認しているが、抽象的な「人民」は検証不能である。それよりも、党が実体としての「百姓」の意思に応えているか否かを、絶えず「百姓」たちの「民意」によって検証することが重要である。

共産党が掲げている「三つの代表」は、ある意味では、伝統的な「君民一体」や、近代デモクラシーの「治者と被治者の同一性」の理念とさほど異ならない。代表できるということは、政治共同体の構成員が一体感を持ち、価

三 「協商民主」と討議デモクラシー (deliberative democracy)、その可能性 237

値を共有しているということを意味しているからである。しかし、代表の正当性は自認から生まれまい。そのような代表性はもっぱら競争的で公正な選挙と投票の集計だけでは担保できないということならば、その補完として、代表性を正当化する新たな手続きが必要となろう。その意味では、基層社会から最高の政治機構まで、一つ一つの場を通して「民意」を具体的に表出させるための「協商民主」はたしかに中国の政治的伝統に根付いた一つの有効な方法だと言える。しかし、「協商」が単に伝統的な君主による「兼聴」・「下意上達」という意味しか持たず、または、党による「領尊」が強調されるという権威主義的性格が強まれば、「協商民主」も大きく矮小化され、その限界性ばかりが露呈することになる。

あらゆる権力は自らによる共同体構成員への「奉仕」を謳っているが、政治的責任が、「統治の権利によって課された束縛を受け入れる権力の表現」（クワコウ 2000：61）だとすれば、治者の責任は「制裁」という束縛が加えられているのかがポイントとなろう。「民貴君軽」、「易姓革命」などの「制裁」の思想は2千年以上の歴史をもつが、このような「制裁」の思想の制度化は近代中国以来追求し続け、今なお課題としてあり続けているものである。

三権分立制度は西洋式の立憲として、現在、現政権によって退けられているが、この点に限って言えば、三権分立に違和感をもつ清末の厳復も異ならない。しかし、政府の放任を許さず、「責任ある政府」を唱えた厳復は、政治権力に大きな責任を負うように期待した一方、民権を代表して政府の政治を助け、それを監督し改廃することのできる「扶治」の機関としての国会にその「扶治」・「制裁」の役割を託した。現在、最高権力機構である全国人民代表大会は政府を監督する機構である。したがって、人代の監督・制裁機能の強化は共産党の正当性にとって欠かせないものである。

そして、全人代に止まらず、各レベルでの協商で醸成された民意は、民主集中制のなかで権力による集約決定の「集中」段階で、いかに尊重され反映されるかも重要なこととなろう。また、協商を制度的枠組みのなかに明確に位置付け、透明化とルール化は今後の課題となろう（石 1998）。

第二に、「協商民主」の提起の背景に「討議デモクラシー」の議論と共鳴する部分があるとすれば、「討議デモクラシー」自身が直面している多くの課題は「協商民主」にとっても、決して無関係ではないはずである。
　例えば、討議デモクラシーは討議前提として、公平で平等、開かれていて強制的でない手続きなどの「理想的発話状況」（ムフ 2006：75）という規範的設定がされている。しかし、「闘技民主主義」の論者からすれば、それは結局、多元性を消去するという排除の論理になるのではないか、そもそも、「生の特殊な諸形式」（同上：152）こそがコミュニケーションや討議の可能性の条件ではないか、討議デモクラシーはこのような批判にどのように応えるのかが課題である。
　また、討議デモクラシーは、本来、代議制を補完しようとするのが基本だったが、それが実際、現実の政治過程に組み込まれれば、議会の存在意義を大きく低下させ、自由主義的要素が競争を通じて達成する効率性と、民主主義的要素が目指す社会の構成員の間の公平性との間のバランスを崩しかねない（待鳥 2015：253）と指摘されている。さらに、代議制デモクラシーと参加・討議デモクラシーとの間や、住民投票などの直接参加のデモクラシーと討議デモクラシーとの間の「デモクラシー間関係」（篠原 2004：188-189）の解明という課題も提示されている。これらは、討議デモクラシーにとっての問題であるだけでなく、中国の「協商民主」にとっても決して避けては通れない問題である。
　以上のような、自由・平等・理性などの価値と多元性との関係、討議デモクラシーと代議制民主主義との関係などの問題は中国にとっても他山の石として、それらを共有し考察しなければならない。中国の特色はより普遍的な土台に載せて議論を交わすことによってその真価を問わなければならない。さもなければ、「特色」はただ特殊なものに止まり、孤立することになる。
　第三に、協商民主が強調されるようになった現実的な背景は、経済発展による格差問題の深刻化という課題である。改革・開放のなかで、私営企業家や、出稼ぎ労働者である「農民工」などの新しい階層の形成や、経済利益を

三 「協商民主」と討議デモクラシー (deliberative democracy)、その可能性　239

追求する地方政府と、土地収用や環境破壊などの人々の生活に対する脅威との間の対立など、階層間の利益要求が多元化し社会的な矛盾が激化しており、国家にとって、安定維持(「維穏」)が燃眉の急の課題として立ち現れている。一方、物権法の発布などによる人々の権利意識の高揚のなかで、「協商」は、とくに基層社会において、政府と百姓の間、人々の間の利益衝突を避けるための有効な手段だといわなければならない。その場合、領導する立場にある共産党は特定の階層や集団の利益を超えて、公共を担う公的な存在たりうるか、そして、共産党自身の言葉を使えば、「群衆のなかから来、群衆の中に入っていく」(「従群衆中来、到群衆中去」)という「群衆路線」をいかに実践して百姓の信頼を獲得するかが協商の成敗を決めるポイントになる。このような国家が担うべき公共の役割は、社会の活力の回復と自立の課題とともに、次章以降、具体的に現代中国基層社会のを中心に考察することにしたい。

〈注〉

109　「三・三制」とは、日中戦争期に中国共産党が根拠地で実施した政治システムであった。根拠地各レベルの政権スタッフの割合は、共産党員、左派進歩人士、中間派の三者がそれぞれ三分の一を占める、という原則である。

110　なお、欧米における討議デモクラシーに関する議論については、篠原(2004)を参照されたい。

111　アメリカの政治学者ジェームズ・S・フィシュキンは、熟議は公共精神を高めてくれるもので、協商民主の方法はあらゆる政治体制に適用可能だと主張している。実際、フィシュキンは中国浙江省温嶺市沢国鎮の町で実施した討論型世論調査に協力して、その実践を高く評価している(フィシュキン2011、韓2017：序一、を参照されたい)。また、協商民主の中国の論者も西洋発の討議デモクラシーの議論を強く意識している。房2013、李2014、談・霍・何2014、陳2015などを参照されたい。

112　一方、例えば、兪可平は中国の協商民主の実践にたしかに諮問的民主(「諮詢民主」)の性質をもつが、協商民主は諮問的民主そのものではない、と主張している(兪2015：90)。論者によって、立場が微妙に異なっている。また、

日本では、例えば、西村・国分 2009 において、中国政治の現状を「協商的権威主義（Consultative Authoritarianism）」と「多元的権威主義（Pluralistic Authoritarianism）」との間に位置付けている。ここでの「多元的」とは、deliberative に通じているように思われる。

113　例えば、積極的に討議デモクラシーの実践を行っているフィシュキンは、討議デモクラシーは競争的民主の代替品ではなく、その補完的存在であることを明言している（韓 2017：序一）。

114　実際、2015 年 2 月に、現政権下で中国共産党中央委員会が『関於加強社会主義協商民主建設的意見』（以下、『意見』と略す）を発布し、「協商民主」の属性と内容を明確にして、その意義を強調している。新華網 http://news.xinhuanet.com/2015-02/09/c_1114310670_2.htm（アクセス日：2018 年 3 月 23 日）

115　『意見』、前掲。

116　例えば、鈴木 2012：361、349 の表の下部に見られるように、前者から後者へのシフトがイメージされている。

第 7 章　現代中国社会の課題と社区

第 3 章以降、権力をいかに制御するかという観点から、立憲政治というテーマを伝統中国の政治に関する議論の文脈のなかで吟味して、中国における立憲の性格を明らかにした上で、現代中国にとっての法治という課題とその在り方について考えてきた。

　以上の政治的統合の課題は、本章以降、「下」のほうから考えることにしたい。それは本書のもう一つの課題である「自治」の課題である。現在中国が直面している社会の再建の課題を、「つながり」をいかに形成して社会における「公」の確立につなげていくか、という視点から、具体的に、都市部のコミュニティ（「社区」）を通して考察することにしたい。

　その理由としては、まず、「社区」体制への移行は改革開放に伴う中国の基層社会の変動をもっともよく表している出来事であり、とくに都市部の「単位」体制から「社区」体制の移行は大きな社会構造の変動であり、その過程で国家と社会とのダイナミックな関係を観察することができるからである。第 2 に、現代中国について考察するときに、これまで、市民社会やコーポラティズムなどの視点から現在中国の NGO 組織、社会団体、労働組合（「工会」）などをとりあげる議論が多くある[117]。本書は、これらの研究の多くと問題意識を共有しつつも、つとに、トクヴィルが「自由な人民の力が住まうのは地域共同体の中なのである。地域自治の制度が自由にとってもつ意味は、学問に対する小学校のそれに当たる」（トクヴィル 2005、第 1 巻〈上〉：97）、と述べているのを念頭に、基層社会の社区における人々のつながりから、共同、公共の形成の可能性について考えたいからである。そして、第 3 に、基層社会の社区は、とくに都市部において、今後ますますその重要性を増していくと考えられる。なぜなら、社区は人々の間の「共助」の場として非常に重要な意味をもっているからである。これまで数十年間も続いていた国家の一人っ子政策により、家族の保障機能が大きく低下している。一方で、中国社会は高齢化社会に猛スピードで突入していく。それに対して、国家の社会保障政策がまだ構築途上にあり、これから急増していく社会的需要に対応するには困難を極めることが予想される。しかも、このよう

な社会的需要に応える市場もまだ発展途上にある。国家による「公助」も人々自身の「自助」も弱いというような状況のなかで、基層社会における人々の間の「共同、公共の公」を形成し、「共助」を構築して成熟させていくことは避けては通れない道である。

　上記の問題意識を踏まえて、本章ではまず、中国社会が直面している課題について考察を行ったうえで、この課題を都市部社区の中において具体的に考えることにしたい。

一 現代中国社会の課題

1 「つながり」から「公」の創出へ

(1)「政治緊張」

中国で進められている近代化の性格は、松下圭一の「近代化Ⅲ型段階」の図式[118]でとらえると、わかりやすい。

松下の近代化(工業化・民主化)の三つの型とは、Ⅰ型:共同体・身分から国家の一元・統一構造への権力の構造改革、Ⅱ型:農業主導から工業主導への経済の構造改革、そして、Ⅲ型:共同体自給からシビル・ミニマムの公共整備への社会の構造改革、である。松下によれば、この三つの段階を踏まえた工業化・民主化は、ヨーロッパ・モデルで見れば400年の歴史をもつが、後発国になればなるほどこの400年は圧縮されざるをえず、後発国になるほど当然のことながら政治緊張は増大する(松下1994:443)。

この図式で中国の場合をみると、西欧では400年の間に通時的に歩んできた3つの段階が、現在の中国では今なお共時的に取り組まれているプロセスにある、ということができる。すなわち、Ⅰ型に関して言えば、例えば、「中華民族の偉大なる復興」や「中国夢」などのスローガンで象徴されるように、まだ完全なる統一を果たしておらず、「富強」という目標もまだ建設の途上にある。Ⅱ型は、第18回党大会で「全面的に小康社会を実現する」という目標が掲げられているということは、経済発展、都市化は国家が取り組む主要な目標に据えられていることを意味する。そして、Ⅲ型に関して言えば、現在、後述する従来の「単位体制」にとって代わる新しい社会構造として、社区の建設が展開されている。社会構造の変動と、都市・農村間の格差をはじめとする格差が先鋭な社会問題として立ち現れていることとのなかで、人々の社会保障・社会福祉などの公共整備の課題が早急に取り組むべき緊急課題として立ち現れている、ということである。

要するに、中国共産党は、現在、国家の統一の課題、経済発展の課題、そして、社会保障・福祉の公共整備の課題、言わば、3つの型の近代化の課題を同時に抱え込んでおり、しかも、これらはいずれも共産党政権の正当性と直接に関わっている重大課題である。そのため、中国共産党による政治的統治は大きな「政治緊張」を伴わざるをえない。

そのなかで、Ⅰ型の国家の統一の課題と、Ⅱ型の経済的発展の目標とは中長期的な課題であり、急激的な状況変化がない限り、当面、相対的に安定した小康状態にある課題だが、それに対して、Ⅲ型が抱える社会保障・社会福祉問題は、同じく長期的に取り組まれるべき課題である一方、社会的不安ないし危機を招きかねない格差問題や、失業者、高齢者などの「弱勢群体」と呼ばれている社会的弱者に対する保障の問題は、「維穏」という焦眉の急を和らげるための緊急課題だといってよい。そして、生活権（シビル・ミニマム）にかかわる公共整備の課題が政策争点の日常化・全般化を引き起こす結果、住民による主体的参加は不可欠な課題になっている。

（2）「富の偏在」と「市民の無気力」の課題

しかし、Ⅲ型の近代化政策の課題が重要だからといって、直ちに市民自治に取り組むべきだという議論にならず、それよりも、「市場原理・計画原理の最適結合の模索」過程で、とくに「民」との関係から見れば、市場の失敗による「富の偏在」と、計画の失敗による「市民の無気力」との両方の課題（松下 1994：442-443）を同時に抱え込んでいる。これらの難題にいかに対応するかは中国にとって、より切実な課題だといってよい。

まず、「富の偏在」という課題について、中国政府はここ 40 年間市場経済を導入して急速な経済発展を遂げた一方、社会は階層的に分断され、断裂社会になっている。例えば、日本をはじめ、世界各地で「爆買」をしている中国の人々と、汚染で数多くの村人ががんにかかって「がん村」で生活を強いられている人々や、親の出稼ぎで学校にも行けない「留守児童」たちとの間に現れた巨大な落差は、こうした社会的断裂を端的に象徴している。中国社

会における階層論の再興もこのような分断を反映したものである。この「富の偏在」という状況に対して、調整する役割を果たすべき政府は、これまで、社会保障などの公共福祉面の整備に十分に力を入れてこなかったと言わざるをえない。深刻な「富の偏在」＝格差問題と、その結果としての社会の階層化とが進行するなかで、公正・公平の維持や弱者保護など、国家による公共の役割の発揮が強く求められている。

松下によれば、「後発国の近代化では、ⅠⅡⅢ型の同時強行を意図するため、悲劇的にも政治の過剰負担となって独裁ないし専制となっていく」（松下1994：508-509）。「政治緊張」は結果的に強権的な「大きい政府」を生み出さざるをえない状況があるというのである。中国における一党独裁体制は、中国の政治文化や、指導者の個人的な資質、または、国際環境の影響など、様々な側面から論じることが可能だが、松下が指摘したこうした一般的な状況もまた軽視することはできない。

このような視点からすれば、中国が抱えている公正な秩序の創出と、社会保障・公共福祉への取り組みの課題について、今後、政治はますます大きな役割を果たすことが求められているといわなければならない。そもそも、公共福祉は国家が強制力をもって再分配を行うことによって成り立つものであるため、国家権力に対して緊張感をもち、場合によって対峙もしなければならないが、一方、国家の公共に対する責任を問わなければならない。その意味では、リベラルによる「市民社会」論は、国家が負うべき社会保障・社会福祉の責任免除を決して意味しないし、一方の現在中国政府の政策的取り組みとしての「住民自治」や、住民による「自己管理、自己教育、自己奉仕（「服務」）」などのスローガンも、国家の責任逃れのためのレトリックとして利用されてはならない。

次に、「市民の無気力」という課題の場合、1980年代まで続いていた計画経済システムのなかでの「単位」社会において、人々が否応なしに「計画」の対象となり、人々の生活はほとんどあらゆる局面で所属する勤め先である「単位」に管理され依存していた。人々は自立的な存在であり得ず、「公

家」[119]である「オオヤケ」に頼る以外にほかの選択はなかった。長年にわたり形成された行政に対する依存心により、人々の自立心が萎縮し、ポスト「単位体制」の現在も従来の「公家」に対する依存意識から完全に抜け出すことができずにいる。一方、単位体制から社区体制に移行する過程で、従来の単位の中で人々の間に存在していた「共有」「共同」の意識はまだ社区の中に形成されておらず、人々は孤立したばらばらな「個」のままでいる。このような状況は、さらに都市化に伴う大衆社会の現象の進展により、ますます大きな課題として立ち現れてきた。のみならず、人々の間のつながる力が弱いままのなかで、バラバラになっている個人や小集団が各々の生のために「私」を追求する。公徳心の欠如、人と人の間の相互不信は、言わば、つながりの希薄さから導かれた当然の結果である。

したがって、いかにつながりの再建を通して「公」を形成させていくかという課題は、中国社会の健全さを取り戻すために真っ先に取り組まなければならない課題だといってよい。

なお、上記の「富の偏在」による格差の課題と「市民の無気力」の課題とを、それぞれ「国家」と「社会」に属する別個の課題だと考えてはならない。なぜなら、国家による政治的統治にとって、最大多数を占めている基層社会の人々に受け入れられることは、その正当性の欠かせない前提であり、一方、社会から活力を引き出すために、国家による過剰介入も逆の無作為も許されないからである。したがって、「下」からの「共同、公共の公」成長と、「上」の「オオヤケの公」[120]との関係の問題は、中国社会が直面している課題を考えるときに取り組むべき重要な問題である。

2 曖昧な「第三領域」

国家は公共の役割を十分に果たしていない一方、社会は無気力のままだという現状を踏まえて、「強い国家」と「強い社会」との間の良性的協働（「良性互動」、鄧1997）関係を提起した研究がある。実際、これは中国において

大きな影響力をもつ議論の一つである。それに対して、以下で見るように、国家・社会二元論だけでは中国社会をとらえきれない、ということもまた多くの識者によって指摘されている。

　現代中国について語るときに、国家に対する市民社会の成立の可能性をめぐる議論は主要な論点の一つになっている。これまですでに数多くの研究が蓄積されており、議論もバラエティに満ちているが、「国家―社会」はそれらが共通した基本的な分析枠組みである。そのなかには、トクヴィルやコーポラティズム論はよくとりあげられている二つの対照的な議論である。前者のトクヴィルは市民社会と政治権力との間の対立と緊張関係を重視し、個人と個人との連帯から生まれた自立的結社（autonomous association）が圧政や国家による権力の濫用に対する防波堤になると期待した。それに対して、後者のコーポラティズム論は国家と社会間の協力関係を重視し、とくに「社会コーポラティズム」（social corporatism）は、専門化した利益団体が国家に依存し国家に浸透される「国家コーポラティズム」とは逆に、自律的な利益集団が国家に浸透していく議論を展開している。しかし、両者は、国家と社会との間の対立、または、協働のどちらに力点を置いたとしても、人々をつなげる「結社」や「利益団体」などの組織が公共を形成する装置として国家と対置している、という点では共通しており、そして、それらの組織の自立性は何よりも重視されている。

　このような国家・社会二元論に対して、例えば、黄宗智が、国家と社会との間に存在し、国家と社会とが入り交じっている「第三領域」（third realm）を提起している（黄宗智2005）。王朝時代から現代に至るまで、俸禄を受けない「準官吏」や、郷紳などの地域リーダーがこの第三領域を代表している。しかも、国家も、社会も、あるいは第三領域のアクターも単独では活動を展開できず、協力関係が必要だとされている[121]。黄は「第三領域」における国家と社会との協力的、協商的関係の成立に期待し、そこに中国将来の政治改革の希望を見出そうとした。日本では、これと近い形で、例えば、毛里和子が中国社会における「半国家・半社会」（毛里2000：序章）の

現象を指摘し、菱田雅晴は国家と社会との中間領域を両者の「共棲」関係（symbiosis）と表現している。菱田によれば、パワーエリート（「権精英」）とマネーエリート（「銭精英」）との相互依存関係や、私営企業家協会、各種のNGO、NPOなどの組織に見られるように、国家・社会の間の領域は曖昧であり、しかも相互浸透している。ただし、それが中国社会に与える影響として、菱田はむしろ黄宗智と対照的に、党＝国家側が危機管理的に市民社会の主導性を上から取り込もうとする「上からの対抗改革、防衛改革」モデルと、「二重の民主化」モデルを提示したうえで、前者の可能性を示唆した（菱田 2000a：第2章）。

　西洋の場合と比べて、中国における社会と国家との間にある「第三領域」はたしかに曖昧な存在である。その曖昧さのなかから新しい可能性を見出そうとするものと、曖昧さをネガティブにとらえているものと見解が分かれているが、中国社会をよりよく理解するために、国家・社会間の相互依存・相互浸透の曖昧な領域に分け入って考察することは重要だということを意味している。

　以上、中国社会が全体として直面している課題を筆者の関心から概観したが、以下では、より具体的に、基層社会における「社区建設」に焦点を当ててこれらの課題を考えることにしたい。

〈注〉

117　近年の研究では、例えば、竹中・高橋・山本 2008、李妍焱 2012、辻中・李・小嶋 2014、石井・緒方・鈴木 2017、などがあげられる。とくに、竹中・高橋・山本 2008 における高橋論文「中国『市民社会』の歴史的展望を求めて」は先行研究に対する分析が詳しい。

118　松下圭一（1994）『戦後政治の歴史と思想』ちくま学芸文庫、443頁。なお、近代化のⅢ型の詳細は、同書における「組織・制御としての政治」や、「解題」を参照されたい。

119　ここでの「公家」は、前出する伝統中国の郷村における自治組織としての「公家」ではなく、社会主義国有制下の「私人」に対して、国家、公共機関・団

体・企業などの「単位」を指す。以下同。
120　本書では、「オオヤケの公」を「下」からの「共同・公共の公」と対照をなす概念として使いたい。詳しくは第2節の2を参照されたい。
121　著者によれば、清朝の司法体系における司法体制と非正式的司法体制の交互作用、権威化の行政における準官吏や、郷紳の働き、現代の場合、例えば、農村における「集体」形式、改革以降の「単位」に見られる「外来」幹部と単位内部の「土着」幹部間の協商余地の拡大などはいずれも「第三領域」に属する（黄宗智 2005 を参照されたい）。

二 「社区建設」からとらえる中国社会構造の変動

1 「単位体制」から「社区体制」へ

（1）「単位体制」の時代

　現代中国の都市部の基層政権は、市以下は、区（設けない都市もある）、区（設けない都市では市）の派出機関「街道辦事処」、そして、政府機関の指導下の自治組織「居民委員会」から成っている。もっとも基層にある居民委員会は本来、住民自治組織であるはずだったが、所在地域の公共事務と公益事業をはじめ、民間の紛糾の調停、社会治安の維持、衛生、計画生育、救済、青少年教育などの面で、政府の指導の下で政府機関に協力することが主要な役目だった。

　しかし、80年代までの基層社会におけるほとんどの人々にとって、もっとも重要なコミュニティは自分たちの職場である「単位」だった。それは、80年代までの中国社会は「単位体制」の社会だったからである。この時期に、国有制の社会主義体制下にあらゆる社会的資源を独占した国家が、生産部門である国営企業＝「単位」に投資を集中していた。その代わりに、社会保障や福祉は主として各単位がそれぞれの従業員に提供するという形で実施された。都市の住民はほとんど単位に所属しており、単位は住宅、医療保険、養老をはじめとした従業員の各種の社会保障を負担することで、結局、本来国家が担うべきだった社会に対する統治の機能をも担うようになった。したがって、単位はたんに生産の場に止まらず、単位内の従業員の生活に必要な教育、医療、福祉厚生などを提供する生活の場でもあり、さらに、国家が個々人を統治するための媒介機関として、行政機能をも担っていた。いわば、単位は生産、生活、行政という三つの機能を一身に集めた組織であった。そのような単位は「オオヤケの公」の代理者＝「公家」として、人々に

とってあらゆる面で頼らなければならない存在であった。

　国家が「公家」を通して基層社会における人々を隅々までコントロールできたことは、それまでの中国の歴史になかったことだったといってよい。国家は全能的な存在として君臨しており、計画経済体制の中で人々も計画の対象になり全面的にコントロールされていた。人々は単位から提供された集合住宅に集住し、深いつながりのなかで共同の「公」を形成していたが、「公家」の前ではあまりにも無力であった。

　それに対して、行政組織の街道辦事処や、居民委員会は影が薄かった。「単位体制」の下で、ごく一部の街道辦事処などに所属する「団体企業」（「集体企業」）の従業員などを除いて、職場である単位に全面的に依存していた従業員及びその家族たちにとって、基層社会の行政機関街道辦事処や居民委員会は身近な存在ではなかった。都市の大多数の構成員を包括した単位が重要な支配機能を果すなか、もともと都市の政権末端組織である街道辦事処の存在感は薄くならざるをえなかった。さらに、『中華人民共和国都市居民委員会組織法』（1989年）を見れば分かるように、「単位」は居民委員会に加入せずに、諸単位の集合居住地域において、居民委員会の代りに「家属委員会」（家属＝従業員の家族）を設立して、それらをそれぞれの単位の管轄下に置いていた[122]。都市住民の大多数を占める「単位人」が街道辦事処や居民委員会とかけ離れた存在であったため、街道辦事処およびその指導下の居民委員会はあくまでも「単位体制」を補完する行政システムにすぎなかった。とくに、自治組織であるはずの居民委員会に対して、住民たちは全く関心をもたず、自治とは名ばかりのものだった。居民委員会は国家政策の執行に協力する役割を果たし国家権力機関の手先としての性格が強かった[123]が、その役割は極めて限定されたものであった。

（2）「社区建設」へ

　「単位」社会に風穴が開けられたのは、80年代以降の市場経済化の進展である。従来、中央指令経済システムの下、中国経済を引っ張ってきた大多数

の大型国有企業が赤字経営という状況のなかで、企業に活力を与えるために重荷になっている「単位」の生活機能と社会的機能を単位から分離させる必要があった。

　1992年、中国共産党は14回大会で「社会主義市場経済」を謳い、国家が従来の指令経済下のような統制をやめ、市場経済にシフトすることを宣言した。とくにこの時の首相であった朱鎔基が掲げた「国有企業改革、金融改革、行政改革」という三大改革のなかで、国有企業改革と行政改革は中国における「国家」と「社会」のあり方に直接に大きな影響を与えることとなった。

　まず、国有企業改革は、効率性の低かった大企業に活力を注入するために、現代企業制度を整備し、企業の社会的負担を軽減しなければならなかった。したがって、従来の「単位体制」にメスを入れることは必須であった。改革の措置としては、まず、国有企業がもっていた生活保障機能を改革して、住宅、医療、福祉など従来「単位」が負担しなければならなかった機能を企業から切り離した。なかでも、住宅の商品化と社会保障システムの再建は、もっとも重要な改革措置であった。住宅商品化の徹底化と社会保障システム再建の展開とは、人々に空間的にも、心理的にも「単位」離れをもたらし、従来頼っていた「公家」からの自立へ向かわせた。一方、改革で国有企業を倒産させたり、あるいは企業の効率を高めるために、過剰の従業員を解雇、レイ・オフ（「下崗」）させたりしたことにより[124]、単位を失った人々に対するケアが大きな問題として立ち現れた。社会保障制度、医療、年金保険などの制度の改革や整備が追いつかず、国有企業改革によって、一連の社会問題がもたらされることになった。

　次に、行政改革では、膨大な過剰人員を抱え肥大化した行政機構の効率を高めるために、最終的に職員を半減するという目標が掲げられた。そして、行政機構の機能をサービス型に転換することも謳われた。こうした行政機構の効率化と機能の転換が目指されたのは、何よりも、従来の「社会」領域に対する国家の過度の介入を止めることを意味するものだった。

さらに、社会に対する管理の観点からすれば、まず、70年代末から80年代の初めにかけて改革・開放の政策が実施されたなかで、国家の直接コントロール外にあった私営の企業や合弁企業、外資企業などの、いわゆる「体制外企業」の成長に伴い、単位体制による管理はもはや大きな限界を迎えることになった。同時に、「文革」の遺産として、「上山下郷」[125]を強いられた都市出身の若い人々が70年代末から大挙都市に戻ったことにより、都市に大きな就業の圧力をもたらすこととなった。これらの単位に組み込まれていなかった人々をいかに安定させるのが大きな課題であった。さらにその後、上記の国有企業改革に伴う失業者の急増に加えて、沿海地域の経済発展により、多くの労働力が都市部に流れて流動人口の大群を形成した。このように、これらの国有の「単位」から外れた人々の爆発的な増大により、これらの人たちへの対応が、行政面からしても、社会保障面からしても大きな課題になった。

このように、改革開放に伴い、国営企業をはじめとした単位はそれまでの全能的な「公家」を演じることはもはや不可能になった。また、もともと閉鎖的で固定していた社会が大きく流動するようになり、単位からはみ出した部分が飛躍的に増大した状況のなかで、従来の単位体制はそれに適応できなくなった。このような状況を受けて、単位体制にとって代わる組織の創出が課題となった。経済体制改革によってもたらした社会の混乱と不安を避けるために、90年代以降、「社区建設」が提起され、周縁化されていた街道辦事処や居民委員会の役割に対する見直しの改革が始まったのである。

さらに、以上のような状況に加えて見過ごしてはならないのは、国家に新たな社会構造の構築に緊迫感をもたせた法輪功組織とその活動である。法輪功は気功組織として出発したが、90年代に爆発的に信者を増やした。やがて、組織の活動が政府に脅威を与えたことになり、政府に「邪教」だと認定されるようになって、中国大陸で取り締まられた。そもそも数多くの人々が一気に気功に関心を寄せたのは、自分たちが頼りにしてきた単位から十分な生活・医療保障を受けられなくなったなかで、人々が不安を少しでも軽減す

るために、自分たちで体を鍛える方法を求めるしかなかった、という背景がある。とくに、レイオフされた人々や、それまで定年後も元の単位から保障を受けられていた退職者、などの無職の人々がこのような厳し状況に直面しなければならなかった。

　要するに、転換期の基層社会において、国家の後退によって生じた隙間に「下」からの結社の動きが力を得て出てきたということである。したがって、国家にとって、「法輪功」のような反政府的な活動の芽を摘み、社会の安定を保つためにも、すでに破綻しつつある従来の単位社会にとって代わる「社区」の建設が燃眉の急であった[126]。

（3）「社区建設」と居民委員会

　「社区」とは英語の community の訳語である。それは 1932 年に当時燕京大学の学生だった費孝通たちが考案したものだった[127]。今日は日常的に使われている言葉だが、90 年代に再登場した時にほとんどの人々にとって、まだ聞きなれない言葉だった。

　改革によってもたらされた新しい局面に直面した国家は、社会に対するコントロールを緩めさせられた一方、行政改革を通じて社会を再建しようとした。再建の場は、すなわち人々によって忘れられていた「社区」である。従来単位が背負っていた生活や行政面の機能が、80 年代末以降、漸次社区に移されたと同時に、レイ・オフされた人々、失業者、定年退職者、そして流動人口に対する管理も社区で取りまとめられるようになった。

　1987 年、民政部は全国都市社区服務工作座談会を開催し、「社区服務」（コミュニティサービス）の発展方向を初めて示した。90 年代に入ると、「社区服務」は次第に「社区建設」へと発展していった。この過程で、民政部にあった「基層政権建設司」という部門は「基層政権和社区建設司」と改名された（華 2000：92）。ここから見てとれるように、社区建設は、国家の主導による統治方式の調整であった。

　そして、国家は、新しい社会構造の中で基層社会の安定を保つために、従

来の単位にとって代わる「代理人」の手を借りなければならなかった。基層社会の社区に対する管理は、主として街道辦事処と社区居民委員会を通して行われるようになった。前者の街道辦事処は基層社会における末端の行政組織に当たるが、後者の居民委員会は法律上、自治組織として位置付けられている。

居民委員会は、もともと、建国前の治安を維持するための住民組織であった保甲制度[128]が廃止された後に、それにとって代えたものとして設立された組織であった。1954 年 12 月に『城市居民委員会組織条例』の発布によって制度化された居民委員会は、成立当初、住民の自治組織であり、政権組織ではない、と位置付けられていた。しかし、居民委員会は基層政権の派出機関である街道辦事処の下部組織として、実質的に政権組織という性質をもっていた。その活動経費も国庫より支出されたものであった（華 2000：88）。しかし、「単位」体制が発達したにつれて、各単位内部に「家属委員会」が作られ、その人事や経費も単位より支出されたため、居民委員会は自治組織としての役割を果たせなかったどころか、居民委員会そのものがあくまでも単位体制を補完するような存在にすぎず、完全に周縁化されていた。

社区建設という号令が出された後、「単位体制」が「社区体制」に移行し始め、社区居民委員会もまず、1989 年 12 月に修訂された「中華人民共和国城市居民委員会組織法」の中で自治組織として復権を果たした。その中で、社区を取りまとめる組織としての「居民委員会」について、それは「住民が自己管理を行い、自己教育を行い、自己奉仕を行う（「自己管理、自己教育、自己服務」）基層的自治組織である」と明確に定められている。居民委員会の役目が「都市住民が法に依って住民たち自身のことを行う」ことを中心に据えられたのは、社区自治が社区建設の重要な一環であることを示している。国家はより効率的な統治を行うために、社区の事務を住民自治にゆだねる必要があるのである。

上記のように、国家は経済改革に伴って生じた一連の社会問題に対応して、社会統治システムを単位体制から社区体制へと移行させる政策を打ち出

した。では、社会領域における国家の「後退」と政策の転換により、基層社会の人々の意識にどのような変化がもたらされたのか。以下、「公」と「私」を中心にこの変化について見てみることにしたい。

2 社区における「公」と「私」

齊藤純一によれば、公共性にはおおよそ三つの意味があるという。まず、国家に関連した公的（official）なものという意味で、国家が法と政策を通じて国民を対象とした活動のことを指す。これをもって中国をとらえれば、伝統中国の場合は、君・官を意味する「オオヤケの公」であり、現代の場合は、国家、行政、「公家(コンチァア)」のことを意味するということになる。そして、二番目は、すべての人間が関係する共同性（common）であり、共通の利益・共有財産・共有する規範と共通の関心を指す。たとえば公共の福祉、公益、公共秩序、公共心などがそれである。三番目は、すべての人間に開放されている、誰にでも開放する（open）である空間や情報を指す（齋藤 2000：9）。

ここにおいて、本書の関心からすれば、さらに区別が必要なのは公共性と共同性である。公共性は共同性を含むが、しかし二者の間はイコールではない。公共性がもつ開放（open）性は、文字通り外に向けて広がる特質をもつ。それに対して、共同性は空間から価値規範に至るまで、基本的にある一部区域の範囲内に限定されており、閉鎖的な性格をもつ場合もある。一定の状況の下で、共同性は対外的に排他性を帯びて公共性と対立するようになる可能性さえある。しかし、二者の間にこのような明確な区別をもっているとはいえ、公共性は共同性を包含しており、逆に、共同性は公共性の形成にとって不可欠な基礎になっている。本書では、両者を区別しつつも、「共同、公共の公」としてとらえることにしたい。また、公共性には official な「公」も含まれているため、「共同、公共の公」に対する official な「公」の権力がもつ拘束性の性格をよりはっきりさせるために、あえて「オオヤケの公」という表現を用いることにしたい。「オオヤケの公」は「上」から「下」への

垂直的な関係を表している。一方の「共同、公共の公」は「下」から形成された人と人の間の水平的な関係を意味する[129]。社区における両者の関係を考察することは本書の目的の一つである。

（1） 社区における二つの「公」

　長年郷土社会の研究に従事していた費孝通は、その晩年、都市部の社区研究にも関心をもった。費孝通は、都市部の社区建設を都市の発展の延長上でとらえ、それが同時に「市民の近代化」の延長でもある、と位置付けている（費 2002：1）。費孝通は上海を例に、都市部の社区建設の基礎となる二つの興味深い特徴を指摘している。ここでは、二つの「公」と呼ぶことにしたい。

　ひとつは、いわゆる「老上海」時代の「公」である。すなわち、租界期の上海は、各地から異なった文化背景をもつ人々がたくさん集まった移民の都市であった。上海は、国際的都市として成長したなかで、成熟した西洋の商業文化に強い影響を受けた。一方、旧来の郷土の血縁と地縁関係とは市場と産業経済との影響で薄められつつも、家族や近所の間で互いに見守り助け合う（「守望相助」）という伝統を残していた。その結果として、異なった地域文化の背景や、個性をもつ住民が一つの路地裏や密集した住宅の中でむつまじく付き合う（「和諧相処」）、という市民文化が形成された。

　もう一つは、計画経済時代の上海に見られる「公」である。この時期でも、旧来の生活伝統が受け継がれたが、それに加えて、単位体制の中で、個人の自主的空間が小さかったかわりに、国営企業における強烈な「公有」の雰囲気と、同じ職場の人々が共同住宅に住み、隣同士として多くの面で共有する（「共享」）という雰囲気とが相乗効果を生み出しており、そのなかで「共有」の感覚が養われた。費孝通によれば、このような「共享」・「共有」の感覚は、社会学における「社区」（community）と相似している。社区内の住民たちは互いによく知りあっており、何かがあれば、みんなで解決するという責任感をもっていた。このような意識はさらに、計画経済の下で強化

された面がある。

　費孝通は、歴史のなかで培われた以上の二つの「公」が、現在の社区建設の客観的基礎であると考えている（同上：2）。この二つの「公」は、前者の場合は、郷土社会で培われていた隣同士が相助け合う（「守望相助」）という旧い郷党の文化伝統の延長線上にあり、それが上海の商業化と都市化にもかかわらず、人々の間に生き続けているものである。後者の場合は、単位体制の中で否応なしに形成された新しい伝統であった。この二つの「公」の伝統は、費孝通が述べたように、社区における「共同、公共の公」を形成する重要な基礎である。

　しかし、それらは基礎にはなりえても、直ちに社区における「公」の成長や自治につながることができるものではない、ということにも注意しなければならない。

　その理由として、例えば、単位体制を見れば明らかなように、費孝通が語った二つの「公」の資源が豊かであり、単位という閉鎖的なコミュニティの中で、人々の間は強いつながりをもっていたが、しかし「下」から公共の「公」を生み出すことはできなかったし、許されなかった。たしかに、集合住宅における共同生活のなかで共同の公が濃密だったが、それは限定された範囲内の閉鎖的な「公」でしかなかった。計画時代において、「大公無私」が謳われていたなかで、共同の「公」は公共の「公」へと成長する余地を与えられなかったのである。

　もちろん、単位体制の時代と比べて、社区建設において、基層社会の住民による「自己管理、自己教育、自己奉仕」が法によって定められており、「オオヤケの公」である国家の基層社会での存在感が後退した。その意味では、時代状況は大きく異なっている。しかし、費孝通が指摘した二つの「公」は、国家の「後退」により、直ちに「下」から「共同、公共の公」を生み出す保証にはならない。なぜなら、人々のつながりは必ずしも公共を生み出すとは限らず、それは結局、ごく一部に閉じ込められた閉鎖的な「公」にすぎないか、または、エゴの「私」の連鎖と拡大にもつながる場合もある

からである。この点について、さらに中国社会における「私」の成長と深くかかわっている。

（2）「私」の成長と「公」への影響

　80年代以降の改革開放は人々の意識に大きな変化をもたらした。改革開放政策と市場経済の導入過程は、中国における「公」の相対化と「私」の成長の過程でもあった。生産請負制の実行や鄧小平による「一部の人が先に豊かになることを許すべきだ」という「先富論」の実践で、人々が権利意識を強めるようになった。そして、実際の経済発展の過程で、指令経済の尾を引いた国有企業が躓いたなかで、中国経済を大きく活性化したのは、私営企業を主体とする中小企業であった。さらに、生活の世界で、「公家」＝「単位」から「放り出され」たことは「公家」の縛りから解放されたことも意味し、それは人々の自主性を促したことにもなった。市場経済の深化によって、人々はあらゆる面で「私」の意識が鍛えられ、成長した。

　なかでも、特筆に値するのは住宅改革である。医療保険、養老保険などの社会保障制度の改革に先立って行われた住宅改革が人々の意識の変化に少なからぬ影響を与えた。改革前非常に安い家賃で職場から提供された住居が、どこまでも「社宅」や「校宅」であった。しかし、1998年に住宅の配分制を全面的に廃止することが決まった[130]後、それまで進められてきた住宅の商品化改革が全面的に深化されるようになった。人々は土地の所有権こそ手に入れられなかったが、購入した住宅に対する70年間の使用権が保証されるようになった。マイホームという個人にとって最大な私有財産を擁するようになったことは、人々の権利意識を大きく助長した。分譲住宅の団地（「小区」）に、「業主委員会」[131]が立ち上げられ、住民たちは自らの住宅および生活環境などを守るために、自らの権利を行使するようになった。さらに、2007年3月の全国人民代表大会で採択された「私有財産の不可侵」という旨が盛り込まれた「物権法」は、人々の権利意識の向上をさらに加速させたといってよい。人々は自分たちの身の回りの生活空間に対する権利を主張

し、不正・不平に対して自分たちの権利を守るために立ち上がり、権利維持（「維権」）活動を展開するようになった。社区における「業主委員会」と不動産開発会社や住宅のメンテナンスなどを管理する会社である「物業公司」（以下、「物業」と略す）との間に多発する争いや、訴訟がその表れである。たしかに、このような権利主張は社区における人々の自主権の拡大につながっており、このような業主委員会の活動が中国における市民社会の雛形を構成するものだと高く評価する研究（夏 2003）もあるが、その一方で、主張された権利要求が局部の利益しか反映されない場合も少なからずある。ひいては、「業主委員会」の中の一部の役員は、自分たちの既得利益を守るために一般住民の参加を排除する、という「寡頭政治」を行う事例も観察されている（石 2010）。

　要するに、人々のつながりは結集、協力を生み出すが、一方で、集団的エゴとして表出されることも決して少なくない。つながりが公共の「公」を生み出すことは決して自明のことではないのである。

　つながりが直ちに公共の公の発展に結びつかないもう一つの理由は、公共を生み出すことができるかどうかは、国家、そして、キー・パーソンとの関係で考えなければならない、ということにある。

　前述したように、現代中国社会は「国家―社会」の二元論だけではとらえきれないものである。代わりに、「第三領域」、「半国家・半社会」、または、国家と社会との共棲関係、などの指摘は中国社会の特質をよくとらえている。このような特徴は現代に限るものではない。次章で詳しく考察するように、その源は伝統中国に遡ることができる。国家と社会とが明確な区別がなく入り交じっており、境界線が曖昧である、という点において、伝統社会と現代社会とは通底しているといってよい。本書ではこのような特質を一つの構造としてとらえたうえで、具体的に現代中国の社区建設の中でそのありかたについて考察することにしたい。ここでまず確認したいのは、「下」からの「共同、公共の公」の形成は、伝統中国の場合は、基層社会における「官・紳・民」間の関係の中でとらえる必要があるのと同じように、現代の

中国の場合でも、基層社会における「オオヤケの公」＝党・国家の存在、紳ならぬ基層社会のエリート（「社区精英」）・キー・パーソン、そして、百姓との間の関係の中で考察しなければならない、ということである。「社区建設」を「上」から推進している国家は、例えば、法輪功の教訓から基層社会での「無為」を避けるべく、実際、党組織と街道辨事処を通して、党と行政の両面から、基層自治組織である居民委員会に対して領導と指導を行っている。その結果、居民委員会は、自治の仕事よりもはるかに多くの「上」から与えられた仕事をこなさなければならない、という状況が普遍的に存在している。単位体制の時期と比べれば、国家はたしかに後退してはいるが、その存在感はやはり極めて大きい。しかし一方で、同じ単位体制時代と比べて、「下」から「公」の形成と成長の空間が広くなってきたこともまた事実である。このようななかで、国家と社会の両方をまたがる居民委員会および基層社会のエリートが「下」からの「公」の形成のカギを握る存在になる。

　したがって、費孝通が挙げた二つの「公」の伝統は、市場経済化のなかで住宅改革をはじめとした一連の改革によって少しずつ弱められているとは言え、いまだに人々の意識のなかで確実に生きている。それらは間違いなく社区における人々の間のつながりを再建する重要な資源である。しかし、問題はむしろ、社区におけるつながりの形成過程で、どのようにして集団エゴを防ぎ、つながりから共同、そして、公共の「公」に発展させていくか、ということである。その場合、結論を先に示すと、まず、個人や、小集団のエゴを防ぐために、例えば、弱い立場にある人々（「弱勢群体」）への支援や、ボランティア活動、健康、生活環境などへの共通した関心など、基層社会における人々にとって、より普遍的な契機を前提にした共同の取り組みが必要になると考えられる。また、「共同、公共の公」の醸成は、主体は住民であることは言うまでもないことだが、その形成は党・国家、そして、基層社会のリーダーなどのキー・パーソンとの関係の中で考えなければならない、ということである。

3　社区の構成とその特徴

　都市部の社区は、市、区、街道の次に設けられた行政区画である。例えば、北京市石景山区の魯谷街道は当区が管轄した10の街道の一つであり、常住人口は10万人である。この魯谷街道の下に22の社区に分けられている。社区とは、数千世帯が居住するエリアが行政的に区分けされた領域である。そして、一つの社区はさらにいくつかの「小区」に分けられている。小区は普通、一つの「物業」によって管理されている複数の集合住宅の建物（「楼棟」）とその住民からなっている。例えば、瀋陽市の場合は、一つの社区は3000〜6000世帯からなっており、筆者の調査先の一つであるK社区は4670世帯で、住民の数は12121人おり、社区は全部で9つの小区に分けられている[132]。

　住宅の商品化という住宅改革と都市のインフラ整備、再開発とは、人々の生活環境に大きな変化をもたらした。従来の単位体制の中で、同じ単位に勤める人々が単位の集合住宅に住んでいたが、そのような状況に大きな変化が生じた。単位体制時代と比べて、社区の最大特徴は、人々の勤め先と関係のない混住性が目立っているというところにあり、そのため、人々の間のつながりが薄い。現在の社区が多種多様だが、社区の性格を影響する要素として、以下のいくつかの点があげられる。

　第1に、単位による影響である。とくに大企業の場合は、補助を出して、安い価格で従業員たちに集住していた集合住宅を売却したという形をとったため、一つの社区にほぼ従前同様に同じ職場をもつ人々からなっている。そのような社区は「単位」型社区と呼んでもよい。このような状況はとくに社区建設が始まった初期によく見られる。このような社区における居民委員会は単位からの影響が大きい。筆者が2007年に調査した河南省鄭州市のS社区はまさにその典型的な例である。居民委員会のトップである主任は当企業の幹部であり、居民委員会の日常活動や、活動の補助金は単位に負うところ

が大きかった。しかし、居民委員会に対する単位の影響が大きくても、居民委員会は単位体制時代の「家属委員会」ではない。何より単位にとって、社区建設はまさに単位が従来負わされていた行政機能、生活機能を分担してもらうためであり、いわば企業の負担を軽減するための取り組みであった。そのため、居民委員会を単位の中に取り込むよりも社区自治に協力するというあり方のほうが得策である。

　しかし、単位型社区よりも圧倒的に多いのは、一つの社区内の一つの小区、または、一つの建物、あるいは一つの建物内の一部に同じ職場の人々が住んでいる、という場合である。現在の社区の構成はこのように、まだ単位の色が残っている。ただ、世代交代や、引っ越し、住宅の売却などと、単位が次第に社区から手を引いたこととで、単位の色彩が薄められているのが現状である。

　第２に、流動人口による影響である。とくに沿海都市や大都市の場合が顕著だが、商業が発達しているエリアにおいて、出稼ぎ労働者や商業活動を行うために外地から集まってきた人々は社区所在地域の店舗を借りたり、社区内の住宅を持ち主から賃借したりして、社区の住民構成を複雑化している。これらの人々は戸籍をもたない上、社区とのつながりが薄い。また、これらの住民は流動性が激しいため、実際の状況を正確に把握することは難しい。筆者の調査先の一つである瀋陽市のＨ社区はまさにそのような社区であり、同社区は同市最大の商品集散市場に近接しており、社区には同市場の関係者が数多く住んでいる。そのほとんどが周辺地域から来た者で、同社区で家を借りて生活し集散市場で働く人たちである。このような流動人口が3000人あまりと、社区の中の住民のかなり高い割合を占めている。こうした流動性が高い社区を管理することは決して容易なことではない。

　もう一つ外来人口が集住しているエリアは、大都市の近郊に位置する社区である。都市と農村の接合部に位置するこれらのエリアに、市内と比べて、常住人口が相対的に少なく、家賃も安いため、出稼ぎの人々が集中している。こうした社区の住民構成が非常に複雑で、治安も一つの大きな課題であ

る。例えば、北京石景山区魯谷街道のＹ社区はそのような社区の一つである。これらの社区は管理が非常に難しい。「維穏」が上級行政機関から与えられた最重要課題であるため、居民委員会の責任はとくに重い。

　第３は、社区における階層化の傾向である。現在の社区は基本的に混住型だが、新旧社区の間、そして、高級住宅と一般住宅の間は住民の収入に応じて階層化する傾向が現れ出ている。まず、旧社区とは、住宅改革前にすでに建っていた旧い住宅地であり、単位体制時代から住んでいる住民が多い。そのため、定年退職者、失業者、そして、高齢者が多いのが特徴である。また、住宅が古く、賃貸に出されている場合も多いため、流動人口も相対的に多い。一方の新社区とは、基本的に住宅改革後に建てられた分譲マンションからなる社区であり、それらは都市の近代化、再開発により各地で急速に増え続けている。さらに、とくにダウンタウンの場合、一つの社区には、塀で囲まれて、管理会社により完備されたサービスを受けている高級住宅からなる小区と、単位時代からあった古い住宅からなる小区との両方を含むところが多い。この場合、同じ社区にあっても、高級小区と旧小区の間にほとんど交流が見られない。格差社会の現状は一つの社区の中にも現れ出ているのである。

　なお、よく「新区」と呼ばれている新開発の住宅区には、一定の経済力をもついわゆる「中間層」が多い。市場経済の中で鍛えられた彼らは合理的で、権利意識も強い。たしかに、彼らのほとんどは共働きであるため、社区に対する住民としてのアイデンティティが一般的にあまり強くなく、住民の間のつながりも薄い。しかし、いざ自分たちの生活環境や生活条件が脅かされ侵害された場合、これらの権利意識の強い住民たちは積極的に立ち上がるのである[133]。今までの社区における住宅をめぐる争いのなかで、住民たちは自分たちの専門知識、職業を生かして、自分たちの権利を守るために争った例は各地で頻出している。

　このように、社区の構成のあり方も、社区を構成する住民たちも多種多様のため、一口に社区と言っても、それぞれの性格が大きく異なっている。各

地の社区における居民委員会が「共同、公共の公」を創出するために、各々異なった難題に直面しており、逆に、利用できる資源も、人間関係が濃密的な「守望相助」としての伝統的な「公」や、単位体制時代の共同住宅、共同生活のなかで培われていた「公」、そして、住民たちの権利意識の向上など、様々である。

4　社区における課題

（1）　国家による「社区治理」の提唱

　現在、「社区建設」の中で抱える課題として、まず挙げなければならないのは、国家が社区の建設に過剰に介入し、「社会」の自立を阻害することである。具体的に言えば、基層社会に対する管理の一環として、国の各部門が膨大な量の行政の仕事を社区の居民委員会に引き受けさせた結果、自治組織であるはずの居民委員会が行政的性格を強く持たざるをえず、「社会」の自立性が育つのはそれによって阻害されたこととなったということである。社区関係者からよく聞かされる「上に千本の糸、下に一本の針」（「上面千条線、下面一根針」）という言葉はそのことをよく表している。ここでの「線」は行政の仕事であり、「針」は受皿である居民委員会のことである。例えば、瀋陽市のK社区では、上級行政機関から与えられた業務は219項目に達しているとも言われている[134]。このような状況の中で、社区の中でもっと十分に自治活動を展開したいが、そんな余裕はない、と、どこの居民員会も口をそろえる。

　そもそも、国家が「社区建設」政策を打ち出して、社区の「自己管理、自己教育、自己奉仕」を提唱したのは、社会を丸ごと抱え込むことがもはや不可能だという状況下で、コストを減少しつつも有効な統治を行うためだといってよい。全方位に社会を統治するという全能な政府を演じることは、コストがあまりにも高いだけでなく、市場経済に伴う社会の多元化のなかで、もはや不可能だからである。したがって、政府が「単位体制」時代のような

全能的な統治形態に戻ることをけっして望んでいないことは明らかである。

　このことは、近年、「治理」に対する国家の姿勢からもうかがえる。2010年代から、「社会治理体制の創新」[135]が盛んに唱えられている。従来の「社区管理」や「社区自治」の代わりに、「社区治理」が多用されるようになった。「管理」・「自治」・「治理」という言葉に対応している英語は、それぞれgovernment・autonomy・governanceとなろう。

　ガバナンス論は、本来、国家・政府の統治能力に対する信頼が低下したなかで提起されたものである。その背後に、ヨーロッパ諸国が進めていた「福祉国家」政策が70年代以降の経済的鈍化により、相次いで財政的危機を迎えた結果となった、という背景があった。中国でも「社区治理」が提唱されるようになったのは、近年、日本を含む先進国で盛んに唱えられているガバナンス論の影響と無関係ではない。

　ガバナンスの定義について、例えば、宮川公男はそれを「人間の社会的集団の統治にかかわるシステムを構成する諸社会的行為者の相互関係の構造と行為者間の相互作用のプロセスが発現する形態」（宮川・山本2002：16）と定義しているが、ここでの「諸社会的行為者」の「相互関係」と行為者間の「相互作用」とはガバナンスの特徴をよく表している。さらに、このような視点でガバニングをとらえると、ガバニングとは、「統治支配を行う、指揮命令するという意味合いに止まるのではなく、協働・連携に基づいて決定形成を行い、政策遂行を協働して行っていく」（山本2014：ⅲ）ということである。ここでの「協働・連携」に基づいた決定形成と政策遂行とは、まさにガバナンスがもつ意味合いである。つまり、ガバナンス＝治理は、ガバニングの主体が政府（行政）に止まらず、非政府部門をも含む「諸社会的行為者」による自律的協働と連携に基づいたものだ、ということである。

　では、基層社会における社区治理は、中国ではどのようにとらえられているのか。例えば、北京市民政局が社区居民委員会の主任を含むスタッフの研修のために編集した教材（2013年）を参照してみると、「社区自治」は次のように定義されている。「社区自治とは、社区党組織の領導の下で、社区居

民委員会を主体にして、民主的管理を実行し、社区に所在する単位や、社区社会組織とともに社区発展を推進する模式であり、社区治理とも呼ばれている。これは実際、新型の社区管理模式である」(馬 2013：138)。

ここでは、「社区治理」は新型の社区管理モデルとして位置付けられている。そして、その新しさは何より次の点に求められる。すなわち、「党の領導の下で、社区自治組織や、社区社会組織が共同で社区管理と社区公共サービスに参与し、政府は社会領域における各種の事務の直接な管理者から、社区における各種組織を導き、これらの組織間の協調や組織の監督をする、というマクロな調整しコントロールする者（「調控者」）に変わり、社会化した社区管理体制を形成させる」(同上：140)。ここでは、党の領導は不動の前提として強調されているが、社区における「社区管理」と「社区公共サービス」の事務は、従来のように政府が全部抱え込むのをやめ、社会化する。それに伴い、政府も従来の「管理者」から「調控者」になるのである。

実際、当該教材の中で、新型の社区治理を確立するには、「党の領導メカニズム」が強調されている一方、政府の過剰介入を防ぐための「工作准入メカニズム」の構築も唱えられている。「工作准入」とは、政府部門が社区居民委員会への仕事依頼が正式な手続きを踏まえ審査部門批准を経た後に初めて許可されるということである。実際、民政部が 2015 年に、社区の居民委員会の負担軽減を旨とする通知を出した。そのなかで、明確に「社区工作准入制度」の実施という指示が出されている[136]。

一方で、党、居民委員会、そして、社区の中の各種の社会組織などの活動主体による「多元的治理メカニズム」と、社区居民会議をはじめ、社区議事協商会議や社区事務公聴会などの制度を充実させるための「健全な居民自治メカニズム」との構築も唱えられている。

このように、「社区治理」には、党による領導は不動の前提という点では変わらないが、国家の「管理者」から「調控者」への役の転換をはじめ、「治理」の主体の多元化、合議形式、住民参加などが強調されていることが読み取れる。

しかし、理論上、以上の点が認識されていても、現実において、社区に対する過剰介入の問題は容易に解消されない。その原因はおよそ次の二点とかかわっている。まず国家はやはり社会と政権との安定維持という課題を優先的に考えなければならず、基層社会において手を緩められないのである。基層社会において統治に空白が生じた場合に、法輪功が民間で広がったことを許したという教訓があり、また、格差が大きな社会問題になっている今、基層社会における権利維持のための抗議活動の多発が、それらは矛先が必ずしも政府に向けられたものでないにしても、社会的不安の要因になっている。これらはいずれも国家にとって警戒しなければならないことである。

だが、国家はここで一つの自己矛盾を抱えることになった。それはすなわち、国家は基層の社区における安定の維持を何よりも居民委員会に頼っているが、一方で居民委員会に過大な行政的業務を負わせて、その本来の自治の機能を弱めさせている。結局、自治の役割を十分に果たせない居民委員会は住民の信頼を得られず、このことは間接的に基層社会における安定維持を妨げる要因の一つになっている、ということである。

（2）　官僚体制の問題

社区に対する国家の過剰介入の第二のより直截な原因は、官僚体制が抱えている問題性にあるといってよい。基層社会における新しい体制が単位時代に戻ることはもはやありえないにもかかわらず、行政部門はまだ従来の単位体制の時の思考様式と統治形態から脱却することができずにいる。これは行政が社区の事務に対する過剰な介入をもたらす結果になった。従来の単位体制の中で、行政部門が各単位の中における対応部署に国家の政策や、任務を下達し、各単位に実行させていた。それは単位が統治の機能を担っていた所以でもあった。しかし、単位に代わって社区が登場した後も、行政部門が往々にしてまだ従来のやり方を踏襲して、従来の単位の代わりに、街道辦事処を通して社区居民委員会に行政事務を下達した。しかし、居民委員会は法的にあくまでも自治組織であり、単位のような統治を担いうる組織ではな

い。このようないびつな構造は「社区建設」が抱えている最大問題と言ってもよい。

　こうして、国家は居民委員会に「社区自治」で核心的な役割を果たすことを期待しているが、しかし、居民委員会は大部分の精力を行政の業務をこなすことに注がなければならない。そして、各方面の結節点に位置する居民委員会が社区の中で十分にその調整や調停の機能と、つながりの形成などの役割を果たせなければ、社区の不安要素が膨らむ恐れも大きくなる。このことは国家の本意とは逆方向だと言わざるをえない。

　このような問題点は実は国家も意識していると言ってもよい。例えば、北京石景山区で行われた改革はそのような意識に基づいてなされたものだったといってよい。2003年に、魯谷地区に新たに街道辦事処を設けるのを機に、従来の街道辦事処の代わりに「魯谷社区行政事務管理センター」（以下「管理中心」と略す）を設立して、政権末端行政機構である街道辦事処に対する改革を行った。この場合の「社区」は一般意義上の社区ではなく、街道辦事処と同じレベルでの「社区」であり、街道辦事処や一般意義上の社区と区別するために、「大社区」と呼ばれていた。改革は、「小政府、大社会、高効率、大服務（サービス）」をモットーにして、「管理中心」の自治機能を強化する一方、行政機構の削減を行った。具体的には、行政管理の職能を政府に戻し、社会に返すべき社会的職能を社会に担わせ、両者を明確に分けることが図られた。実際、本来「管理中心」が処理する権限をもたない業務や、経費や人員が配備されていない業務は「管理中心」から関連の政府部門や社会組織に移され、街道辦事処に相当する管理中心の機構のスリム化が行われた。隣の八宝山街道辦事処と比べて、魯谷は11もの機構を削減し、削減率は73％に達した。公務員の編成も、北京市同類の街道の平均90名と比べて39名に抑え、削減率は57％に達した[137]。

　この改革は、既得権益層の利益を脅かし従来の官僚体制に改革を迫るものであり、行政管理の古い体質の変化を促すものであったことは想像に難くない。しかし、その後、改革を進めた区長の転任ということもあり、改革の推

進力が一気に勢いを失い、「復旧」作業が行われたことになった。魯谷を2015年に訪れたときは、「大社区」の名称が消え、スタッフたちはみな「魯谷街道」と呼ぶようになっていた。

　ただ、改革の行き詰まりは保守的勢力による抵抗だけに帰することができない。魯谷の管理中心は管理体制のスリム化を達成できたが、「上」からの仕事が減ったわけではなかった。結局、それらをこなすために、管理中心の公務員が一人でいくつもの職を兼任し、過重の仕事を担わなければならなくなっただけでなく、人員不足分は公務員でない事業人員（「事業編制」）を増やすことによってカバーせざるをえなかった。これでは、結局、他の街道とあまり変わらなくなった。さらに、魯谷社区から各政府部門に転出した業務は、やがて直接に社区に押し付けられるようになった場合すらあった（陳2007）。

　このように、「下」の改革は最終的に「上」の改革をも要請するものとなったことを意味する。「上」が社区改革に合わせて変革しなければ、改革はやがて頓挫してしまう。社区改革は、官僚体制改革、行政改革と連動して行わなければ、その成果は期待することはできない。魯谷の改革は現存の官僚行政体制の問題点を露呈した典型的な事例の一つである。基層社会に活力をつけるためには、行政機関はまず行政業務を過剰に社区に押し付けることをやめなければならない。そのことは官僚体制の改革を要請することでもある。国家の社区建設に対する本気度が問われているのである。

（3）「市民の無気力」

　「社区建設」の中で抱える課題で第三に挙げなければならないのは、社会のほうに存する「市民の無気力」という課題である。ここでの無気力とは、一人ひとりの民、百姓の無気力を意味しない。民の「生」への追求はむしろ活力に満ちていると言える。問題はこの巨大なエネルギーが個人や、各々の小集団の「私」に向かいがちで、共同性は閉鎖的で限られた範囲のなかの「公」しか形成できず、公共の公への形成力がまだあまりにも弱いと言わざ

るをえないことにある。基層社会全体における公共の「公」の形成はまだ道のりが長い。

　これまでも触れたように、第1に、単位体制の時代に、人々は国家から自律する空間をもつことができず、高度に「公家」に依存していた。社区建設が進められている現在でも、多くの人々がいまだに「公家」に対する依存心から十分に脱却していない。人々に困ったことや不満があれば、ややもすれば、まず政府に頼ったり、または逆に、ぶつけたりする現象はそのことの表れのひとつだといえる。第2に、住宅の分譲化と社区の建設過程で単位体制下にあった人々の間の「共同」「共有」感覚が失われ、社区における「共同」なるものの感覚がまだ育っていないことである。人々の権利意識が単位体制時代と比べて大きく高まっているなかで、共同感覚がまだ育っていないが故に、一部の人々の自己主張は往々にして住民エゴとして、しかも、それらはときおりゆがんだ形で表現されている。したがって、社区における公共性の形成はまだ道のりが長いと言わざるをえない。さらに、第3に、このような課題の難しさをさらに増しているのは、「大衆社会」の顕在化という問題である。都市化が進み、ポスト単位体制の中で、中国の都市社会が初めて「アトム」化した個人からなる「大衆社会」の問題に直面する。行政的に区分された社区の中で、ばらばらになっている人々がまだ社区に自己をアイデンティファイすることができず、真のコミュニティがまだ形成されていないのである。

　以上の社区における課題を踏まえて、バラバラになりがちの住民の間でつながりを形成し、「共同、公共の公」に発展させていくには、居民委員会がカギを握る存在である。しかし、居民委員会が社区においてただ国家の手先としての役を演じるだけであれば、もはや住民たちの信頼を受ける存在になりえず、また、その結果、自治が存在しない社区もただ一つの統治のためのユニットにすぎなくなる。しかし、「大きい国家」によって統治された歴史と無気力でバラバラになっている民という現状に別れを告げようとしたのが国家の本来の目的であったならば、人々が自分たちの生を自分たちで営むと

いう活力のある「守望相助」の社会を形成させるために、居民委員会を行政の手からもっと自由にしてその本来の自治機能を発揮させ、さらにこれに協力しこれと協働することこそが、国家にとって、もっとも合理的な選択となるはずである。

　これから詳述するように、居民委員会は、国家と住民とをつなぐ存在として、また社区の住民の間や、住民とその他の諸々のアクターの間をつなぐ存在として、重要な結節点である。そして、社区における各種の活動の組織者や推進者でもある。したがって、社区におけるつながりの形成と、「共同、公共の公」の創出の可能性を考察するには、居民委員会は欠かせない重要な存在である。同時に、基層社会における「オオヤケの公」と「共同、公共の公」の形成との関係を考える場合も、「半国家・半社会」的な存在としての居民委員会はもっとも興味深い考察対象である。居民委員会に対する考察は国家と社会との曖昧な関係の実態を解くカギとなるからである。

　そして、基層社会における「公」の形成と、公の形成過程における国家と社会との間の関係の特質を明らかにするために、次章ではまず、一旦、歴史に遡って、国家と社会との「曖昧」な関係の実態とその性格について確認したい。その後、さらにその延長で現代の中国基層社会と居民委員会をとらえることにしたい。

〈注〉

122　例えば、筆者が調査した北京石景山区の魯谷社区では、21の居民委員会のうち、5つは「家属委員会」から衣替えしたものである。そのことは「単位」社会の衰退を象徴しているものである。

123　「居民委員会」は形式上自治組織だが、実際、実権をもたないが、政権末端の派出機構としての役割を実質的に果しているのが一般的だった。

124　実際、国有単位における就業者数は、1992年の10889万から2005年の6488万に激減した（21世紀中国総研2006：353を参照）。そして、レイ・オフされた国有企業の従業員数は、たとえば、1999年だけで、9371765人に上っている（『中国労働統計年鑑』2002：413）を参照。

125 「上山下郷」とは、文革時代に、都市の高卒した若者が農村に行かされて農業、牧畜業などの生産労働に携わることであり、1968 年に、毛沢東による「知識青年が農村へ行き、貧農下層農民中農から再教育を受けることは大いに必要だ」との指示により、翌年に空前の規模の「上山下郷運動」が始まった。1978 年までの 10 年間に延べ 1623 万人の若者が農山村に定住した。文革終結後、運動に終止符が打たれた。農山村で厳しい生活を強いられていた都市出身の若者たちが大挙都市に戻ることになった（天児他編 1999：522-523）。

126 1999 年総書記江沢民は 2 回にわたって上海など各地の社区の党の建設状況を視察したことは、国家にとっての社区建設の重要さを物語っている。華偉 2000：98 を参照されたい。

127 1932 年、都市社会学者で、シカゴ学派の代表的学者の一人であるロバート・E・パーク（Robert Ezra Park）が中国を訪問し、当時の燕京大学の社会学部で講義を行った。それまで、「社会」という言葉しかなかったなかで、パークが紹介した、society と区別された community を翻訳するときに、従来の「社会」という訳語ではもはや対応できなくなったなかで、当時の燕京大学の学生であった費孝通たちが「社区」を考案した。費 2000：13 を参照されたい。

128 伝統的保甲制は清末の政治改革のなかで廃止されたが、30 年代以降、国民政府によって復活された。保甲は郷鎮以下の行政区分である。なお、民国期の保甲制度について、冉・李 2005 の研究を参照されたい。

129 公共性と共同性に関しては、田中 2010 の中で詳しく検討されている。

130 国務院「関於進一歩深化城鎮住房制度改革加快住房建設的通知」（1998）中国網 http://www.china.com.cn/law/flfg/txt/2006-08/08/content_7058347.htm（アクセス日：2018 年 3 月 23 日）を参照。

131 「業主」とは、不動産の持ち主のことである。「業主委員会」は日本の集合住宅管理組合に相当する組織であり、居民委員会の指導下で作られることが定められている。

132 2012 年 10 月 26 日に実施した瀋陽市瀋河区 K 社区に対する調査の時のデータである。

133 住民の「維権」について、例えば、呉茂松 2014：第 2 章、を参照されたい。

134 2012 年 10 月 26 日に実施した瀋陽市瀋河区 K 社区に対する調査の時のデータである。

135 2013 年 11 月に開催された中国共産党第 18 期中央委員会第 3 回全体会議の決議「中共中央関於全面深化改革若干重大問題的決定」新華社北京 2013 年 11 月

15 日、新華網 http://news.xinhuanet.com/2013-11/15/c_118164235.htm、を参照されたい（アクセス日：2018 年 3 月 23 日）。

136　民政部基層政権和社区建設司「民政部、中央組織部関于進一歩開展社区減負工作的通知」2015 年 7 月 24 日。中華人民共和国民政部ホームページより：http://www.mca.gov.cn/article/yw/jczqhsqjs/fgwj/201507/20150700856958.shtml（アクセス日：2018 年 3 月 23 日）。

137　北京石景山区魯谷社区党工委、魯谷社区行政事務管理中心編（2004）『魯谷社区管理体制創新的理論與実践』、78-79 頁。

第 8 章　中国における「公」の伝統：
　　　　井田、郷約、社倉、善会・善堂

この章では、歴史に遡って、中国における「自治」の思想と実践、およびその性格を明らかにして、もって現代中国社会を考える基礎としたい。

一　伝統中国の「公・私」の世界

1　官・紳・民関係に見るアンビバレンス

　伝統中国[138]の「国家・第三領域・社会」にそれぞれ対応するアクターは、「官、紳、民」＝「君・官僚、郷紳[139]、百姓」である。試みにこの三つのアクターと「公・私」の組み合わせで、曖昧性の一端を示してみた。以下の表を参照されたい。

表8-1　三つのアクターの両面性がつくる曖昧な国家社会関係：

公私　アクター	公	アクターを中心に見る相互の関係	私 正	私 負
官（君を含む）	内聖外王 公天下 保民、愛民	官→紳	特権を与える	不正、百姓搾取を牽制
		紳→官	郷村での代理人	安定を壊す存在
		官→百姓	郷紳の搾取から保護	厳しい統制
		百姓→官	王朝安定の前提	王朝の脅威
郷紳	修斉治平 全体大用	紳→官	忠誠心、支える	欺く、不正を働く
		官→紳	特権、地位を保障	警戒、取り締まる
		紳→百姓	リーダー、組織者	搾取、抑圧する
		百姓→紳	官に抵抗する資源	特権の侵害、略奪
百姓	守望相助 恒産、恒心	百姓→官	服従	面従腹背、造反
		官→百姓	「父母官」	暴政、弾圧
		百姓→紳	指導を受ける	反発、略奪
		紳→百姓	利益の代弁者	土豪、劣紳

（出所：蕭2014、清水1951などの研究を参照して、筆者が作成した。）

　まず、「公」の部分について、「天下為公」、「天下は天下の天下」などの儒教的観念によって体現される「公天下」が「公」の部分に理論的な根拠を与えている。君主は「内聖外王」に基づいて王道の政治を行い、官僚知識人は「修身・斉家・治国・平天下」の道徳を実践する。「民貴君軽」の理念が守ら

れた中で、君・官と民とは「上下相交わり」、通・泰という調和的な理想状態を実現する。一方、「恒産」をもつ百姓たちは「恒心」を持ち、見守り合い助け合う安定した社会の中で生を営む。つまり、「公」が実現されることは天下泰平、理想的な王道政治だということである。2千年以上にわたって支配的イデオロギーとして中国を支配した儒教は、諸アクターが各々の私に囚われて、政治的緊張を高めるという「私」の世界を避けるべく、「公」・「公天下」への追求を通して、安定し調和のとれた良い政治を実現しようとしたのである。

しかし、「公」に関する言説はあくまでも理想態に関する描述であり、イデオロギーとして、諸アクター間の対立を覆い隠す役割も果たしている。相対的にバランスが取れている時は、アクターの間に潜在的に存在している対立の側面が表面化せずに済むが、ひとたび天災または政治の劣化や失敗が起これば、アクター間の対立が噴出して先鋭化することになる。

このような場合、各アクターをそれぞれ一つの利益集団として考え、言わば、各々の利益＝「私」を追求するアクターとしてとらえると、他のアクターが自分たちの利害にとって、つねに両義的な存在であり、三つの集団の間の関係の複雑さや曖昧さがより明瞭となる。

すなわち、まず、支配層の官は郷紳層に対して、兵役の免除などの特権を与える一方、彼らを保甲制に組み込みながらも、保甲組織の指導者層からは排除しこれをけん制する。郷村において決定的な影響力をもつ郷紳層は、統治者にとって、郷村秩序を維持するための重要な存在である（蕭 2014：317）一方、脅威にもなりうるからである（同上：84-85）。一方の百姓に対して、官は県以下に行政機関を設けず、放任的な「無為」の治を行い、統治のコストを最小限に抑える一方、民間に始まった自治組織である郷約などを取り込み、郷紳層の力を借りながら、支配者から発した順治帝の「六諭」や「康熙聖諭」、「聖諭広訓」などを地域社会に浸透させて教化力を強める。百姓の反乱は王朝を揺るがすもっとも大きな力だったため、百姓を懐柔し郷村社会の安定を守るのは支配者の最重要課題であった。

次に、郷紳層を中心に見れば、郷紳は科挙の訓練を受けており、郷村社会で特殊な地位を占めていた。彼らは郷村社会のリーダーであり組織者である。儒教的道徳の習得者であり特権をもつ郷紳たちは元官僚の一員か、または官僚の予備軍として、社会的安定を望み、基本的には支配者に協力的であった。彼らは自分たちの特権を維持するために官に忠誠を尽くす。しかし、郷紳は自分たちの特権を維持し利益を追求するという同じ理由から、官を欺き郷村の百姓を圧迫して搾取する。郷村社会において彼らは「土豪」や「劣紳」にもなりうる。官からすれば、それは郷村秩序を攪乱する要素にほかならなかったのである。このように、郷紳は政府の代理人として郷村社会の安定を維持し、百姓を組織するリーダーとして重要な存在感を発揮する一方、自己の私利を追求するために、百姓側に立ち地方の利益を主張して政府に働きかけ、あるいは、逆に特権を追求して百姓を圧迫搾取する存在にもなる。いわば、郷紳は支配層にとっても、百姓にとっても両義的な存在であった。

最後に、百姓の立場からすれば、自分たちが生きていくには、政治権力は「父母官」として、郷村における不公正——多くの場合、劣紳による抑圧だった——から自分たちを守る存在であるが、逆に、それは自分たちを抑圧する力のもっとも重要な源でもあった。一方の郷紳層は自分たちを代表して政府と駆け引きする存在である一方、逆に、自分たちをもっとも直接に抑圧する存在でもあった。

このように、三つのアクターのそれぞれにとって、他の二つのアクターはつねにアンビバレントな存在であった。あえて単純化していえば、近年の研究は表8-1おける「私」の「正」の側面を視野に入れて、官・紳・民三者が緊張を保ちつつも相互依存しており、地域社会における「自治」の側面を重視する傾向にあり、逆に、戦後の研究は「私」の「負」の部分に注目しており、階級的対立・闘争関係という側面を重んじる傾向にあったといってよい。

このなかで、国家と社会とを繋ぎ、国家と社会の両方の性格をもち、「半国家・半社会」としての郷紳層が介在したことによって、国家と社会との間

の対峙と協働がより複雑で曖昧な性格をもつこととなった。

　例えば、大谷敏夫が明らかにした清末の「郷董」の存在はそのことを象徴している。大谷によれば、清朝はその小農経営を主体とする国家構造を維持するために、小農民育成策をとったとともに、郷紳層を郷村の指導者として期待した。国家が徴税権を郷紳層に委任しその利益を保障した一方、それを国家機構の枠内に繰り入れた。清末に、水利をはじめとした公共事業は主として官の監督下に置き民間で行う（「官督民辦」）という方式がとられた。それは国家が郷紳を水利事業運営の責任者「郷董」に任命し、官の監督下で、有田者が役を免れる代わりに拠金し、無田者はその役を代行するというやり方であった。「郷董」はここでは、「民辦」事業の責任者であったと同時に、官によって任命された官職の一種でもあった（大谷1991：第2部第1章）。

　このような、官・紳・民三者間が対立した契機を孕みながら、他の二者と相互牽制・相互依存の関係にあったという性格をめぐって、溝口雄三は官による地方行政事業と、民による民間を主体とした公益事業とが明確の境界線をもたずに入り交じっていた特徴に注目して、「郷治」の概念を提起している。溝口によれば、「中国では『官治』と『民治』はさらに郷紳層の『紳治』を加えて錯綜し、あるいは互いに補完し合い、依存し合いあるいは相反発し合いながら、官・紳・民合同で『自治』を形成していた、というのが実態であった」（溝口2011b：48）。溝口からすれば、このような「官、紳、民」の結合の実態こそが、近代的な意味での「地方自治」と異なった性格をもつ中国の「郷里空間」における「郷治」の特質であった。

2　「オオヤケの公」の二つの「顔」

　本書は、官・紳・民の間の緊張と相互依存の「郷里空間」論によって啓発されたところが大きい。ただし、溝口の見解に全体として賛同しつつも、次の点において、やや違和感を覚える。それはすなわち、溝口は、康熙帝による「聖諭」と雍正帝によるその口語解である「聖諭広訓」とを郷村のなかで

「宣講」した事実をもって、皇帝は逆説的な「自治」推進者である（溝口 2011b：195）という見解を示したことである。
　まず、溝口は、このような皇帝による民間道徳の流布への尽力は、「皇帝の道徳名目による巧妙な支配とかと評することもでき」ると認めた一方、別の研究においては、それは、「主観的には皇帝を頂点とした道徳国家共同体の維持活動ともみなされうる」（溝口・池田・小島 2007：168-169）と語り、後者の側面を強調したように読み取れる。このような見解は前掲の表8-1でいえば、溝口は、官・紳・民三者の「公」の部分に注目した一方、逆に、「私」の部分を十分に重視していないように思われる。官・紳・民の関係は、「公」の側面から語るだけではなく、それぞれの「私」の側面にはもっと注目すべきだと思われる。
　民や郷紳にとって、郷村は自分たちが生を営む場であった。地域の安定と発展は自分たちの利益につながるため、両者は社会的地位が異なり、利益も衝突する時があるが、地域社会の安定と発展はともに望むところだった。それに対して、官にとって、政権の安定は最優先課題であり、したがって、地域社会をいかに有効にコントロールするかはもっとも重要な課題であった。そのような視点からすれば、地域に自律的な力がつくことは、官にとって、決して望ましいことではなく、むしろ警戒すべき事態であった。満洲族が支配者であった清朝の場合はなおさらであった。溝口自身も語っているように、雍正帝が恐れていたのは漢人の地方勢力割拠であった（溝口 2011b：61）。その意味では、郷約組織で民に対して一方的に「聖諭広訓」の「宣講」を義務付けたことは、「ソフト」な統治方法だったに違いないが、本質的にはやはり官製秩序と変わらないものだった。後述のように、官製的な性格は地域社会の自律性を推進する要因として考えるのはやはり無理があるように思われる[140]。清代の「上」からの「宣講」による秩序の維持手段は、たしかに郷村秩序の安定をもたらしたことに貢献したかもしれなかった（その意味では「巧妙」な手法であった）が、民間自生の郷約組織が政治的秩序の一環として取り込まれたことによって、本来「下」による自己教化が「上」か

らの教化に変わり、その実施過程で郷約組織における自律的な教化活動も形骸化を避けられなかった。

　もしそうだとすると、清朝の歴史を一つの地域社会（「省の力」）の自律過程＝「郷治」の発展と成熟過程としてとらえることはやはり少し修正を加えることを要するのであろう。筆者は斯波義信の次の指摘がより妥当だと感じる。すなわち、善会・善堂などの公益事業が19世紀半ばに目立ってきたのは、「清朝政府の威信が衰え、財政の不足で空白になってきた都市公益の隙間を民間団体が埋めた」ことと、「長期的に見れば、交易に関して政府の守備範囲が時を追って縮まり、その分だけ民間から補完する力が伸びていた」（斯波 2002：149）ことによるものだった。

　つまり、「省の力」を基礎づける社会の自律的な「公」の成長は、ほかならぬ「国家」の後退を背景にしていたのである。たしかに、国家権力をもっぱら抑圧の要素として考えるのは問題があり、そこに「郷治」・「郷里空間」の概念を提起した意義がある。そして、清朝を通じて、「郷治」は一つの成熟過程として考えるのも首肯できる。そのなかで、国家はこの「郷治」の一端をも担っていた。しかし、ほかならぬ国家は、その統治の本質により、同時にこの成熟過程の最大の障碍でもあった。「郷里空間」における官・紳・民間の曖昧な関係の中で、「上」からの介入が強ければ強いほど「郷治」の空間が圧迫されるのである。

　この点について、ピエール・エティエンヌ・ヴィル（魏丕信）の研究（魏：2006）[141] は参考になる。ヴィルは18世紀の清朝政府の飢饉対応政策（「荒政」）に対する考察から、清朝政府は中国の歴史上稀に見る組織と監督能力、および突出した物資に対するコントロール力をもって、国家の管理による「荒政」に効率的に取り組んできたことを明らかにした。ヴィルは、まず、16世紀半ばごろから、地主と小作人との間の関係が従来の人身的隷属関係から次第に純粋な契約、経済関係に変化したことにより、災害時に地主が小作人を救済しなくなった、という事実に注目した。そのような背景の中で、ヴィルによれば、17世紀まで飢饉時に自分たちの小作人を救済する主役で

あった大地主にとって代わって、18世紀半ばに、清朝政府が飢饉への対応のなかで決定的な役割を果たした。このことは、一方では、ヴィルが指摘しているように、国家による「公」を体現しており、例えば、救済用の穀物や官立の常平倉の備蓄穀物を省を超えて調達することを可能にして、国家の効率性を現すものだった。しかし他方では、このような「大きい国家」による飢饉対応と、同時代の郷約組織を通して郷村で教化を強化する政策とが、ともに民衆を直接にコントロールするための措置の一環でもあり、それらは地域社会の自律性の発達の障害となった。やがて、19世紀に入ったあと、人口の増加や、官僚に対する統制がおろそかにされたことなどにより、「荒政」制度の実施が次第に衰退していき、そんな中で地方郷紳の役割がふたたび期待されるようになった。このように、郷紳層の成長による「郷治」の発展・成熟は、いわば、政府によるコントロール能力の弱化を背景にしたものである。その意味では、清末における各種の自律的な「公」=「自治」組織、活動が活況を呈したことは、「上」からのコントロール力が弱まり、社会に対してより「放任」になったことの裏返しでもあった。

　さらに、清末の「公」の成長を以上のように通時的にとらえるのみならず、同時に、「ウェスタン・インパクト」という共時的な外因による作用をも視野に入れなければならない（宇野1994：7)[142]。清末の数多くの海外留学経験者や、新式教育を受けた人々が大量に帰郷して地域社会で活躍した。彼らは地域社会の郷紳層の構成に変化をもたらし郷紳層のなかに近代的な意識や思考を注入した。したがって、「郷里空間」において、清末に地域社会の「公」と「自治」とが大きな発展を遂げることができたのは、ウェスタン・インパクトという外因と、王朝体制の弱体化による地域社会に対するコントロールの弱化、放任という内因とによるものだったといってよい。

　上述したような官・紳・民三者の間の緊張と相互依存の曖昧な関係が基層社会において、実際に様々な取り組みを重ねていた。以下、先行研究に拠りながら、「井田」、「郷約」、「社倉」、そして「善会・善堂」などの事例を通して、様々な「公」の思想と実践から官・紳・民の関係を考察することにした

い。この官・紳・民関係が曖昧な「郷里空間」は、官を代表する「オオヤケの公」と、地方公益事業などに代表される「共同、公共の公」との間の協働と緊張・対立の場でもあった。

二 「公」の実践と二つの「公」の間の消長

1 公の思想：井田の理想

「民貴君軽」の民本主義を唱えた孟子は、「恒産ある者は恒心あり。恒産なき者は恒心なし」（『孟子・滕文公上』、以下同）と述べて、民の「恒産」を重視した。そして、孟子における「恒産」は地域社会における「公」につながるものだった。

孟子における「恒産」は、言うまでもないことだが、なによりも田畑を意味していた。そして、「死するも徙るも郷を出ずるなく、郷田井を同じくし、出入相友とし、守望相助け、疾病相扶くれば、則ち百姓親睦せん」という状態は孟子の理想像であった。このような助け合いの地域社会の理想像は孟子のなかにおいて「井田」によって象徴的に語られていた。

孟子は「井田」について次のように描いている。「方里にして井、井は九百畝、其の中を公田となす。八家皆百畝を私し、同じく公田を養う。公事畢りて然る後敢て私事を治む。野人を別つ所以なり」。「公田」はすでに『詩経』のなかで「我が公田に雨ふり、遂に我が私〔田〕に及べ」と述べられていたものだが、孟子においては、明確に井田の制度として語られた。このような「私」よりもさきに「公」の領域で協力し合うことを優先させることは、孟子にしてみれば、野蛮人と区別された文明な行為であった。

このように、井田制に代表される「公」の思想においては、土着化した民が、それぞれ「恒産」をもち「守望相助」という相互扶助の地域社会を形成していた。井田は地域社会の公共を象徴する思想であった。

井田制は一種のユートピアであり、実際に存在しなかったものだと多くの研究者によって指摘されているが、井田そのものが実際に制度として存在し

ていたか否かという問題よりも、ここで重要なのは、井田の思想に代表される「公」の思想の存在であった。そして、このような理想を背景に、歴代の知識人は地域社会で「公」をめぐる多様な実践を行った。それらの実践のなかで、国家権力を代表する「オオヤケの公」と、共同、公共である「公」とが相互に消長していた。その実態は、「第三領域」が存在していたが故に、国家・社会の二元論だけではとらえきれない曖昧なものであった。また、そのことは、郷村におけるリーダーであり、「郷村組織の礎石」（蕭 2014：372）であった郷紳が身分的にも地位的にも「半国家・半社会」的な存在であったこととは、けっして無関係ではなかった。

2 郷約

　郷約とは、郷里の公約という意味であり、それはそもそも郷村社会が自発的に始めた教化を主要目的とした民間組織であった。1076年に陝西省の藍田地域に理学者張載の弟子だった呂大均およびその兄弟によって発起された「呂氏郷約」がその始まりだったとされている。郷約は「徳業相勧」、「過失相規」、「礼俗相交」、「患難相恤」という準則を立てて遵守を約束し合ったものだった。約の組織は徳が高く人望がある人を推挙してこれをリーダーの「約正」にして、儀礼や賞罰などを主導する任に当たらせる。約は当直を設けて毎月会議を開く。構成員は食事を共にしながら約内の善行悪行を公にし、これを記録して、もって相互に勉励し、または戒める。

　郷村の郷人を教化する目的で地域の有徳者を「郷官」として任ずるのは、顧炎武でも言及したように、漢代に始まったことである。郷の「三老」がそれである。しかし、郷約がこれと本質的に異なっているのは、約は、郷紳層の知識人が一般の百姓を組織して創ったもので、「官」とは関係がなかった郷村自治団体であった、という点である。したがって、この場合の教化も官による「上」からの教化ではなく、自己教化であった。それは郷約が「未曽有のことで初めての民約」（楊 2015：83）と呼ばれている所以でもある。

　楊開道は郷約の画期性を四つの特色にまとめた。すなわち、①約は、県で

はなく郷村の自然単位である郷を単位とすること、②官ではなく、人民による公約であること、③強制的で全員参加ではなく、自由参加であること、④人民による初めての成文法則であること、である。

　「呂氏郷約」が当時の社会でどこまで広まりを見せたかは必ずしも明らかではないが、それが南宋時代に朱子によって再「発見」され、朱子の増補を通して『朱子増損呂氏郷約』として世に広く知れ渡るようになり、後世の郷約の範となった。郷約が盛んになったのは明代の中期以降であった。明の初期に、太祖が「孝順父母、尊敬長上、和睦郷里、教訓子孫、各安生理、毋作非為」を内容とする「六諭」を発布したことをはじめ、里制を実施して「里老人」を設置し「教民榜文」を制定するなど、基層社会に対する教化体制を整備したが、このような「上」からの制度的整備はやがて空洞化し機能しなくなっていった。そうしたなかで、郷約が再び脚光を浴びるようになった。それは呂氏郷約に依拠したものに始まったが、やがて、王陽明が江西省で実施した「南贛郷約」（1518年）を範としたものに発展した（清水1951：359）。王陽明の郷約は、太祖の「六諭」を約文とし呂氏郷約の組織を採用して、言わば両者を結合したものであった。これにより、太祖による「六諭」が正式に郷約のなかに取り入れられるようになった（楊2015：18）。

　南贛郷約は、呂氏郷約がもっぱら民間による自由参加の自発的な組織だったのに対して、官の督促による組織であり、郷全員の加入を要求するものだった。約文における教化の内容は基本的に違わなかったが、南贛郷約は教化内容が6条からなる「太祖聖諭」を基準にし、教化も官の督促下の相互教化いう形をとっており、その意味では郷約の精神は呂氏郷約と異なっていた。しかしその一方で、王陽明のように官の主導と督促により、このような相互教化のシステムが強制力と効力をもち、より高い組織性と拘束力をもつシステムとして機能することができた。農民による自発的な自己組織性が低かった状況下で、官の督促による推進はその意味では意義をもつものだった（楊2015：111）。

　その後、「南贛郷約」を範とした郷約は国によって推進され広められた。

一 伝統中国の「公・私」の世界　291

その過程で、構成員一同が会して相互教化するという従来の形式が、やがて、太祖の「六諭」の講読を儀礼の中心とする上意下達の「六諭郷約」（清水1951：360）に変わっていった。自治に始まった郷約は次第に「オオヤケ」の色を強めた。このような傾向は清代にさらに強化されるようになった。康熙帝による16カ条の「康熙聖諭」（1688年）と雍正帝による「聖諭広訓」（1724年）とを講読するという、国家が主導し推進する「郷約宣講体系」（蕭2014：217）が出来上がった。

県以下に行政組織が存在しなかった地域社会に対して、清朝政府は郷約組織を借りて道徳教化というソフトな手段を通してコントロールしようとした。そのような目的から出発して、蕭公権が指摘しているように、王朝にとって、農民たちが温和で害のない存在であることは重要であり、受け身で政治に関心をもたない大衆は権力者の望むことだった（同上：301-302）。したがって、政府が郷村社会に対する統制システムを維持するには、地域の住民に頼らなければならないが、同時に地方自治の出現をも警戒しなければならなかった。このような支配者の心理から、結局、呂氏郷約の精神は広まることが許されず、郷約はその当初の精神から離れて「官督」の形を経てやがて清朝政府の統治の一環として位置付けられるようになった。そして、まさにそれが故に、このような「上」からの教化は硬直したものにならざるをえなかった。郷村に対する統制の体制は真にその役割を発揮することができず、郷村に対する統制力も必ずしも完全に有効ではなかった（同上：301）。

自己組織力の弱い郷村における「公」の形成は、郷紳の指導力に頼るところが大きかったが、地域に密着する郷紳層だけでは、公をより広く広めるには限界をもっている。その点に限って言えば、王陽明の取り組みに見られるように、「オオヤケ」の官による督促は意義があった。しかし、郷約が統治の一環として政権に取り込まれて、「宣講」という形で「上」からの教化の性格が強まれば、郷約が本来もっていた自発性が「乗っ取られる」ようになり、制度自体も生命力を失うことになった。

3　社倉

　社倉とは自然災害に備えて穀物を蓄える制度であった。周の時代からすでにこのような穀物を蓄える制度があり、隋や唐の時代にも実施されていたとされている。しかし、後世に大きな影響を残したのは朱子によって創設された社倉の法であった[143]。

　宋の乾道四年（1168年）、建寧府（福建）に飢饉が発生し、盗賊が出てきた。建寧府開耀郷に家居していた朱子は郷里の郷紳とともに府当局に常平倉の官米を600石を請い受け、郷民に貸し出して救済を行い、人心を安定させた。その冬に収穫があったが、朱子はさらに常平倉への返納の猶予を求め、これを元米として郷に蓄えた。その後、朱子は郷里に社倉を創って、毎年旧米が尽きる春夏の移り目に、願い出る者に利息米2割という約束で貸出し、原則は冬に返納するが、小不作時は利息を半減、大不作時は全免する、という規則を定めた。この措置で、その後の14年間の間に、政府の常平倉に元米を返納したうえで、穀倉3間に米を3100石を貯蔵することができ、凶作による危機に対応することができるようになった。朱子はその後、これを元に規定の詳細を『社倉事目』にまとめて上奏し、孝宗の許しを得て、社倉の法を広めることになった（『全書』: 4601）[144]。

　実際、朱子の同時代に、常平倉や義倉という制度もあった。前者は政府が穀物の価格を安定させるために豊作の年に穀物を購入して貯蔵し、穀物価格を維持する、逆に凶作の年の場合は穀物を売り出して不足分を補うという制度であり、後者もやはり政府の主導によって設立され凶作の年に民を救済するための穀物貯蔵制度であった。

　しかし、朱子によれば、両者には大きな欠陥があった。その欠陥とは、まず、両者はいずれも州や県に設置されており、市井の「惰遊の輩」に恩恵が及ぶが、辺鄙な郷村の飢餓し瀕死する民のところには届かないこと、そして、貸出などに関する法規などは煩雑のため、官吏は責任を逃れるために貸し渋り、その結果、蓄えた穀物は腐敗し食用できなくなるという事態を招いたことである（『全書』: 3721）[145]。

一　伝統中国の「公・私」の世界　293

　ここでは、政府による荒政の一環としての常平倉・義倉制度について、設置の場所と管理者の面での欠陥が問われている。その欠陥の核心は、制度は民から離れていることだともいえる。朱子からすれば、救済制度はそれをもっとも必要とした救済対象の百姓にとって利用しやすいところでないと意味はないし、制度としても機能しなくなる。また、救済制度が管理、制限を重視していたことは、不正を防ぐことができる一方、官吏の事なかれ主義につながり、結局、制度の実施を妨げた、ということだっただろう。

　実際、朱子が社倉を創ったとき、以上の欠陥を強く意識したに違いない。彼は社倉の百姓にとっての利便性を重じることから社倉の立地について言及し（『全書』：3779-3780）[146]、また、郷紳身分だった朱子は自ら他の郷紳とともに社倉の管理に当たった。しかし、それは官を排除することを意味しない。規定では、穀物の斂散時に府に申して官僚を一人派遣させ出納の監視にあたらせる、ということになっていた。官による「上」からの主導というやり方では、やがて百姓離れになるが、しかし、官は権威性と規範性を賦与する不可欠な存在でもあったのである。このように、社倉は、郷が主体になって、郷紳が官と郷人の協力の下で推進していく、という形式がとられた。

　「公」の取り組みをめぐる地域社会におけるこのような官・紳・民間の関係は、さらに、朱子による王安石評価からその性格をうかがうことができる。

　朱子の社倉法はその発想からして、実は、北宋の王安石の青苗法と近似したところがある。宰相王安石は皇帝の支持の下で、1069年に「青苗法」などの一連の改革を推進した。それは従来の常平倉制度に対する改革でもあった。改革の狙いは貯蔵の穀物を元金に換算して2割の利息で農民に貸与して、民間の高利貸しを抑える一方、政府の財政収入を増やす、ということだった。しかし、改革は反対派の抵抗にあい、実施過程でも多くの問題が生じたため、結局挫折した。この王安石の改革を朱子は次のように評している。

　すなわち、青苗法の本意は良かったが、これを給するに金をもってして、

穀をもってせず、これを処するに県をもってして、郷をもってせず、職員に官吏をもってして、郷人・士君子をもってせず、取り立て、急ぐの意をもってして、民衆に同情し、まじめにこれに従ってやっていく心をもってせず、などの欠陥を抱えており、結局、それは一邑で行えても、天下に行えなかった、ということであった（『全書』：3777）[147]。

ここでは、王安石による「上」からの改革の性格により、改革の本意が達成できなかったことが指摘されている。王安石と比較して、朱子の社倉法は明確に民の立場に寄り添う形で、郷人・士君子による主導を強調した。しかし一方、朱子は同時に官の必要性をも認識している。朱子は、社倉運営の主体は民間であるため、社倉の穀物の出し入れ出納や運営に詐欺などの不正を防ぐために、「忠信明察」の人を得ることが重要だと考えている（『全書』：3809）[148]。同時に、彼自身が社倉を作った際に、あえて官による監督制度を導入して、「オオヤケ」の権威性をもって不正を防止し、制度をより信頼に値するものにしようとしたのである。

この時の朱子は郷紳層の一員として、官と民との間に奔走した。朱子は郷を主体にして、「オオヤケの公」の力を借りながら、郷人らとともに「下」から社倉を創り上げ運営した。それは官製の「荒政」ではなく、百姓自身に沿った救済措置と制度として有効に機能していた。飢饉から百姓を救済し不安の情勢を安定させるためのこのような取り組みは、結果的に官にとっても都合はよかった。これは「郷里空間」の地域社会における官、紳、民の関係の実態の一端といってよい。

しかし、社倉は孝宗皇帝に認められて、広く施行するようとの詔勅が出されても、結果的に、あまり広まらなかったようだった。朱子自身が嘆いていたように、社倉を創設して以来30年近く経っても、数県にしか広めることができなかった（同上：3808）。王安石の「青苗法」改革のように「上」から推し進める政策でなければ、詔勅があってもその影響が限定的であったようであった。朱子が指摘しているように、官吏は怠惰でそれを実行に移さなかったのである（同上：3815）[149]。

このことと関連して、第4章で論じたように朱子が郡県制を評して、「一、二年経つたびに入れ替わりたとえ賢者がいても善政を行うことができない」、また、「截然と制度が替わり、行ったり来たりして、長期的な見通しがなく、堅固な制度としてこれに恃むことはできない」（朱：1986：2679）と指摘し、逆に封建制を評価したのは、彼の社倉の取り組みで実感したことと無関係ではなかっただろう。このように、国家の「無為」と郡県制下の官僚制がもたらした官僚の無責任と怠惰、言わば、「オオヤケ」による不作為がパブリックの「公」の広まりを妨げたということになった。

さらに、清代になって、社倉は政府の推進により広まることができたが、政府による積極的な関与は同時に一連の問題をももたらした。それは過剰介入と不正不作為の問題であった。

清代に、1654年から相次いで義倉、社倉、そして常平倉が設立された。常平倉は穀物が官費で購入されたもので、政府によって管理されたものだったが、市や鎮に設置された義倉と郷村に設置された社倉とは、穀物が都市（鎮）の商人や郷村の住民の寄付に頼られており、政府の監督下に置かれつつも、地方の住民によって自主的に管理されていた（蕭 2014：173）[150]。

しかし、穀物の備蓄は政府が非常時に王朝の平和を維持するための最善の道具の一つとしてとらえる性格が強かった。そのため、政府は徭役の軽減と免除などの措置を取って、穀物の寄付を奨励して義倉や社倉のシステムを推進したが、統治の道具としては、義倉も社倉も常平倉も本質的に区別がつかないものだったようだ。政府は、義倉や社倉は郷人のものであり、郷人による自己管理だと称しつつも、これらの義倉や社倉を実質的にコントロールしていた。穀物の出し入れは官僚の審査と許可を得なければならなかったからである（同上：180-182）。結局、その制度は、監督する立場にある官僚に不正に利益を獲得するための機会を提供する温床になったこと、煩雑な手続きのために社倉などの制度が有効に機能することが妨げられたこと、さらに、官が監督の立場にあったにもかかわらず、社倉を官の施設だと考え、結局、郷村の穀倉の管理者が州県の官僚の同意がなければ、穀物を使用することが

できず、しかし、官僚の同意を得るには長いことを待たされなければならない（同上：第5章）こと、などの障碍により、結局、官、紳、民の関係がむしろ相互不信、相互牽制のほうに働いた。

このように、官の過剰な介入と官僚の不正、不作為により、救済制度は現実において十分有効に機能できなかった。蕭公権は「社倉は実際飢饉を救済するための地方機構であり、帝国のコントロールするための道具としては適していない」（同上：207）と指摘している。それは、社倉は、国家による普及や、実施過程での官による監督など、「オオヤケの公」による協力が欠かせないが、社倉は民間が主体になって運営するものでなければ、およそ生命力はない、ということを意味するものだったと言える。

4　善会・善堂

伝統中国では、県城という行政上の都市は唐から清まで常に1200～1300の間で推移していた（斯波2002：53）のに対して、実質的な商工都市であった鎮は、宋以降の商業発展により、飛躍的に生じ、宋代に1県あたり1～3鎮程度のものが、明・清時代に、その数倍から10倍ぐらいに増えたとも推測されている（同上：54、58）。このような都市化の進展により、都市は富と郷村に散居していた地主たちとの集積地となった。それに伴い、都市の中に様々な結社が生まれた。とくに、明末清初は、中国の歴史上、まれに見る結会結社の時代であったと言われている（夫馬1997：191）。各種の会館や、同業会、そして善会・善堂などの結社が百花繚乱の観を呈していた。

斯波が指摘しているように、明末から清代の都市ギルドは、そのほとんどが地縁関係に基づいた同郷の原理をてこにしてスタートしたものだったが、これらのギルドが、やがて、その発展過程で郷党の利害に沿った商利の追求を脱皮して、全市規模の〝市政〟への関与、福利公共に乗り出した例は決して少なくなかった。そして、ギルドの活動は都市を中心にしながらも、次第に近郊農村にも活動を広げるようになった（斯波2002：144）。言い換えれば、都市の自発的結社はその当初、郷村の地縁の論理の延長で自然発生した

一　伝統中国の「公・私」の世界　297

が、それらの組織は都市の発展とともに、より開かれた「公」を追求するようになり、さらにはこうした新しい論理をもって郷村にその活動を波及した、という興味深い往還ができた、ということである。そして、この往還のなかで「公」も発展したのである。

その典型的な例の一つは「善会・善堂」という組織である。善会とは、諸個人が自発的に参加した結社であり、民間人によって運営される救済などの事業を行う慈善団体である。そして、善堂はその施設である（夫馬 1997：3、33）。それらは明末清初に始まり、清代に発展を遂げたものである。

「下」からパブリック＝「共同、公共の公」を生み出す、という視点からとらえれば、善会・善堂は郷約や、社倉の場合と似ており、これらの中から同じような構造を見出すことができる。

まず、善堂創設の経緯からすれば、本来、明代に救済制度として「養済院」という官製の救済施設が全国の州県に一カ所ずつ設けられていたが、このような制度は実際に不正腐敗をはじめ、様々な問題を抱えており、現実離れしていた（同上：78）。そうした中で、オフィシャルな「養済院」に対して、「普済堂」などと呼ばれた善会・善堂はパブリックな組織として「下」より自生的に生まれた。

このことは、朱子が県城に設けられた常平倉というオフィシャルな施設とは別に郷里に社倉を創設したことを連想させるものである。また、明代に「呂氏郷約」が「想起」され、郷約が広まったのも、行政システム里制の行き詰まりがきっかけであった。たしかに、明代の郷約の提起は官によるものだったが、それらは「いずれも地方官あるいは知識人の自由裁量に委ねられ、なお中央政府の命にもとづく劃一的な制度として法文化されるに至らなかった」（清水 1951：359）。つまり、官による施策が届かない、または、行き詰まったところに、公的な制度外から「下」からの「共同、公共の公」が生まれ、活発化したのである。

次に、「下」から生み出した「公」が好成績を出した場合、それはやがて「オオヤケの公」に取り込まれていくことになる、という点も共通している。

これには相反する二つの側面がある。一つは、「下」から生まれた「公」を施政上の制度的不備を補完するものとしてとらえ、「新しいものを直ちに吸収し自らを活性化し維持してゆく」（夫馬 1997：524）という「オオヤケの公」の柔軟な姿勢であり、評価に値する。もう一つは、逆に、このような「下」からの「共同、公共の公」を「オオヤケ」に従属させることによって、「下」から生まれた活力を殺すことになる、という側面である。このような「公」の変質の現象は郷約や社倉の場合のみならず、善会・善堂においても観察できる。

夫馬は清代の善会・善堂を検討する際に、経営形態からそれらを「官為経理」と「民為経理」という二つの類型に分けた。前者は実質的に官営を意味し、後者は「民捐民辦」、すなわち、民間による寄付で民営を意味する。民営の善会・善堂は自律的で、公共事業を遂行するパブリックな経営だったが、官営のものは後者とその出発点では同じでも、やがて官主導の公的な性格をもつことにより、善堂経営が、結局、徭役と化した。それは人々の自発性を失わせるものだった。

その様子を夫馬が活写している（夫馬 1997：第八章）。例えば、「普済堂」という慈善施設について少し具体的に見ると、雍正帝が即位して2年目の1724年——郷約で講読されることとなった「聖諭広訓」を出した年でもある——に、それまですでに存在しており、成果を出していた「普済堂」の普及に関する上諭を出した。雍正帝の本意は「善挙」を勧誘し指導することに止まり、具体的な取り組みを民自身に任せる考えだったが、上諭を受けた各地の総督、巡撫は、それまでにあった官の施設「養済院」をそのまま「普済堂」に改めたり、「普済堂」の設立に必要な建設と運営資金をかき集めるために民間に寄付を半強制的に割り付けたりして、結局、実質的に官営の「養済院」と変わらない善堂を創ったのである。一方、純粋な民間による寄付と民間経営の善会・善堂がその運営過程で資金難で維持できなくなり、または、官による庇護を必要としたことなどから、結局、官によって主導権を握られるようなケースも少なくなかった。

善会・善堂が上諭によって公式な救済政策の一環として位置付けられた以上、それを維持していかなければならなかった。しかし、善堂が国費や官の力を借りるとなると、社倉の場合と同じように、やはり腐敗した官僚や、胥吏の食い物になることが避けられない。しかも、運営に出た赤字の補てんは善堂の経営を任された郷紳の責任で行わなければならないため、「自発的な善挙が不本意な徭役に転化」（同上：522）したという皮肉な結果になったのである。

　要するに、支配者の本音の如何にかかわらず、「オオヤケの公」による「共同、公共の公」への介入は、それらの取り組みの普及と、資金や庇護の提供などの点において推進する役割を果たした一方、公権力と権威による過剰な介入によって、「共同、公共の公」がその自律性を失い、官に従属したものへと変質して、結局、官の権力の濫用の対象と腐敗の温床になる運命から逃れられなかった。これらもやはりこれまで郷約と社倉、善会・善堂に共通して観察できる現象であった。

　以上と関連して、第3に、善会・善堂は郷約や社倉と同じように、「国家」と「社会」の境界が曖昧であった。善会・善堂の建設や経営は実質的に官費が投入され、慈善組織への寄付も官主導で半強制的に課せられた。また、官設の善堂「普済堂」が存在したり、逆に、民間の寄付で官営施設の「養済院」が支えられていたりした。善堂の経営責任者も民間の郷紳であったり、官だったりしていた（同上：511-512）。国家と社会とがこのように、緊張をはらみながらも相互浸透、相互依存しており、もはや境界を見分けることは不能であった。このような複雑で曖昧な国家・社会関係を、「資本主義萌芽」を見出そうとするという西洋をモデルにした視角（同上：743）では、正確にとらえられないことは明らかである。

　清朝政府の官僚たちは「養済院」と「普済堂」との違いに無頓着であった。彼らにとって、それらはいずれも救済制度の一環であり、王朝の安泰を維持するための装置であったからである。この点について、常平倉と社倉とをほとんど区別しなかった（蕭 2014：182）場合と同様な状況であった。

清末になって、これまで見てきた地域社会で形成されてきた「共同、公共の公」は大きな転機を迎えた。20世紀初頭、立憲政治の確立に関する議論が次第に盛んになり、醸成されつつあった立憲の機運は日露戦争における立憲国日本の勝利という外的刺激を受けて、一段と高まった。そのような勢いに押されて、清朝政府は1905年に、大臣を海外に派遣して憲政に関する考察をさせ、国内では立憲の準備機関として考察政治館（のちに憲政編査館に改名）を設立した。さらに、その翌年、清朝政府から「予備立憲」に関する上諭が出された。そのなかで、地方自治も立憲の一環として位置付けられていた。その延長として、1907年に、地方議会を想定した諮議局設置の上諭が出され、憲政編査館によって作られた「城鎮郷地方自治章程」（1909年）や、「府州県地方自治章程」（1910年）が相次いで発布された。このような目まぐるしい動きのなかで、清朝政府は自ら推進しつつある地方自治制度をどのようにとらえていたのか。憲政編査館による上奏文（1908年）はその一端を示している。そのなかで次のように述べられている。

> 「地方自治の名は最近泰西から伝わってきたものだが、その内容はつとに中国の古に根を下ろしていた。周礼における比・閭、族・党、州・郷などの制度は、その名から言えば（その土地に）地元の治者がいるということだったが、その実は地方自治の始まりであった。下って両漢の三老・嗇夫や、歴代の保甲、郷約などが続き、（自治は）途絶えることがなかった。今日、北京以外の各地にある水会、善堂、積穀、保甲、および新設された教育会、商会などは、みな人民が各々の地域に就き、集まって公益をはかるための組織であるにほかならない」。さらに、「自治は官治の不足を補うためのものである。（中略）無理に官府の力をもってあらゆる法を行おうとすると、本意は愛民であっても、受ける側の者はかえって良しとしないことがある。北宋の青苗法が天下を乱したが、逆に、朱子の社倉は狙いが相似していたにもかかわらず、後世の手本となったのは、一方は官を主体としたのに対して、もう一方は民を主体としたからである」[151]。

ここでは、上奏文は君主に対する説法であるという点を差し引いても、近代的自治を伝統的な「自治」の延長線上でとらえられていることは明らかである。とくに、自治における民の主体性の重要性について語るときに、王安石の青苗法の失敗と民を主体とした朱子の社倉法の成果との対比で説明したことは、よりいっそう近代的自治と伝統的「自治」との連続性という意識を感じさせるものだった。

そもそも、近代的自治の担い手は何よりも郷紳層であった。清末の立憲の機運に乗って、従来の地域社会の「公」を担ってきた郷紳たちの活動は活発であった。諮議局開設の上諭がまだ出される前に、上海の道台の諮議局に関する意見聴取に応えて、上海の城廂内外総工程局をはじめとした上海の自治団体、教育界の団体、経済団体、立憲団体など合わせて12の団体が7名の起草委員を選出して「諮議局章程草案」を作成した。草案は、諮議局に行政機関としての参事会の性質をもたせ、さらに参事会において地方官僚に対して優位を保とうとしたものだった。曽田三郎は、「上海城廂内外総工程局の設置によって市政の運営に着手し始めた紳商たちは、さらに県政、省政へと介入の度を深めるための法的整備に乗り出していった」（曽田2009：232）と評している。諮議局に象徴される近代的自治制度は、郷紳たちにとって、言わば、魚が水を得たようなものであった。近代的な自治制度は新しいものだったが、地域社会の「下」からの公の成長と成熟はすでにそれを受け入れるための基盤を準備していたのである。郷紳たちはこのような近代的制度の下に結集し、近代的制度をよりどころにしながら政治参加を拡大して、清末に弱体化した国家に対してより強く発言力をもつようになった。

三　示唆

以上、先行研究を参考にしつつ、中国の伝統的「自治」の思想と実践の一端およびその性格を見てきた。そこで確認できたのは、国家と社会との間の曖昧な「第三領域」の実態であった。官・紳・民三者の間は、「公」という

儒教的理想のもとで通じ合い、調和のとれた社会が実現されるというビジョンが語られた一方、三者は各々の利益に対する追求のなかで対立したり、協力したりしたことを繰り返した。そのなかで、国家 VS. 社会を思わせる「オオヤケの公」と「共同、公共の公」とは、二元的に対立したものではなく、両者は緊張をはらみつつも、相互に依存していた[152]。曖昧な「第三領域」において、二つの「公」は相互に入り交じっており曖昧であった。

現代中国社会における「つながり」、そして、「公」の形成の課題を念頭に置いた場合、伝統中国の「自治」の伝統は以下の諸点において示唆的である。

まず、第1に、伝統中国の基層社会は、ただ「バラバラの砂」だけで語られるものではなく、そこにおいては、「生」のための「公」の思想も、実際の実践も数多く存在した。それらは、官・紳・民三者の相互依存、対立という明確に「線引き」のできない関係に基づいており、近代的な自治とは性格が異なったものだったが、基層社会の「公」を形成していた。

県以下の広大な地域社会に対して、官は百姓に税や徭役の義務を負わせる一方、治安、公共事業などの行政サービスを十分に提供しなかった。その代わりに、とくに清朝の中期以降、政治的支配は成長してきた郷紳層をより頼りにするようになった。このような「無為」の政治を近代の厳復は「放任」政体だと名付けた。そして、このような放任＝無責任によって、地域社会は「自由」を得、様々な形をとった「公」を成長させることができた。百姓に直接に接した郷紳層は、儒教的「公」の理念から、そして、自らの利益から、百姓の代理者として、そして組織者として、郷村における血縁・地縁関係によって形成された人間関係ネットワークを生かして、さまざまな「公」的営みを生み出し発展させた。また、郷村に止まらず、都市部においても、都市行政の空白に会館、善会・善堂などの「公」の組織が力を伸ばしていた（斯波 2002：149）。

たしかに、国家による「上」からの抑圧が間接的で、統治が放任的であったことから、基層社会における社会的一体感は必ずしも強くなかったし、ま

た、抑圧に対する「権利のための闘争」というモメントも弱かったように見える。しかし、「オオヤケの公」に対して、地域社会は自らの論理（「風俗」——寺田1994：109）があり、そのような自律性は絶えず「共同・公共の公」を生み出す原動力になっていた。むしろ、国家の統治はそのような「公」の力を借りなければならなかったほどであった。これまで見てきたように、基層社会における人々の「生」への執念から生じた「公」への意欲も能力を決して無視できないのである。そして、このような人々の「生」への執念は現在でも変わっていない。

　第2に、国家が基層社会の「公」の成長に対してとるべき態度について考えさせられる。伝統中国社会において、支配者が儒教を支配イデオロギーとして利用する場合に例外なく「公天下」を掲げるが、実際に支配を行う際に、巨大なエネルギーを秘めている百姓をいかに無害な存在にしてその政権を維持するか、というのが支配者の「私」であり本音であったといってよい。そして、実際の政治的統治のなかで、①百姓を暴力で押さえつける方法と、②百姓を警戒しながら道徳的に教化することや、また、「荒政」などの公共を担うことなどをして百姓を無害な存在にする、というよりソフトな統治方法と、そして、③基層社会の人々の自律性と「下」からの「公」の形成に寛容的であり、「下」からの「共同、公共の公」をもって国家の粗放な統治の補完とする方法という、言わば、恐怖、「公」の独占、そして、「無為」（自律性を許す）という、おおよそ三つの方法に分けて考えることができる。

　蕭公権は、郷村を統制するシステムを設計した清の統治者を指して、「その目的は、権威に対する恐れを人民の脳裏に植えつけ、彼らのなかに現状を受け入れる願望を養って、彼らが自立する能力を伸ばすことを防ぐためであった。それは要するに、彼らを政治上は無害であり、思想上は鈍感であるという存在にすることであった」（蕭2014：488）と指摘した。また、一方の郷紳層についても、蕭公権は、統治者は郷紳に特権を与えた代わりに、郷村社会の秩序の維持に利用ししつつも、政権に対する脅威にならないように牽制したということを指摘している。蕭の指摘は、中国の専制は「恐怖」を

原理としているというモンテスキューの主張に通じると同時に、百姓に対する教化と一定の公共を担うことで彼らを王朝にとって無害な存在にする、ということをも視野に入れていた。このような恐怖と「公」の独占による支配は、いずれも被治者への不信と警戒に基づいたものであり、このような不信と警戒こそが基層社会における「公」の成長を妨げた最大の要因であったことは言うまでもない。

　しかし、それでも、中国の地域社会において、これまで見てきたように、国家の粗放的な行政という「無為」により、郷約、社倉、善会・善堂のような、基層社会の自律性から生まれた「下」からの「公」――「オオヤケの公」から自律して生まれた組織や制度――が成長した。これらの組織や制度は基層社会において、不完全で、形骸化していた公的な制度よりも有効に機能したものだった。実際、それらは行政を補完する措置として、結果的に支配者にとっても望ましかった。なぜなら、基層社会の自律は社会的安定をもたらし、それは政権の安泰にもつながるからである。しかし、この③の方法は、支配者が意図的に創出しようとしたわけではなかったことは明らかである。民をあくまでも支配の客体として扱う支配者は、究極的には、基層社会の百姓たちを王朝に対する潜在的脅威としか見なかったため、支配者の目には、社会の自立は政権の安定にとって脅威でしか映らなかった。まさにそれが故に、社会から自律的に生まれた「共同、公共の公」の取り組みは、その地域社会における有効性により、やがて、国家によって取り込まれたことになった。国家にとって、「下」からの「公」を取り込むことによって、それを国家の粗放な行政の補完とすることができるとともに、基層社会の自立性のさらなる成長を阻止することができるからである。その意味では、国家が「下」からの「公」を抑圧してきたというよりも、国家がそれらを「食いつぶし」てきたといってよい。「食いつぶし」とは、「下」からの「共同、公共の公」が生み出した組織や制度が、国家による過剰介入により、やがて硬直化し機能できなくなる、ということにほかならない。

　ただし、「無為」の統治は緩やかに統合されていた政治社会においては成

り立っていたかもしれないが、現代の近代的国家を建設するなかで、共同体の構成員の安全を守り、構成員の間の公正・公平を維持し、社会保障・社会福祉に責任をもつ、などの要素が統治の正当性を問う基本になっているため、統治者はもはや「無為」を許されないのである。しかし一方、中国のような巨大な政治体では、いくら強力な政府であっても、責任をもつ全能的な政府を演じることは非現実である。1980年代までの「計画」の時代の全能な「国家」は、結局、行き詰まるしかなかったし、西欧諸国でも行き詰まっている福祉国家の追求は十数億の人口を抱える中国にとっても非現実である。そのため、国家に残された道は中国社会の力を借りる以外に方法はない。その意味では、現在の国家は従来になく社会の力を必要としている。しかし、無気力の社会では、それに応えられるはずもない。したがって、「天下為公」という伝統、または、現在の「執政為民」の視点からは言うまでもないことだが、たとえ政権維持という視点からしても、百姓を統治の客体としか見ず、百姓に対する不信と警戒のために「上」から教化し、「公」の独占により社会の自律性を制限して百姓を脱力化するなどの王朝時代の統治の仕方では、もはや通用するはずはない。とくに、デモクラシーの理念を「核心的価値観」として受け入れている場合は、なおさらである。

　このように、恐怖も、一方的な教化も、そして無責任な放任も許されない中で、国家にとって、考えられる現実的な選択肢は、いかに人々の生への執念の中から生まれた「下」からの「公」の伝統と資源を近代的な文脈のなかで再生し、それらを有効に活用するかを考える以外に方法がない。その意味では、国家にとって、自ら「公」を担うのみならず、社会の自律性を尊重しその形成を手助けするのも、国家が果たすべき責務である。これまでの「自治」の伝統に見られるように、「下」から緩やかに形成した「共同、公共の公」は「オオヤケの公」によって過剰に干渉されては成長するはずもなかった。「下」から形成された「公」に過剰に介入して、あるいは、それを統治の一環として組み込むと、「公」は死ぬか、または官製の「公」でしかなく、やがて実質的に機能しなくなる、というのが伝統が教えた教訓である。国家

が「公」を担うことと、「下」からの「共同・公共の公」との間の一消一長という相剋的な関係をいかに克服して「協働」的な関係を構築するかとは重要な課題として問われている。

　そして、第3に、基層社会における「公」の形成には、キー・パーソンの存在が欠かせないということである。伝統中国社会の官・紳・民三者の間で、国家と社会との関係が曖昧だったことを象徴していたのは、官と民との間に立つ郷紳層という存在であったことはすでに数多くの先行研究によって指摘されており、もはや贅言する必要はないだろう。

　これまで、郷村社会における郷紳層とその役割に対するとらえ方とは分かれている。一方では、知識人としての彼らは、「修身斉家治国平天下」という儒教道徳の習得者であり、儒教道徳の実践者である側面が強調されている。例えば、楠本正継が「全き人心の本体、大いなる作用」（「全体大用」）の思想から、朱子の社倉創設を、「仁の理」に基づき、「同胞愛」の実現を目標とする実践としてとらえた（楠本1962：247）のは、まさにそのような視角からだった。他方では、郷紳層は郷村における特権階級でもあった。例えば社倉の創設という朱子の取り組みの動機について、蕭公権は、それは「慈善の心によるではなく、自己保護という目的にあった」（蕭2014：207）というヘンリー・グレイ（Sir Henry Gray）の見解を紹介して、この側面を指摘している。

　以上の指摘はそれぞれ理に適っているといってよい。しかし、郷紳層の内心の目的を探るよりも、本書にとって重要なことは、郷紳層の存在があって、社倉に象徴される公益事業は初めて可能になり、そして実質的に機能していた、ということである。郷紳は、支配層から特権を与えられており、また、元官僚、あるいは、官僚の予備軍として、「官」の立場に近かった。一方で、彼らは地域社会で百姓と直接に接する身近な存在でもあった。郷紳たちが「官」に対して自己主張するときに、背後の百姓は「民意」として、自分たちにとって重要な資源であった。このような「半国家・半社会」という存在であった郷紳層は官と民をつなぐ架け橋として、基層社会における

キー・パーソンであった。本籍回避と不久任制で地域の事情に疎かった官僚は郷紳層に頼らなければならなかったし、地域の百姓は郷紳の呼びかけと指導がなければ、容易に組織されることはできなかったからである。

　現代中国においては、もはや昔の意味での郷紳は存在しない。しかし、都市部においても、農村部においても、官と民をつなぐ「第三領域」的な存在は健在である。国家・社会で割れきれない曖昧な構造はすでに前述の黄宗智や菱田などの先行研究によって指摘されている。

　現代中国における「第三領域」について考察する際、都市部基層社会の社区は中国における自治のあり方を考察する格好なフィールドである。本書は住民自治と政治との関係に焦点を当て、近年の筆者自身の調査に基づきながら、現在盛んに進められている都市部の「社区建設」における取組に対する考察を通して、中国における「自治」の在り方、とくに社区における「社区居民委員会」および関連する人々の役割を中心に考えることにしたい。なぜなら、「居民委員会」およびその周辺の人々は、都市部における国家と住民とをつなぐ存在として、中国基層社会の人々の間のつながりを紡ぎ、「公」を創出するためのキー・パーソンだといってよいからである。本書は彼らの活動を手掛かりにして、中国社会の「自治」の可能性について展望したい。

〈注〉

138　ここでは、とくに、明末清初に一つの支配階層として「郷紳」層が形成したあとから清末にかけて、郷紳層の存在を特徴とした「郷里空間」（溝口雄三）の成熟を見る伝統的な政治体制のことを指している。

139　「紳」・「郷紳」とは、郷居の休退職の官僚と、官僚の予備軍ともいうべき挙人・生員層を含む科挙試験過程の資格取得者とを主体とする特権身分層のことである。重田徳（1971）を参照されたい。

140　この点に関して、伊東貴之は、溝口の思想における内発的発展の性格について次のように評している。「溝口の場合にも、一般的に中国思想に含まれるある種の価値に対して共鳴が看取される。しかるに、道徳的本性の強調が容易に抑圧の論理に転化しうるといった、それらの価値の持つマイナスの側面への顧慮は、

概して手薄であるように思われる」(伊東 2005：246 頁)。

141　魏丕信著、徐建青訳 (2006)『十八世紀中国的官僚制度與荒政』江蘇人民出版社。なお、本書は、Pierre-Etienne Will, *Bureaucratie et famine en Chine au XVIIIe siècle*, Paris, Mouton,1980. の翻訳である。

142　「中国の内発的発展とその基礎のうえに衝撃をもたらす国際契機を共に重視する」(7 頁)という観点は、宇野・天児編 (1994) を参照されたい。

143　朱子の社倉法について、楠本正継 (1962)『宋明時代儒学思想の研究』広池学園出版部のなかで詳述されている。参照されたい。

144　朱熹「社倉事目」、同著、朱傑人・厳佐之・劉永翔主編 (2002)『朱子全書』(全 27 冊) 上海古籍出版社・安徽教育出版社 (以下、『全書』と略記する)。

145　朱熹「建寧府崇安県五夫社倉記」『朱子全書』、前掲。

146　朱熹「建寧府建陽縣大闡社倉記」『朱子全書』、前掲。

147　原文：「則青苗者其立法之本意固未為不善也、但其給之也以金而不以穀、其処之也以県而不以郷、其職之也以官吏而不以郷人士君子、其行之也以聚斂亟疾之意而不以惨怛忠利之心、是以王氏能以行於一邑而不能以行天下」。朱熹「婺州金華県社倉記」『朱子全書』、前掲。

148　朱熹「常州宜興縣社倉」『朱子全書』、前掲。

149　朱熹「建昌軍南城縣吳氏社倉記」『朱子全書』、前掲。

150　清朝の社倉・義倉に関する研究は、ほかに、例えば、村松祐次 (1969)「清代の義倉」『一橋大学研究年報　人文科学研究』11、1969 年 3 月、森正夫 (1975)「一八－二〇世紀の江西省農村における社倉・義倉についての位置検討」『東洋史研究』33 (4)、1975 年 3 月、などを参照されたい。

151　「憲政編査館奏核議城鎮郷地方自治章程並另擬選挙章程摺」、故宮博物院明清档案部編 (1979)『清末籌備立憲档案資料』中華書局、724－725 頁。

152　このような国家と社会との間の相互依存関係は、法律の分野でも顕著に見られる。寺田浩明 (1990)「清代司法制度研究における『法』の位置付けについて」『思想』No.792、1990.6 のなかで、滋賀秀三 (1984)『清代中国の法と裁判』創文社、をはじめとした先行研究を踏まえて、清代の官憲への訴訟と民間での調停作業の並行という現象に着目して、「あらかじめ排他的にとらえられた官憲裁判・民間調停の量的対比ではなく、むしろ両者を一先ず同質的なものととらえ」(193 頁) られる、との特質を指摘している。

第 9 章　国家と社会の間のキー・パーソン：
　　　　居民委員会と「社区精英」

一　社区における居民委員会の位置

1　結節点としての居民委員会

　居民委員会は法的に自治組織として位置付けられながら、基層の行政派出機関である街道辦事処の管理下に置かれ、国家の強い影響下にある「半国家・半社会」的な存在である。このような居民委員会は社区において様々なアクターをつなぐ結節点である[153]。

　以下、まず下図に基づいて社区における居民委員会の位置付けについてみることにしたい。

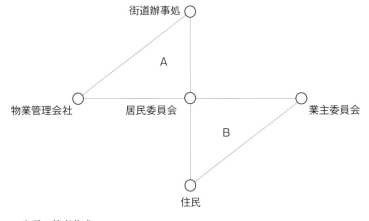

図9-1　社区における各アクターの関係イメージ図：

出所：筆者作成

　まず、縦と横の軸は社区内の各アクター間の関係を示すものである。縦の軸は行政上の指導と被指導関係を表すものである。社区居民委員会は街道辦事処の指導を受ける立場にあり、社区において行政事務を執行するとともに、自治組織としてのリーダーシップを発揮して社区の中で住民を組織して自治活動を展開する。ただし、居民委員会は社区の中で大量の行政事務を実

行する半行政的性格をもちながらも、自治組織として住民に対する行政執行権をもたない。むしろ逆に、社区住民の監督を受けなければならない立場にある。

　また、横の軸は社区内部の各アクター間の相互関係を示している。居民委員会は社区における各小区の不動産所有権者（「業主」）の組織である「業主委員会」と小区の「物業」との間の利益関係を調整する存在である。とくに住宅改革後にできた社区において、一つの小区に一つの「物業」が集合住宅の治安、保守などの管理サービスを提供する。そして、各小区の「業主」が自分たちの権益を守るために各々「業主委員会」を作る。業主委員会は業主大会の選挙によって選出され、業主大会の意思を具体的に執行する組織である。規定では、業主大会の成立は、区・県政府の不動産を管理する行政部門、または街道辦事処の指導下に置かれていること、そして、選出された業主委員会は社区居民委員会の指導を受けること、一方、小区の住民の代表として、業主委員会は「物業」を選定しこれを雇いまたは解任する権をもつこと[154]、などが定められている。その意味では、権利上、居民委員会は業主委員会を指導する立場にあり、また、業主委員会は「物業」を決めることができるため、横軸上の三者は水平関係にあるわけではない。しかし、「物業」は下記のように行政とつながりをもっているものが多く、また、居民委員会に場所の提供など便宜を図っている。一方で、業主委員会は社区の住民として居民委員会を監督する役割も果たしているため、三者間の関係は単純に上下関係で考えることはできず、相互牽制している関係にある。図の中でこれを横軸で表している。この三者間関係のなかで、社区の中での小区の住民および住民を代表する業主委員会と「物業」との間に権利や権益をめぐる対立が生じた場合に、居民委員会が調整者として間に入るというパターンが多い。

　縦軸と横軸で示されている関係のほかに、さらに、「住民―居民委員会―業主委員会」（B）と、「街道辦事処―居民委員会―物業」（A）との二つの三角は利害関係の緊張を示している。まず、前者の三角（B）の中で、業主委

員会は住民＝業主より選出され、「小区」内の住民の利益を代表する組織である。また、居民委員会の主任は社区以外のところに住んでいる場合が多いが、それ以外のスタッフは社区内の住民である場合が多い。居民委員会は住民の利益を代表する一面があることは言うまでもない。一方、後者の三角（A）の中で、本来、街道辦事処（国家）と「物業」との間に関係がないはずだが、現実において、国家の不動産行政管理部門と不動産建設業者（「房地産開発商」、以下、「開発商」と略す）や「物業」とは切っても切れない関係にある。住宅改革の前に、住宅の建設と管理とはいずれも国家の不動産行政管理部門（「房管部門」）によってなされていたが、住宅改革に伴い、「開発商」が住宅の建設を担うこととなった。しかし、実際、「開発商」の多くは従来の国家の「房管部門」から分離されたものであり、それがさらに建設した住宅に管理サービスを提供する「物業」を創設した。つまり、「開発商」と「物業」とは何らかの形で「官」を背景にしていることが多い、ということである。そんな背景もあって、住宅の商品化は住宅管理体制の市場化を伴うはずだったにもかかわらず、一部の「物業」はいまだに住民に対して、「上」から管理するという態度をとっている[155]。それに加えて、小区内の「物業」が行政側とのつながりをバックに、例えば、社区における居民委員会に事務用のスペースなどの面で便宜を図って居民委員会を取り込むことによって、小区において会社の利益を確保し、あるいは、住民との間に対立が起きたときに優位に立とうとする。近年、「小区」における住民たちが自らの権利を守るために訴訟を起こす例が多発していることは、こうした背景が一つの原因になっている。

　このように、居民委員会は、社区における行政上の権力関係からしても、社区内部の各アクター間の相互関係からしても、いずれも結節点に位置しており、調整とつながりの面で重要な役割を果たしているのである。次に、居民委員会の社区における活動を具体的に見ることにしたい。

2 居民委員会の組織と社区の中での活動

　社区における公的組織は、党委員会と、自治組織である「居民委員会」と、行政の派出機能を担う「社区工作站」との三つの組織からなっている。原則として、党委員会は社区全体の計画と指導を担当し、居民委員会は社区の自治事務を担い、社区工作站は社区における最低生活保障の認定と配分や、労働保障などの各種の行政の職能を担う。そのほかに、「綜合治理辦公室」もある。辦公室は当該地区担当の警官と協力して、「物業」や、流動人口の管理、社区矯正（社区内在住の犯罪歴をもつ者や不良に対する矯正、監督）、治安などの業務を扱う。組織は整然としているが、しかし、実際、社区のスタッフは地区担当の警官以外はほぼ同じメンバーである。例えば、瀋陽市 K 社区には、4670 世帯の住民に対して、全部で 16 名のスタッフがいて、その中の 6 名は社区工作站の事務を担当する。この 16 名のスタッフが社区における各種の行政や自治関係のすべての事務に当たっている。どこの居民委員会もほとんど例外なく、入り口の両側に、以上の看板以外にも多くの組織の看板が掛けられており、その数の多さは居民委員会のスタッフたちがどれだけの仕事を負わされているかを物語っている。居民委員会のスタッフはこのように、その身分からしても、「半国家・半社会」の性格をよく表している。なお、居民委員会の主任、または、社区工作站の站長は社区の党委員会の書記長を兼任する場合が多い。また、社区工作站の站長は街道辦事処や行政部門から派遣された公務員がなる場合もあるし、居民委員会の主任が兼任する場合もある。都市部の基層社会の社区は以上のような体制の中で運営されているのである。

　居民委員会は、現在、もはや社区建設が発足したばかりの時のような、主任をはじめとするスタッフのほとんどが高齢者や定年退職者で、「隣組監視組織としての機能しか果たしていない」（菱田 2000b：37）[156] ようなイメージの組織ではない。「社区建設」が進められるなかで、社区における居民委

員会は国家から与えられた行政の仕事をこなすだけでなく、社区活動を活発化させるために各種の活動を組織しなければならない。そのため、組織力やリーダーシップを発揮できない居民委員会主任はもはやその位置に居続けることができない。筆者が調査した社区の中で、旧来のイメージの社区居民委員会の主任は皆無だといってよい。「社区建設」が発足した当初から長年居民委員会で仕事をしてきた経験が豊かなベテランで、精力的な方が多かった一方、例えば、南京市で調査した社区では、居民委員会の主任が30〜40代の若い男性であったことは珍しくなく、しかも、その多くは大卒の高学歴の持ち主であった[157]。社区居民委員会の主任やスタッフの若年化は全国的にも非常に普遍的な現象である。それは政府が各種の政策を打ち出し社区建設に力を入れているためだけでなく、大卒の若い人たちが進んで社区に入ったのは、公務員という職業が近年、人気の高い職業になり、公務員試験は超難関だが、社区での仕事の経験は採用するときに考慮される条件の一つになっている、という背景があるからである。

社区内での活動は、居民委員会から見れば、大きく以下の二つの部分に分けることができる。

①「網格化管理」。居民委員会は社区において、現在、一般的に「網格化管理」という管理方式を採っており、「網格」をとおして行政と住民自治の両方の事務を実行する。すなわち、社区をいくつかのエリア（「網格」）に分けてネットワーク化し、社区のスタッフがそれぞれの担当エリアを決めて仕事を展開する。瀋陽のK社区では、社区を千世帯ほどの規模で4つの「網格」に分け、スタッフが一人平均300世帯を担当する割合で、複数のスタッフで一つの「網格」を担当する。「網格」長も任命されている。各「網格」の担当者が頼りにしているのは、各小区内の各建物（「楼棟」）に住む住民協力者である。K社区には全部で9つの住民小区があり、その一つ一つの建物には居民委員会によって「楼棟」長に任命された住民協力者がいる。ただ、長と呼ばれても、みな無給のボランティアである。社区活動に熱心な人で、居民委員会とつながりをもつ人がなる場合が多い。

居民委員会は上記の「網格」を基に仕事を展開する。「網格」内の事務であれば、行政の業務と自治の事務を問わず、すべて網格担当のスタッフが責任をもって対応する。スタッフたちにとって、重要なのは「網格」内の住民の情況を把握することである。スタッフたちは必要に応じて頻繁に住民の家庭を訪問する必要がある（住民の家の中に入れてもらえるか否かでスタッフの能力が試される）。例えば、国家の政策である「最低生活保障」（「低保」）制度の適用者の調査と認定や、国勢調査などの調査や統計のために住民の家庭を訪問する必要があるだけでなく、社区サービスの一環として、独居老人や身体障碍者など助けを必要とする家庭の情況を把握して定期的に慰問や助けに訪ねたり、省都や首都に出かけて陳情（「上訪」）活動などをしようとする者がいる場合、それを思いとどめさせるために、何度も足を運んで説得に訪ねたりしなければならない。さらに、例えば、網格内の住民間の離齬や、住民と「物業」との間の対立、網格内の衛生問題など、網格内で解決できる問題はすべて責任をもって解決に努めなければならない。

このように、社区は組織的には自治の居民委員会と行政の社区工作站に分けられているが、実際の網格化管理のもとでは、完全に交わっている。スタッフたちにとって何よりも重要なのは、網格内の住民と良好な関係を築き、住民の情況をできるだけつぶさに把握することである。

②社区事務。網格内に止まらずに社区全体にかかわる事務は、運営上の各種調整の事務と、各種活動の組織と動員の事務とに分けられる。

まずは、運営上の各種調整の事務である。居民委員会の社区サービスの仕事は住民の意思を反映させ、住民の監督を受けなければならない。社区には、住民代表会議があり、年に1回ないし2回開催するが、経常的に活動するのは、住民代表会議から選出された住民代表によって構成された「議事協商会」などの名称をもつ会議である。居民委員会はこれらの会議で経常的に社区の中の事務について住民と意見交換し、仕事内容を報告したりして、住民との関係疎通を図る。例えば、瀋陽のH社区では、議事会は17人〜19人のメンバーからなっており、少なくとも3カ月に1回開催しなければなら

ず、毎月開催することもできる、ということが決まっている。また、社区内の水、電気、ガスなどの供給や、大型の改修工事などの問題が生じた場合、街道辦事処や関連の行政部門と、社区内の単位、「物業」、住民代表、そして居民委員会などの関係者からなる合同の諮問会議や協商会議を開き、意見交換の場を設ける。各地の社区には、「社区居民代表会議」が制度化されているのみならず、「協商会議」、「諮問会議」のような枠組みも広く存在している。このような制度的枠組みが有効に利用できるか否かは、社区居民委員会を指導している基層行政の責任者の見識と、組織者としての居民委員会の制度運営の能力やノウハウと、そして、当該社区の住民が社区の事務に対する関心の強さと、深くかかわっている。

　実際、このような制度は行政側と住民側の間の意思疎通のための場だけでなく、さらに、住民が自ら提案などして社区の事務に積極的に関与していく場としても大きな可能性をもつものである。例えば、李姸焱が紹介したNGOによる「社区参与行動」（李2012：第2章）がその好例である。関連するNGOが街道辦事処や居民委員会などの社区関係者の協力のもとで、社区における意思決定のプロセスに住民に関与させる仕組みを作り上げた。具体的には、社区の中で問題が持ち上がった時に、ワークショップ形式で居民委員会、行政側も参加する住民討論会を開く。NGOが自らの専門性を生かして「参加型討論の技法」を討論会で磨く。このような「社区参与行動」の取り組みは行政側からの支持と協力を得て、限られた地域ではあるが、広がりを見せたのである。

　実は、以上のような取り組みは国家によって促進されていることでもある。2010年に中央政府によって発布された文書の中で、「社区を民主的に管理する制度を完備する」の項で、党による領導を前提にしつつ、「居民会議、議事協商会議、民主公聴会を主要形式とする民主的政策決定の実践と、自己管理・自己教育・自己奉仕を主要目的とする民主的管理の実践、住民に関する事務の公開と民主的評議を主要内容とする民主的監督の実践などを展開し、住民自治の制度化、規範化、手続き化を全面的に推進する。ネットフォーラ

ム、民情懇談、社区対話などの有効な形式を積極的に模索し、社区の住民と社区駐在の単位の広範な参加を促し、社区住民の知る権利、参加する権利、政策決定権利、監督する権利を着実に保障する」[158]と定められている。社区における討議の民主的実践は、「上」からの政策と「下」から突き上げる力によって少しずつ成果を上げているのである。

　次に、各種活動の組織と動員の事務である。上級の街道弁事処の要請を受け、居民委員会は市や区が開催する各種の公的イベントに協力するために、社区の中で動員をかけるなどのオブリゲーションがある。例えば、「文明都市」や「衛生都市」の認定という全国的なイベントがあるときに、市政府は称号を授与されることができるように、都市美化活動や、交通マナー違反者の取り締まりを強化する。その取り組みに必要な人員は社区から大量に動員する。居民委員会は、行政機関の命を受け、これらのイベントに必要な人員（「志願者」）を社区の住民のなかから調達しなければならない。

　そうした行政から受けたオブリゲーションがある一方、居民委員会は自ら社区の中で各種の活動を展開する。それらは居民委員会本来の役割である自治活動である。各社区は各々自社区内の人的資源と特徴に合わせながら、それぞれ特色のある活動を展開している。社区内部の各種の住民間の互助活動や、「便民服務」（住民に利便を提供するサービス）などの活動の展開、社区の住民を組織して、ボランティアで社区と周辺をパトロールすること、社区の掃除や環境の美化、中秋節や、端午節など伝統的祭日にパーティなどのイベントを開催して住民の間の親和の増進を図ること、社区内外の専門家を招いて健康など住民たちが関心をもつテーマについての講座を開催すること、住民を組織してピクニックや旅行を実施すること、子どもの課外教室を設けること、など、実に多彩な活動を展開している。また、居民委員会は関連部門の支持のもとで、関係する社会組織や企業との連携で、初歩的ではあるが、社区の中で介護やデイサービスの施設を設けて、それを必要とする社区の中の人々にサービスを提供するという試みもなされている。例えば、「居家養老」（在宅介護）の試みとして、北京の北下関街道双楡樹南里二社区は、

社区の中でデイサービスの施設（「日間照料室」）を設け、北京の有色金属設計院社区では「託老所」を設けた。社区はこれらの施設を政府の補助を受けた専門会社に運営を委託して、住民に市場よりはるかに安い介護サービスを提供している。さらに、社区は近くの病院と協定を結び、定期的に社区で巡回医療を実施し、病院と社区介護の協力などの試みも模索している[159]。これらの試みは大多数の老人が在宅介護を望んでいる現状のなかで、今後も大いに発展することが予想される。要するに、社区は何ができるか、またどこまでできるかについて、各地の社区居民委員会は様々な取り組みを通して社区の可能性を模索しており、活況を呈しているといってよい。

　以上、社区における居民委員会の仕事を「網格化管理」と社区事務とに分けてみてきた。前者は行政のコントロール下の「管理」の仕事で、後者は憲法上で定められている「自治」という仕事として捉えられがちだが、居民委員会のスタッフたちにとって、実際、両者は明確に分けることができずに入り交じっている。「網格化」は管理の効率のみならず、住民に対するサービスの効率をも高めている。各種の会議制度は行政側と住民との間の関係を調整する役割を果たしているものとして、両者の意思を反映させている。また、社区における住民動員や、各種の取り組み、活動は、行政の指示を受けて始まったものもあるし、逆に、自治に関する自主的なクリエイティブな取り組みが成果を上げた後に、行政がそれを他の地域に広めるケースも少なくないのである。

〈注〉

153　居民委員会のこのような性格に注目して、筆者は2007年から共同研究プロジェクトなどを通じて、ここ10年来、ほぼ毎年中国各地の都市部の社区を訪れ、居民委員会を中心にフィールドワークを実施してきた。とくに、北京、瀋陽、南京、深圳、昆明などの都市の社区に対しては、追跡調査も行っている。この章はその研究成果の一部である。

154　国務院（2007）「物業管理条例」、および、中華人民共和国住房和城乡建设部（2009）「业主大会和业主委员会指導規則」を参照されたい。

155　近年、「物業管理」が「物業服務」という言い方に変わってきている。そのことは社区における権利関係がよりはっきり認識されるようになったことを意味している。
156　菱田雅晴（2000b）「覚醒する農民――"農村市民"の誕生」、天児・菱田編著（2000）。
157　筆者たちがインタビューをした時に、主任が自ら作ったパワーポイントをもって社区の仕事状況を説明したのが印象的だった。
158　中共中央弁公庁、国務院弁公庁「関於加強和改進城市社区居民委員会建設工作的意見」2010年11月9日、中国網。http://www.china.com.cn/policy/txt/2010-11/10/content_21309972.htm（アクセス日：2018年3月23日）
159　2014年9月4日に、北京市海淀区北下関街道双楡樹南里二社区と北京市羊坊店街道有色金属設計院社区とに対する調査に基づく。

二　国家と社会とのあいだ

1　「半国家・半社会」をめぐる異同

これまで、基層社会における居民委員会という「半国家・半社会」的存在およびその活動を通して、現代中国における国家と社会とが入り交わった曖昧な「第三領域」の性格と、このような性格は伝統中国基層社会の場合と構造的には通底していることとを指摘した。ただ、居民委員会を現代中国基層社会における第三領域の一つの象徴として想定する場合、それをそのまま伝統基層社会における郷紳層と重ねて考えることができないことは言うまでもない。ここでは、両者の在り方の異同について比較して、居民委員会の特徴をよりはっきりさせることにしたい。

現代の中国を伝統中国との異同について比較するする場合に、まず指摘しなければならないのは政治体制の違いであろう。王朝時代の政府は、行政機構を県のレベルまでしか設けず、しかも、時代を追って人口が増え続けていたにもかかわらず、県の数を常に一定数を維持していた。その結果、地域社会において「無為」の治を行っていた。それと比べれば、現代中国の単位体制時代は対照的であった。行政機構は区、県以下にさらに街道、郷鎮（80年代までは人民公社）を設けただけでなく、都会では、ほとんどの人をそれぞれの職場である「単位」というユニットに閉じ込めて統治を行った。公的サービスはレベルが低かったが、人々はほとんどあらゆる局面で「公家」に頼っていた。そして、行政面のみならず、党組織も基層社会まで浸透していた。

90年代以降に本格的に始まった社区建設により、国家は社会から部分的に後退したが、それは国家が「大きな政府」をやめ「小さい政府」を目指すようになったことを意味しない。とくに、格差社会のなかで基層社会の人々の不満が噴出し、暴力を伴うこともある「群体性事件」と呼ばれる抗議活動

が多発しているなかで、いかに社会的安定を維持し政権の安全を保障するかは、政府にとって最優先課題になっているため、基層社会に対する有効な管理は死活問題である。したがって、いくら国家が後退したと言っても、基層社会における国家の存在感はやはり王朝時代の「無為」の国家とは対照的であるといわなければならない。

　そのような違いを踏まえて居民委員会を眺めると、「半国家・半社会」の性格という点において、居民委員会は伝統基層社会の郷紳層と相似しているが、しかし、同時に両者の間に大きな違いがあることを見落としてはならない。

　第1に、リーダーとしての権威性の由来が異なることである。郷紳層は伝統社会において一般の百姓と区別された特権階級であった。いわゆる「読書人」という知識階級に属し、地域の有力者であった彼らは、言わば、国家によって与えられた特権により、「アプリオリに」権威を有しているが故に、地域社会のリーダーと組織者でありえた。

　それに対して、居民委員会の場合はトップの主任をはじめ、スタッフはみな一般の人々である。居民委員会は行政組織ではないからスタッフは公務員ではない。自治組織のスタッフとして給料も安い。したがって、彼らはいかなる意味においても特権階級に属さず、社区の住民と対等な存在である。彼らが社区の住民に対して威信と信頼を確立するためには、日ごろから社区の住民に奉仕する努力をしなければならない。後天的な権威を獲得するには、一般住民の立場に寄り添うことが重要なのである。のみならず、住民は居民委員会の仕事を監督する立場にあり、住民の意見は居民委員会に対する上級行政機関の評価を影響する重要な要素になっている。住民の意思は評価制度に組み込まれているのである。この点でも、郷紳層と大きく異なっている。

　第2に、郷紳層は基層の行政官僚と距離を取っており、官から相対的に自立した存在であった。彼らはむしろ地域の事情に疎い官僚に頼られる存在であった。郷紳としての特権と地域リーダーとしての身分は彼らに地域の百姓を代表して「官」と渡り合うことを可能にさせた。それに対して、居民委

会は上級の街道辦事処の指導下に置かれており、行政的な性格が強い。したがって、郷紳層と比べて自立性は低い。居民委員会は大量の行政上の業務を請け負っている点において、ある意味では、伝統社会の胥吏の性格に似ている部分がある。しかし、居民委員会は胥吏ではない。居民委員会は立場上、住民と対等な存在であり、あくまでも基層社会の住民を取りまとめる自治組織である。ところが、行政組織でないにもかかわらず、居民委員会は制度上、上級の行政機関に対して服従しなければならない。

一方、郷紳と比べて、行政の強い影響下にある居民委員会は、より一般住民の立場に近い。自治組織としての居民委員会は、社区の住民の組織者とリーダーとして、実際の仕事の過程で住民の立場に寄り添いながら仕事を展開するのでなければ、住民の信頼を受けることができない。したがって、逆説のようだが、同じ基層社会のリーダーとして、国家から相対的に自立性の高かった郷紳層と比べて、国家の直接管理下にある自立性の低い居民委員会はむしろ住民の立場に近い。しかも、後述のように、自立性が低くても、居民委員会は基層行政機関の前でただ従順的で自律性をもたないことを意味しない。居民委員会はその創意工夫で社区でその自律性を発揮しているのである。

第3に、郷紳層は百姓と同じ地域に生活しており、多くの利害関係を共有していた。そのことは一方では、郷紳たちに地域の公共事務に関心をもたせ、リーダーとして百姓を組織し公共の事務に携わらせる動機になる。しかし、他方では、前述したように、郷紳層は自らの利益を守りために、あるいは、より多くの私的利益を獲得するために、百姓を抑圧し、搾取する「土豪・劣紳」にもなりうるのであった。

それに対して、居民委員会の主任は基本的に他地域に住んでおり、勤めている社区において住民との間に直接な利害関係をもたない。そして何よりも、居民委員会は行政執行権も財政権も持たず、しかも住民の監督を受けなければならない立場にあり、一般住民に対して「上」からの目線で接することはまず考えられない。また、行政権や財政権をもたない故に不正、腐敗を

する機会も少ない。

　では、現在の中国におけるこのような曖昧な「半国家・半社会」の存在である居民委員会は、国家と住民とどのような関係にあるのか。次に居民委員会が国家と社会の間のどのような位置にあるのかについて見ることにしたい。

2　居民委員会にとっての国家と社会

（1）　国家との相互依存関係と政治の役割

　単位体制にとって代わる社区体制の構築は、国家が経済改革を進めた過程で避けてはならない取り組みであった。その意味では、社区体制は、最初、国家によってレールを敷く作業が不可欠であった。そもそも、「社区建設」の方針と、社区における住民の「自己管理、自己教育、自己奉仕」の提唱とは国家によってなされたものであった。そのため、社区建設に「オオヤケの公」が大きな影を落としているのは否めない。1989年末に発布された『中華人民共和国城市居民委員会組織法』では、居民委員会は自治組織として位置付けられた一方、社区における住民自治においては、党による領導が強調されている。筆者が調査した数十か所の居民委員会では、トップの主任はほぼ例外なく党の書記長または副書記長と同一人物であったのはその表れである。

　また、居民委員会は直接に街道辦事処の管理下に置かれていることはすでに見てきたとおりである。居民委員会がこなした行政の事務と、社区サービス、住民への奉仕の達成度とは街道辦事処が居民委員会の成績を査定する重要な基準になっている。例えば、ボランティアの動員数や、社区の住民が自発的に組織した組織の数、社区の治安、衛生状況などはいずれも評価項目になっている。そして、完成状況を一連の数値で測ることで済むわけではなく、評価者はさらに社区で実地調査を行い、住民に対するアンケート調査を実施し、電話による住民のインタビューを行うなど、社区での実際の実施状

況を確認する。街道辦事処という直接の上司による評価は居民委員会の主任がもっとも気にしているところである。

　その意味では、自治と言っても、党の領導と官僚機構の管理下の「自治」でしかなく、それは居民委員会が「半公的群衆組織」（「半官方群衆組織」——費孝通）と呼ばれている所以でもある。制度上、居民委員会は党と国家の二重のコントロール下に置かれているのである。

　ただし、社区建設を推進する際に、国家側には、基層社会に対する有効な統治という目的のほかに、基層社会に「公家」に対する依存の体質から脱却させて活力をもたせるようにするというもう一つの思惑があったといってよい。政府が2015年に、正式に各級の地方政府に対して、社区居民委員会の行政負担を軽減するために、「社区工作准入制度」を確立するようという指示を出した[160]。それは居民委員会が社区活動の組織者・リーダーとして活躍することへの期待の表れでもあった。国家がより「スマート」な統治を目指すには、そうする以外にほかに選択がないからである。基層社会において、この課題を実際に担っているのは社区における居民委員会にほかならない。国家政策の基層社会での施行と浸透とはいずれも街道辦事処や関係する行政部門から最終的に居民委員会に下達して、居民委員会を通して執行されなければならないし、格差社会がもたらした社会的不満が噴出しているなかで基層社会の安定を維持するためには、居民委員会がカギを握る存在だといってよい。さらに、住民間のつながりが薄いなかで、基層社会における人々の間の紐帯を再建するには、居民委員会にはリーダーシップの発揮が求められている。その意味では、基層社会に対するガバナンスにおいて、国家は居民委員会に大きく依存していると言える。

　一方、居民委員会は仕事を展開する際に、国家の権威に依存している。もし「オオヤケの公」の権威が不十分だと、居民委員会の社区での存在感が薄くなることは避けられない。例えば、広東省の深圳市では、政府の基層における執行力を強化するために、社区において居民委員会よりも社区工作站の機能を強めている[161]。社区工作站は行政の執行権をもつだけでなく、街道

辦事処から予算を割り当てられている。さらに、党の建設も工作站を中心になされており、基本的に街道辦事処によって任命された工作站の站長が党委員会の書記長を兼任している。社区工作站が強化されていることは社区における行政色の強化を意味する。その強化の背景には、深圳市では業主委員会の活動が活発であることが全国的にも有名であり、また、陳情活動も盛んだったなどの事情があると言われている。深圳では、2011年の時点で、居民委員会と工作站のスタッフが重なる場合もあるし、両者が分離されている場合もある。制度上は、居民委員会と社区工作站とは同等の地位にあるが、しかし、機能が強化された社区工作站の比べて、居民委員会の影ははるかに薄い。

　居民委員会の存在感に影響を与える要素はもう一つある。深圳市はさらに政府の予算で社区に「社区服務中心」（社区サービスセンター）を設けて、社区の住民にデイサービスや放課後教室などの非行政サービスを提供している。この部分のサービスは、もともとほかの都市において、基本的に居民委員会に任されているものである。サービスセンターは「社会工作」（ソーシャルワーク）機構によって運営される非営利機構である。政府が「社区服務中心」に交付する運営費は50万元に上る。他の都市と比べて予算的に余裕のある深圳市では、このような社区サービスの社会化の政策により、「社区服務中心」は他の省や都市で居民委員会が負担している部分の多くの業務を担うことになった。

　このように、社区工作站の機能強化と、政府予算に支えられた「社区服務中心」による社区サービスの充実化のなかで、深圳市の社区においては、居民委員会が浮いた存在になり、中国の他の都市部によく見られるような過重な業務を負わされている居民委員会とは対照的に、居民委員会そのものの認知度は住民の間では低い。皮肉なことに、居民委員会の存在感が薄い中で、社区において、民主の指標となる直接選挙がほぼ全面的に実現できた。つまり、社区工作站が社区において行政組織の延長として「オオヤケの公」の権威性を独占したことにより、居民委員会は周縁化されたという結果になっ

た。この結果は逆説的に、自治組織の居民委員会は実は「オオヤケの公」の権威性に大きく依存しているということを物語っている。

　国家と居民委員会との相互依存性に加えて、さらに指摘すべきは、社区において、国家の存在があまり大きすぎると、社区自治は有名無実のものになるが、一方で、新しく作られた社区の中で、バラバラになっている人々の間のつながりを形成させるには、やはり公共を担う存在としての「オオヤケの公」による推進が必要だということである。例えば、居民委員会の「自治」の仕事にノルマを課しているのは奇妙に映り、また、決してそれを正当化すべきではないことだが、客観的に居民委員会が社区においてリーダーシップを発揮させることを促したのも事実である。社区の住民たちは、互いにつながりがまだ薄く、バラバラになっている状態のなかで、すぐに積極的に動き出すことは難しい。しかし、社区において、とくに定年退職者や無職者など無所属の人々、また助けを必要とする弱い立場にある人々は、つながりをもたなければ、孤独な弱い存在になるのは避けられない。一方で、自分たちのプロパティなど私的権利を主張する人々が増えているなかで、各種の利益の衝突を調整する役が必要である。その意味では、国家が行政手段を通して社区における「自治」を「上」から積極的に推進していることは、そもそも国家が負うべき公共への責任でもあるのである。

　もちろん、国家と居民委員会の間の相互依存関係は決して対等なものではなく、むしろ居民委員会が一方的にコントロールされており、自治組織としての本来の意味が歪められているのが実態だということを忘れてはならない。しかし、基層社会において、国家をいかに拒否すべきかを問うのではなく、上記の状況を踏まえて、問うべきは、「社区治理」において、社会はいかに自律性を確立して、国家との協働を実現するのか、ということである[162]。

（2）　居民委員会と住民

　居民委員会は自治組織として、社区の中で「上」からの視線で業務を執行することが許されない。しかも、社区での仕事をスムーズに行えるように、

居民委員会は社区の中で威信を確立しなければならない。「オオヤケの公」の権威に頼る必要があることは上述したが、それだけに頼るとむしろ住民の顰蹙を買うことになる。真の威信は住民との信頼関係の中から生まれるものである。

居民委員会にとって、社区における仕事の対象である住民はいくつかの部分に分けられる。

第1に、様々な意味で注意を払う必要のある住民とその家庭。例えば、行政上の業務の一環として、助けを必要とする「弱勢群体」の場合は重点的なサービス対象であり、独居老人、身障者の家庭を定期的に慰問し手伝いに行ったり、社区に施設を設けて老人のために食事や初歩的なデイサービスを提供したり、失業者のために仕事をあっせんしたりする。また、神経をとがらせている「問題」住民、例えば、陳情を繰り返す住民、犯罪歴がある社区矯正の対象者などの者の家庭を訪問して思いとどめさせるように説得を繰り返さなければならない。

第2に、逆に頼りにすることのできる住民、とくに社区の中の党員、労働模範、そして、積極的に社区の中の各種活動に参加する熱心な協力者である。これらの人々はほぼ定年退職者など、現職をもたない人々である。時間があり、人との交流の欲求もある。職場をもたず日常生活の活動半径も狭い彼らにとって、社区は日常の生活の重要な場である。居民委員会は日常の家庭訪問、党委員会や支部活動などを通して、キー・パーソンとなる者を「発見」して、彼らが社区の事務に協力するように働きかける。居民委員会を介して、これらの積極分子が集まり、社区の中で社区の治安、環境美化などのボランティア活動や住民間の互助活動を展開する。社区における各種の活動の活性化はこれらの住民によるところが大きい。

第3に、老後の生活や余暇を楽しめるよう、一般住民は趣味に基づいて社区の中で様々な組織をつくって活動する。居民委員会は場所を提供し、必要な費用を補助するなどしてこれを支援する。ほとんどの社区で広く見られる「合唱チーム」、「舞踏チーム」、「書画チーム」、「太極拳チーム」、「健身チー

ム」などは、いずれも社区の住民がそれぞれの趣味に合わせて自主的に組織し活動をしたものである。これらの住民は第二の場合と重なる場合が多く、社区事務への協力者でもある。

　第4に、いろいろな意味で特殊の住民である。これらの住民はさらに二つの部分に分けられる。一つは、専門的な知識や技能をもつ住民である。居民委員会は各分野の専門家である住民を動員して、社区の中で講座を開催したり、上記の社区のサークル活動に対する指導を依頼したりすることができる。もう一つは、社区の中に在住している区、または、市・省の人代の代表である。これらの代表は所属の勤め先である「単位」から選出されたもので、社区から選出されたものではないが、人代で発言権、提案権をもっており、人民の代表として在住社区の利益を代弁することが可能である。後述するように、これらの代表は実際に様々な形で有効に活用されている。このような住民の人数は極めて少ないが、その立場ゆえに重要な役割を果たしている。さらに、住民ではないが、所在地が社区の所轄範囲内にあるいわゆる「駐区単位」である。とくに大きな単位の場合、社区と共に建設する（「共建」）という国家の政策の下で、居民委員会は社区内の「駐区単位」に対して、各種のイベントを開催するために必要な施設や、道具の提供や、場合によって予算の援助を要請するなど、様々な形で連携をすることができる。

　居民委員会は網格化管理のネットワークを通じて、社区の中の住民の異なる性質を把握した上で、巧みに各種の資源を動員しながら社区サービスを行う。その過程で居民委員会の存在感を示し、住民の信頼を勝ち取る。これらの努力はもちろん居民委員会の自発的な熱意だけで語れるものではない。同時に、居民委員会にとって、社区自治は国家から課せられた仕事として、それらをこなせなければならないことと、仕事の内容は住民の監督を受けなければならないこととの縛りがあることを忘れてはならない。しかし、それでも、伝統社会の「郷党」意識をほとんどもたず、住民間のつながりが薄いなかで、社区を活性化するための居民委員会の努力はやはり目を見張らせるものがある。それらは基層社会における協働・公共の公の形成に重要な基礎を

作り上げたといってよい。

　そして、居民委員会は、その位置付けのみならず、その働きの性格も国家と社会とが交わり合った曖昧なものである。この点をよりはっきりさせるために、以下、いくつかの事例を通して見ることにしたい。

〈注〉

160　「民政部、中央組織部関于進一歩開展社区減負工作的通知」、前掲。「通知」は、政府部門や街道辦事処が仕事を社区に転嫁すべきではなく、社区への仕事依頼はまず審査を受ける必要がある、という「社区工作准入制度」の実行を明確に規定したほか、社区に対する評価方法を規範化すること、政府の各部門が社区に設けた各種の機構の統合、または、取り消すこと、政府の各部門や街道辦事処の指示のもとで社区で開催される各種の会議と、社区が提出を求められる台帳、報告書などの書類とを減らすこと、などを規定した。

161　以下の内容は、2011年12月7日に、深圳市民政局基層政権と社区建設処にて、当処の幹部に対するインタビューの記録に基づいているものである。

162　この点について、宇野重規の考察は示唆に富むものである。宇野は、「脱宗教化」という今の時代における「社会的紐帯の政治化」現象を吟味し、個人の自由を前提として出発した近代における政治が、社会的紐帯の存在の自明性が失われた現在、「『政治』は『社会的紐帯』の維持・形成のために重要な条件整備の役割を果たすべき」（304頁）だと指摘している。同編（2010）『つながる―社会的紐帯と政治学』風行社、を参照されたい。

三　曖昧な国家・社会関係の空間における協働

1　「志願者活動」

　居民委員会は社区における自治活動の組織者と推進役であるが、居民委員会によって展開されている各種の「自治」活動も曖昧な性格をもつものになっている。
　その事例として、まずあげられるのは、社区におけるボランティア活動（「志願者活動」）である。各地の社区において、定年退職者や年配者を中心にボランティア活動が盛んに展開されている。社区の治安を維持するためのパトロール隊や、社区の環境衛生の維持と美化をするための組織などは居民委員会のコーディネートによって組織された場合が多いが、それらはみな社区の住民による無給の奉仕活動である。また、居民委員会の主導で開催される各種の行事への協力や、助けを必要とする独居老人や身障者の家庭を訪問して手伝いするなどの活動も同じである。これらは各地の社区で広く見られる現象である。
　これらのボランティア活動には、非功利的で、自主的に人々に奉仕したいというボランティアの本来の精神から出発して参加する者も少なからずいるが、筆者のこれまでの調査やインタビューからすれば、その中の多くはむしろ以下のいくつかの特徴をもっている。①ボランティア活動に参加することは、住民たちにとって社区の中の他の住民とつながりや交流をもつ機会である。それに、活動に参加することによって人間関係など「社会関係資本」を蓄積する心理も働く。社区の入り口や、社区の中でよく見かける赤い腕章をつけておしゃべりをしながら見張りをする姿はそのような典型である。②政府主催の国や省レベルの大型国際会議や運動会などのイベント、地元政府の呼びかけで始まった全市的な取り組み、例えば、交通安全の促進や、イベント会場の治安維持などの活動への参与は、ボランティア活動とも呼ばれてい

るが、実際には「公」的性格が強い。それらは基本的に街道辦事処の指示を受けた居民委員会が社区で動員をかけたものであり、日当も支給される。③居民委員会が社区の中で住民たちにボランティア活動を働きかけるとき、往々にして定年退職した党員や、かつて表彰を受けたことのある先進的な労働者（「労働模範」）たちに注目し、彼らの役割を強調する。実際、彼らは各種のボランティア活動のリーダー、もしくは中心的な存在になっている。

　①の場合はボランティアと言えなくはないが、②の場合は正確に言うとボランティアではないだろう。しかし、参加者は「志願者」と呼ばれ、居民委員会の志願者動員数に計上されている。そして、興味深いのは、③の場合である。党員や元の労働模範たちが居民委員会の動員に応じやすいのは、実際に一般群衆よりも先進人物として「人民に奉仕する」という高い意識をもつからだということは言えなくはないかもしれない。しかし、老党員や、老模範をただ表面的に理解すべきではない。居民委員会が呼びかけたときに、彼らが党員や、労働模範であることを強調したことは、彼らにとって、自分と一般住民とを区別する一種の名誉であり、それは年をとってもまだ人に役立つというプライド、自尊心にもつながっている。彼らはボランティア活動への積極的な関与を通して自らの存在意義を見出している。そして、彼らの活躍により、ボランティア活動は住民の間でさらに広がりを見せる場合が多い。このような党という看板の役割を最大限に活用したのは、例えば、瀋陽のH社区である。

　H社区は古い社区である。社区の中に旧国営企業の定年退職者やレイオフされた高齢者が多く、党員や、労働模範の数も多い。退役軍人出身の居民委員会の書記長は社区のこの特性を生かし、老党員・労働模範たちを動員して、彼らを中心に社区の中に22の「特設党支部」を設けた。これらの党支部は社区の住民に対して各種の奉仕活動を展開している。例えば、「関愛党支部」のメンバーは住民の家庭を訪問して住民間の各種の矛盾を調停し、「模範党支部」は農場から仕入れた新鮮な野菜を社区の住民に廉価で販売するなどの奉仕活動を展開している。ほかにも「和諧党支部」や「健身党支部」、「退役

軍人党支部」、「80後党支部」などがあり、それぞれの特長を生かして社区住民に対して奉仕活動を展開する。これは言わば、党の名義のもとでボランティア活動を推進して活性化することである。つまり、党の名義で活動を展開しているものの、その実質は党の名義を冠したボランティア活動なのである。

　実際、社区におけるボランティアの提唱は政府の政策の一環でもある。中央政府から基層に下達された「意見」のなかで、次のように述べられている。

> 「政府が補助を出し、プロジェクト資金を設けるなどの手段を通じて、各種の社会組織やボランティアが社区の管理とサービスに係るように積極的に誘導し、社区の住民たちが互助サービスを行うことを励まし支持して、それらが社区居民委員会の仕事を推進する重要な力になるようにしなければならない。社区ボランティア登録制度を強力に推進し、社区ボランティアサービスネットワークを健全化して、3年から5年の間に、社区ボランティア登録率が住民人口の10％以上に達するという目標を実現するように努力する」[163]。

ここでは、ボランティアが広い意味でとらえられており、しかも社区の仕事を担う重要な力として社区の事務の一環として組み込まれている。そして、「上」からのこのような「意見」は、基層の社区において、居民委員会にとって、達成しなければならない任務になっていることは想像に難くない。とくに、「上」からの命を受けた場合、居民委員会は社区の中で住民を動員し、場合によって、説得をしなければならない。その意味では、このような「オオヤケの公」と「共同、公共の公」が入り交じっている「ボランティア活動」（「志願者活動」）は純粋なボランティアとはかけ離れているものだといわなければならない。

　しかし、もし真のボランティアであるかどうかを問うのは主要な目的ではなく、むしろ、社区におけるこれらの活動がもたらした意義を中心に考えれば、決して強制・強要されたものではないこれらの「ボランティア活動」は

人々のつながりを強め、社区がこれらの多くの活動によって活性化していることは、やはり否定できない事実なのである。

2　党の権威の利用

　社区において、日常生活と直接にかかわる道路の修繕や、街路灯の設置、水道・ガスの改造工事、また、冬のスチーム供給などは住民たちにとって最大な関心事である。これらを取り扱うのは政府（基本的に区政府）の行政部門である。社区において対応を要する問題が発生した場合、社区居民委員会は問題を街道辦事処に報告して、対応を要請する。直接に対応できない街道辦事処はさらに関連の行政部門と協議をして、問題の解決に取り組む。しかし、このような手続き踏んで問題の解決に取り組む過程は時間がかかり、また、関係する行政部門の官僚的対応はさらに問題を解決する過程を長くさせる。例えば、社区に一部の住民が料金を滞納しているために、関連部門はスチームの供給に制限を加える。問題を迅速に解決しなければ、社区の住民の不満が高まる。行政の前で無力な居民委員会は話し合いを呼び掛けても容易に応じてもらえないため、問題にどのように対応するかは、多くの居民委員会にとって悩ましい課題である。

　瀋陽市のH社区が考案したのは、やはり党という資源の動員である。社区の党委員会の書記長は社区の中で「1＋X党支部」の設立を発案した。「1＋X党支部」の「1」とは、すなわち居民委員会の党組織のことで、一方の「X」とは、社区内に駐在する「単位」や、関係する社会行政部門（例えば、水道、電気などを取り扱う諸部門）の党組織を指す。「1＋X」は、すなわち、社区の党組織と社区に所在する「単位」や関連する行政諸部門の党組織との合同でできた支部会議である。各関連部門の党委員会の書記長が「1＋X党支部」の兼任委員になる。現在、「1＋X党支部」は全部で39名の委員から構成されている。原則として半年に1回全体会を開催するが、社区の中の事務の需要に応じて随時、関係する部門の支部委員で合同会議を開く。社

区事務を処理するために開催された会議であるため、会議の内容は極めて実務的である。あるいは、正式な会議を開催するまでもなく、党組織の責任者間の電話によるやり取りで処理することもよくあるという。居民委員会の党書記長はこのように、「1＋X党支部」という枠組みを通して各々の部門の党代表委員の協力を得ながら社区内の事務を処理していく。例えば、社区内の100余りの世帯に水を供給できないという事態が発生した。それを受けて、居民委員会党委員会の主導で「1＋X」党委員会を開催する。水道会社、警察署などの部門の代表が一同に集まり、協同で迅速に問題を解決した。行政部門は行政上、社区居民委員会の「上」に立ち、指導する立場にあるが、社区の党組織の主導による「1＋X党支部」の会議に応じなければならないのは、一つには、社区居民委員会の党書記長は瀋陽市の区人代の代表でもあり、人大代表による提案をおろそかにすることができないという背景もあるが、何より、党支部の名義で開催される会議に応じないわけにはいかないのである。とくに、「1＋X党支部」の実践は、現在、共産党の「執政能力」や、「群衆路線」への強調と軌を一にしているため、党の名義の効果は絶大である。

　すでに見たように、同社区は、党の名義で住民にボランティア活動への参加を呼びかけ、また、数多くの「特設党支部」の活動を通して、社区の中の各種ボランティア活動を活性化させた。このように、党の名義を通して、一方では、党員である住民たちのプライドとリーダーシップを呼び起こし、他方では、関連行政部門による官僚的な対応をうまく克服ことができ、スムーズに社区における各種事務を処理し活動を展開することができた。しかも、これらの活動はいずれも党の名義のもとで行われたものであるため、社区における党の領導を堅持していると高く評価され、「1＋X党支部」は一つのモデルになって、他の社区にも広められるようになった。この場合、党の領導とは、党の権威を巧みに利用することをも意味している。居民委員会はただ受動的に「上」の指示に従うのではなく、その創意工夫で主体性を発揮することができたのである。

書記長に対するインタビューの中で、社区においてほぼ同じスタッフが党委員会、居民委員会、社区工作站の3つ分野の仕事を兼ねているが、具体的に活動を展開するときに、どの身分で活動を展開するかを考えることがあるか、という筆者の質問に対して、書記長は、住民に奉仕するという目的は同じだから、意識したことはない、また、どんな名義であれ、住民たちにとって役に立っているのであれば、それを嫌がる人はいないと答えたのが印象的だった。社区のスタッフにとって、社区における業務をスムーズに進めていくことは最大の目的である。そして、その目的を達成するために、もっとも効果的な手段を選択する。党という看板の裏には、そのようなプラグマティックな発想が見え隠れしているのである。

3　人代制度の活用とその可能性

　基層社会において、公式的に認定された「半国家・半社会」的な存在としての居民委員会は国家と一般住民との間をつなぐ存在としてその役割が大いに期待されている。しかし、居民委員会は基本的に一社区の中の事務に専念しており、社区を超える取り組みや連携、言い換えれば、より大きな「公」の創出はまだあまり見られない。したがって、社区が官と民との間の潤滑剤になり、一社区の共同、公共の空間を創出することができても、より大きな公へと発展していくには、やはり限界をもつ。しかしそのような限界を突破するような事例も観察されている。その突破口は、一つは社区よりも大きな枠組みにおける住民参加の実践であり、もう一つは、一つの社区に止まらない出来事の発生により、それへの取り組みがより大きな「公」につながったことである。そして、その過程で、いずれも人民代表会議の制度が活用されているのである。

（1）「魯谷社区代表会議」
　第7章でも取り上げたように、北京市石景山区の魯谷は基層行政の街道辦

事処のレベルで改革を行った。「小政府、大社会、高効率、大サービス」を目的とした改革は、その象徴が「魯谷社区行政事務管理中心」と「魯谷社区代表会議」（以下は「代表会議」と略す）の設立であった。前者の「管理中心」は、いわば、街道辦事処の機構のスリム化という「小政府」の改革だったが、第7章で述べたように、結局、官僚制度の惰性に阻まれて実質的に挫折した。一方、後者の「代表会議」改革はその後、いろいろの変更が加えられたが、制度としては依然実質的に機能している。

「代表会議」は「群衆自治組織」として位置付けられている。「社区代表会議」と呼ばれてはいるが、魯谷の場合は街道辦事処と同じ行政レベルである「大社区」である。つまり、基層行政機構のレベルにおいて群衆自治組織である「代表会議」を設けるというところに当初の改革の意義があるのである。「代表会議」制度は北京市における初めての街道レベルでの群衆自治組織であった。

「魯谷社区代表会議」の組織は社区代表会議、社区委員会、社区委員会辦公室からなっている。「代表会議」は発足時に全部で233名の代表があり、北京市や区の人大代表と社区内の単位の代表、そして、選挙で選ばれた住民代表（160名）などから構成されていた。「代表会議」は社区全体の政策決定機構であり、居民委員会の自治活動を指導する立場にある。代表会議は原則として年に1回開催される。代表会議の閉会期間中に常設議事協調機構である「社区委員会」が活動する。メンバーは代表会議の代表のなかから選出された37名の委員からなっており、3カ月に1回会議を開催して活動する。さらに、実質的に日常的に稼働しているのは「社区委員会辦公室」である。辦公室は社区委員会の事務処理機構であり、日常的事務を取り扱う。代表会議に対して、党の領導と「管理中心」の指導とが定められている。代表会議の常設機関である「辦公室」は実際、管理中心のなかに置かれている。

「代表会議」の機能は大きく言えば二つある。一つは、「便民工程」（民に利便をもたらすプロジェクト）と呼ばれるプロジェクトの決定である。いま一つは、プロジェクトの実施や、大社区の中の行政執行機関の仕事に対する

監督である。

　具体的には、辦公室は、定期的に社区居民委員会主任が出席する工作会や座談会（年2回ほど）の開催のほかに、各社区で一般住民の代表が参加する「住民議事会」の開催と、各社区の代表との電話やメールなどのやり取りとを通して、各社区からの要請やプロジェクト案を把握して、それらを整理したうえで、管理中心の「便民プロジェクト指導チーム」（「便民工程指導小組」）に報告する。

　社区が成立して以来ずっと社区の党工委書記長を務めた崔章程氏によれば、2003年以降の10年間、数百の「便民工程」はいずれも居民代表会議によって決められたものである[164]。2006年の時の「管理中心」主任馮重北氏によれば、プロジェクトについて、社区は上級政府から毎年200万元の予算枠を与えられているが、50万元以下のプロジェクトについては、住民たち自身で内容を決めることができる。毎年の初めごろに、「便民工程諮問会」が開催され、メンバーは50名あまりの代表会議の代表からなっている。そこで決められたプロジェクトの予算は、管理中心が上級政府に申請するほかに、社区内の「単位」などの社会的資源に対する動員を通じて調達する。プロジェクトは公示しなければならず、プロジェクトの完成後に代表会議の代表の視察と評価を受けなければならない。実施された便民プロジェクトは、予算の執行状況やプロジェクトがもたらした効果について、最終的に全部「代表会議」で報告されなければならない。さらに、「代表会議」の監督機能はプロジェクトの執行状況に止まらず、魯谷地区の工商管理、派出所、都市管理などの法の執行機関の執行状況についても「代表会議」の監督を受けなければならない。監督の方法としては、「代表会議」に対して執行状況を報告するだけでなく、実際の執行過程でも代表のチェックを受けなければならなかった。また、「管理中心」の業務実施もやはり「代表会議」の評価を受けなければならない。評価は上級政府機関が「管理中心」に対する審査の根拠にもなる。しかし、ここ数年、行政による法の執行に対する監督は上級の「紀律検査委員会」によって管理されるようになったため、「代表会議」の監

督機能はいくらか弱化されたのだという。

　以上の魯谷の改革は少なくとも以下の2点において大きな意義をもっているといってよい。

　まず、社区治理主体の多元化ということである。代表会議に対する領導、指導権を党組織や行政側が握るが、一般住民の立場に立つ代表も議論と審議、決定に加わっている。住民の生活にかかわるプロジェクトは住民によって提案され、実施過程も制度化された手続きを踏んでいるために透明性を保ち、実施の結果も住民の監督を受けている。そして、社区内の住民だけでなく、全人代や協商会議の代表[165]や社区内の「単位」なども社区の事務に対して有効な監督機能を果たしている。また、もう一つの意義は、より大きな「公共」を手にする可能性をもつということである。魯谷社区の代表会議制度の下で形成された「公」は、制度上、その下にある22の社区の住民代表を含む代表が議論を通してコンセンサスに達したものであり、一つの社区よりも広い範囲のなかでの議論を経てより大きな「公」を醸し出す過程は、やはり貴重な経験だといってよい。

（2）「人大代表連絡站」

　社区の内部で発生した問題の処理は、現在、基本的には居民委員会に頼っている。しかし、一社区を超えた問題は、もはや居民委員会の手に負えない。近年、化学工場（例えば、2007年のアモイ市のPX工場建設問題）や、ゴミ発電所の建設[166]に対する反対、抗議運動が多発している。このような社区を超えた大型の住民運動や抗議事件は、居民委員会の手には負えないものである。この場合、居民委員会の代わりに活躍するのは行政と住民の間に立つキー・パーソンである。

　例えば、社区工作站による管理が強化され、逆に居民委員会の影が薄い深圳市においては、居民委員会にとって代わって国家と一般住民との間に立ち、両者の関係を調整するキー・パーソンが現れた。しかも、それは一社区に止まらずに、より大きな広がりと可能性を感じさせるものである。

深圳市は、すでにふれたように、住民の権利意識が高く、業主委員会の活動や陳情活動が多発している。一方で、80年代に生まれた新しい都市のため、深圳市は都市居民委員会の歴史をもたない。工作站制度が重要視され、歴史の浅い居民委員会は住民の信頼を十分に獲得できておらず、国家と住民との間の関係を調整する役が不在である。そのため、基層社会に住民と地元政府との間に問題が多発している。以下で紹介するキー・パーソンA氏はまさにこのような背景のなかで頭角を現した方である。
　A氏はもともとある国有企業の社長だったが、体調不良が原因で退職した。A氏は30年以上の共産党員歴をもつ方である[167]。彼が一躍有名になったのは、ごみ焼却発電所建設問題の解決がきっかけだった。2001年に、A氏が在住している地域にゴミ焼却発電所の建設計画をめぐって、政府と地元の住民が鋭く対立した[168]。問題を解決するために、街道辦事処が業主委員会の責任者や関係部門の代表者両方を招いて座談会を開催した。A氏も代表として招かれた。座談会では、発電所の環境に対する影響をよりよく理解するために、海外の先進地域を見学したらどうかというA氏の提案が受け入れられて、行政側は人大代表や、政協委員、そしてA氏を含む住民代表らからなる考察団を組織して、韓国や日本、マカオ各地の関連施設を見学した。帰国後、A氏らは考察を通じて得た見聞をまとめて各社区の中を巡り宣伝を行った。これにより、社区内の住民が発電所に対する理解が深まり、対抗の気持ちも和らげられた。結局、住民が発電所に対する監督に参与することを条件に、発電所の建設が実現できた。
　交渉の過程で、住民側に人大代表も加わっていたため、A氏は人大代表の行政に対する影響力に注目した。人大代表は問題発見能力が高く、政府に対する働きかけも一般人より重要視されると彼が考えたからである。そのような考えに基づいて、A氏は「人大代表連絡站」（以下、「連絡站」と略す）の構想を練り、街道の党の書記長に持ちかけて、その支持を取り付けた。その結果、街道の支持のもとで「連絡站」が設立され、A氏を含む5人の業主委員会主任や副主任が当該地区の区、市人大代表の連絡員になった[169]。

「連絡站」の仕事は、一言で言えば、社区住民から意見を収集しそれらを整理した上で、人大代表に提出することである。そして、人民代表はまとめられた意見や課題を関係する政府部門に提出し解決を求める。人大代表に注目したA氏の発想は明快である。つまり、人代制度は本来、一般住民と政府（行政）とをつなげる存在である。一般住民の意見や要望は人大代表を通して提出されると、政府行政部門に確実に対応してもらえる。しかし、実際のところ、人大代表はみな本職もっており、代表はあくまで兼任のため、結局、人大代表は名誉職に止まる場合が多く、実質的に十分に機能していない。工作站はすなわち、時間の余裕を持たない人大代表の補佐として、代わりに住民の意見を収集しまとめるための存在である。後に、連絡站はさらに住民による議事メカニズムや、行政部門との協商メカニズムなどをもつくった。そして、実際の運営では、日常的な問題は連絡員がそれを人大代表に提出するまでもなく、議事メカニズムを活用して直接に問題を解決することが多い。

連絡站の特徴は、A氏の言葉を借りれば、「体制外の力」が体制内で役割を発揮することである。A氏によれば、「私たちは人大代表ではなく、人大代表の『耳目』と『助手』であり、『目』と『足』の役割を果たしている」[170]。しかし、体制外の存在である彼らは、人民代表大会制度を通して、体制内で役割を果たしているのである。

注目すべきは、連絡站の仕事は、社区内部の民生問題に止まらず、公共の問題にも及んでいる点である。例えば、区政府が埋め立て事業の計画を臨時に変更しようとした。しかし、変更されれば、住民の利益が損害を受けることになるため、連絡站は人大代表を通して異議を申し立てこれを阻止することができた。そのほかにも、A氏を中心とした連絡站の活躍は、深圳市全体のクリーン活動や、市の公共バスの値下げなどの公共事業にまで及び、大きな成果を上げた。これらのことの多くは発端が社区の内部から出てきたものだったが、やがて、より大きな公共の「公」へとに発展した。連絡站の主導による人大代表制度の活用は大きな推進力を生み出した。A氏の連絡站

の活躍により、この制度はその後、A氏の所在の区で普及し、2016年現在、すでに24の連絡站があり、2015年にこの24の連絡站は200回以上にのぼるフィールドワークを行い、ホットな民生関連の問題を110件以上解決したとされている[171]。

連絡站は人代制度を借りて行政部門と協議する手法は、ある意味では、瀋陽のH社区の場合に見られるように、党の権威性を借りて行政部門の官僚的対応を防ぐ手法と似ている。しかし、居民委員会と比べると、連絡站は街道辦事処による行政的指導という拘束を受けないので、より自由で機動力に優れている。設立過程で街道辦事処のトップの支持がなければ不可能だという点では、連絡站は「オオヤケの公」と決して無関係ではないが、住民の立場に立っているために住民の信頼を得ている。実際、連絡站の活躍と比べて、同社区の居民委員会は存在感が薄い。街道辦事処でさえ社区工作站よりも、A氏のほうと直接に連携する場合が多いとされている[172]。

一方の基層政府部門にとっても、A氏という中間的存在は頼もしい。なぜなら、住民に苦情があれば、基層政府部門が住民からの圧力と上級政府による問責という二重の圧力を負うことになるが、住民の信頼を受けている「体制外の力」としての連絡員は、直接利害関係者の一般住民という「下」からの圧力と、上級政府という「上」からの圧力との間の重要な緩衝材になっているからである。

まとめ

基層社会の社区の建設は今もなお進行中である。国家も、基層社会も、社区はどのような機能を担えるか、また、どこまで担えるかについて、模索し続けている。多くの地域では、「一社一品」運動が展開されており、成果を挙げられた取り組みが先進事例ないし「模式」として紹介・宣伝され、たちまち地域、そして、全国的に広まった。例えば、全国の各地の社区で行われている「網格化管理」方式は、最初は、深圳市で生まれた先進事例であっ

た。

　伝統的地域社会や、単位体制時代と比べて、新しく作られた現在の社区体制のもとで、人々の間のつながりがまだ相対的に薄く、人々は社区に対するアイデンティティをまだ強く感じていない。しかし、活況を呈している各地の社区の建設はこのような状況を少しずつ変えている。多くの取り組みの事例は、人々は生のために、バラバラな状態に安住できず、他者とのつながり、「共同、公共の公」を求めている意欲を強く感じさせるものである。また、費孝通が指摘した二つの「公」の伝統はまだ人々の間に生きており、重要な資源になっている。

　社区の建設の活況は国家による積極的な推進にも支えられている。現在、コミュニティ・ガバナンス（「社区治理」）が国家によって唱えられている。この言葉に象徴されているように、国家が統治のコストを下げながらも基層社会を有効に統治していくために、社会の自立した力を必要としているという側面は見過ごされてはならない。社区の建設は国家行政によって指導されており、社区における党の領導が強調されているなかで、社区治理が直面している最大の問題はいかに社会の力が自律的なものになり、その活力を発揮させられるかという点に尽きる。

　中国においては国家と社会との関係が曖昧であり、両者が入り交じっているという特質が歴史から現代にかけて、構造的に通底している。これまで見てきたように、中国の伝統社会の場合も、社会主義の単位体制下の場合も、国家が「上」から社会に過剰介入すると、基層社会の活力はたちまち失うことになる、というのが教訓であった。現在の社区建設の過程のなかでも、行政の過剰介入が社区建設の障害になっていることはそのような歴史的教訓を改めて思い起こさせるものだった。したがって、社区ガバナンスを提唱する国家はそのような負の歴史から学ぶことができるかが問われている。社会に主体性がなければ、もはやガバナンス下での国家と社会とのあいだの真の協働はありえず、ただ「上」から「下」へという一方的な働きにすぎないということになる。

一方、基層社会の主体性は、まず人々の間のつながりの形成、そして「共同、公共の公」の成長と成熟を前提にしているといってよい。しかし、住民たちはそれぞれ「生」への力を強くもっていても、新しくできた社区の中ではまだつながりが弱いことは否めない。紐帯の形成には、「きっかけ」が必要であり、そして、組織者、リーダーが必要である。居民委員会はまさにそのようなきっかけを創出するために重要な存在である

　これまで、社区における居民委員会の働きは社区の活性化に大きく貢献してきたといってよい。なぜなら、居民委員会は社区の活性化の最大の原動力であり、また、社区活動の組織、動員過程で多くの住民たちが社区事務に参与する積極性を引き出しているからである。社区における人々の間のつながりは、現在、単位体制時代の閉鎖的な空間にできた「共有・共享」の「公」と比べればまだ薄いが、住民たちの間のつながりに見られる主体性は「公家」に頼り切っていた単位体制時代には見られなかったものである。このようなつながりの形成は居民委員会の努力を抜きにしては語れないものである。

　もちろん、居民委員会はその「半国家・半社会」という曖昧な性格の故に、それはあくまでも行政の手先だという理解もある。たしかに、社区において、居民委員会の権威の確立はその「オオヤケの公」の側面に頼っている部分もあるし、逆に、国家も基層社会の安定創出を居民委員会に頼っている。その意味では両者は相互依存関係にあり、不可分である。その結果、居民委員会が社区において展開している一連の活動や組織運営には、国家と社会とが明確に区分されずに入り交じっている。このような性格は近代的な「市民」自治とはかけ離れていることはたしかである。

　しかし、このことは、社会が国家によって取り込まれてただ従属しているということを意味しない。居民委員会はその曖昧さのなかで実際、様々な形で主体性を発揮しているのである。このような特質は構造的に伝統中国の場合と一脈通じるものがある。その意味では、居民委員会は主体性をもっていないわけではなく、居民委員会の性格とその活動の性格とが曖昧なために、

国家・社会という二元的なとらえ方によって、その主体性が看過されているにすぎない。

その典型的な例は、居民委員会が党の名義のもとでボランティアへの参加を呼び掛けたり、党支部活動の名義で合同協商会議を開催して、行政の官僚的な対応を防いだりしたことである。働きかける側と応じる側の両方にとって、活動の名義こそ党であったが、活動の内容は実務そのものだった。党は、この場合、働きかける側からすれば、社区事務をスムーズに遂行できるようにするための手段であり、応じる側にとって、例えば、ボランティアに参加する老党員たちにとって、自分たちの存在意義を見出す機会である。党はイデオロギーとして認知されているよりも、人々にとって、自分たちの生に「役に立っている」というプラグマティックな判断から受け入れられているのである。

一方、こうした基層社会における党の名義のもとでの取り組みにより、共産党が謳っている「人民のために奉仕する」ことや、「群衆路線」は、単なる抽象的なスローガンではなく、具体的な「民生」につながる具体性をもつものとして受け止められている部分もある。そこに、よく指摘されている共産党の「強靭性」の源泉があるのである。

党の看板の利用のみならず、人代制度の利用も効果的である。魯谷が街道辦事処という基層行政のレベルに社区代表大会が監督機能を果たし続けられているのは、代表に国、市の人大代表や政治協商会議の代表も含まれており、その重みは疎かにできないという牽制力が働いていることは無視できない。深圳市のＡ氏もまさに人代制度のこうした特徴に注目して有効に利用したのである。人代制度の活用は社区の活性化につながるとともに、形骸化している人代制度の活性化にもつながるのである。人代制度の活用の仕方はまだ模索しなければならないが、それは国家と社会間を「通」じさせる重要な制度的枠組みであることは疑えない。

さらに、人代制度は一社区を超えたより大きな「公」を象徴する制度であるため、この制度の活用は社区を超えたより大きな「共同、公共の公」につ

ながる可能性をもっている。このような制度を活用できれば、A氏のような基層社会におけるキー・パーソンが今後も増えていくことが期待できる。

〈注〉

163　中共中央弁公庁、国務院弁公庁「関於加強和改進城市社区居民委員会建設工作的意見」2010年11月9日、中国網。http://www.china.com.cn/policy/txt/2010-11/10/content_21309972.htm（アクセス日：2018年3月23日）

164　『人民日報』2013年6月18日

165　人大代表は皆兼職であるため、本職と人大代表以外に、さらに社区の事務に関与することに必ずしも積極的でないこと、また、人大代表は多くの場合、基本的に政府（行政）と同じ立場に立っていることなどが容易に想像できるが、これらの代表は同時に社区の住民であるため、住民の権利、自分たちの生活を守る立場にもある。

166　具体的事例は、例えば、陳雲・森田憲「中国の都市におけるゴミ戦争の政治経済学：ゴミ焼却（発電）場に関する住民運動をめぐって」『広島大学経済論叢』第36巻第1号、2012年7月、15頁参照。

167　以下の内容はとくに断らない限り、いずれもA氏本人に対するインタビューに基づいているものである。

168　「深圳人大代表配"秘書"試水5年　敖建南成典型標籤」『新京報』2007年05月28日。

169　以上の内容は、A氏に対するインタビューに基づいたものであり、また、以下の記事も参照した。「敖建南：対抗式的維権代価太大」『新華社・瞭望東方週刊』2008年10月7日。http://news.sina.com.cn/c/2008-10-07/164616410680.shtml（アクセス日：2018年3月23日）

170　同上。

171　「福建晋江市人大組織参観月亮湾人大代表連絡站」『蛇口消息報』2016年3月16日。

172　「深圳人大代表配"秘書"試水5年　敖建南成典型標籤」前掲。

第 10 章　総括と展望

本書は、現代中国社会の人々がもっとも関心をもっている格差問題と腐敗の問題とに注目し、これらの問題を本質的に「法治」と「自治」との課題としてとらえたうえで、考察を行ってきた。
　いまだ近代国家の建設過程にある中国が追求している目標は近代的なそれである。現在、謳われている「核心的価値観」に「民主」「自由」「平等」「公正」「法治」などの西洋に発した近代的価値が掲げられていることはその近代性を表しているといってよい。しかし、そこで掲げられている諸理念が近代的で、ある種の普遍性をもっていても、これらの理念に対する理解は中国と西洋とで一致しているわけではない。西洋の「普遍」と中国の「特色」との間に存するずれを単純に政治的プロパガンダに伴うイデオロギー性だけに帰することはできない。政治的操作の要素をかいくぐって、西洋と異なった中国の特質により迫ることができるように、中国の歴史的伝統に遡って、その特質を原理的に問い、構造的にとらえる必要がある。本書はそのような視点から中国における「法治」と「自治」との課題に取り組んできた。

一　生の伝統から見えたもの

　まず、本書は中国の人々の生に対する並々ならぬ執念に注目した。人々の生存欲は巨大なエネルギーとして、時には制御不能のマグマのように爆発し、中国の歴史を作ってきたといってよい。家から国家までを含むコミュニティや人間集団は、人々にとっては、何よりもまず自分たちが生を営む「場」であった。生に執着し生命の継続を大事にする人々にとって、諸々のコミュニティや集団は自分たちの生に役立つ場合に限って、意味のあるものだった。

　中国の人々にとって、生命の継続を意味する「家」はもっとも重要な人的共同体であった。その場合、西洋では、家と国家とはそれぞれ「私」と「公」の世界とに峻別され、明確な境界をもつものであるのに対して、中国では、自我を起点として、血縁と地縁関係を媒介に、家を中心に、郷、国へと同心円的に広がっていき一つの連続体としてのネットワークを形成する。このような連続性は「修身・斉家・治国・平天下」という知識人に課せられた儒教的道徳と軌を一にしたものである。そして、このようなネットワークのなかで、「私」と「公」との間は境界が曖昧であった。

　このような「家族」の論理を基に形成されたネットワークは、血縁関係を基本としていたために閉鎖的で他者を排除するという性格をもち、また、「差等」関係を強調しているために――例えば、キリスト教における「同胞」の観念とは異なって――親疎という序列性をもち、さらに、家父長的支配であったために不平等性をもっていた。これらの側面はこれまですでに数多くの研究によって近代的視点から完膚なく批判されてきた。これらの批判は「家族」論理がもつ前近代性の本質の一面を突いているといってよい。

　しかし、その一方で、「私」と「公」とが連続する中国社会において、「家族」は同時に横へとつながっていく起点でもあった。家族は血縁共同体であるとともに、人々の生のための「事業体」でもあった。さらに、半自給社会

のなかで、社会経済の分業化に伴い、人々は生のために否応なしに横へのつながりを広げざるをえなかった。その場合、血縁関係やその延長としての擬似的な血縁関係と地縁関係とは、人々の横のつながりの論理として用いられていた。排除する論理としての一面をもつ血縁、地縁関係は、同時に「共同、公共の公」を促進するための手段でもあったのである。人々は生のために互いにつながり、そのような「共同、公共の公」は自分たちの生に役立つものとして、たえず追求され広がっていくものであった。伝統中国社会における郷約、社倉、会館、善会・善堂などの組織はすなわちこのような伝統を表したものだった。ここで重要なのは、これらの「共同、公共の公」の形成は決して「家族」の伝統に対する否定を通して実現したものではなく、むしろ逆に「家族」の伝統の延長線上で生み出されて、成熟したものだったのだという点である。

　たしかに、このような伝統地域社会における公の成長には、例えば、西欧における都市民の自治の成長に見られたような、自分たちの権利のために政治権力と対峙して闘争するというモメントが弱かった。しかしその一方で、中国の基層社会においては、官・紳・民三者が緊張をもちながら協働するという形で公を形成させていた。その実態は近年の多くの研究によって明らかにされつつある。官と民との間に、「半国家・半社会」の存在としての郷紳層の介在により、「共同、公共の公」と「オオヤケの公」とは緊張をもちながらも相互依存した関係にあった。行政機構が設けられていなかった基層社会において、儒教的な徳治の伝統と、地域社会の長老による教化や、郷紳層を介した間接的な支配の伝統とにより、「国家」と「社会」とは対峙するよりも、社会的には地域社会における調和、政治的には「上下相通」「君民一体」が追求されていた。このようななかで生み出された「共同、公共の公」は、西洋の都市自治形成の伝統と異質的なものであったことは言うまでもない。

　中国の伝統社会における官と紳と民とは、他の二者にとって、常にアンビバレントな存在であったため、協働し合う一方、互いに警戒し合う存在でも

あった。例えば、地域社会でキー・パーソン的な役割を果たす郷紳たちは、百姓たちにとっては、地域社会における「共同、公共の公」の創出の組織者と指導者にもなりうるし、自分たちを搾取・圧迫する土豪、劣紳にもなりうる存在であった。一方、郷紳たちは国家にとって、支配の代理人であったとともに、地域で大きな影響力を有したためにけん制すべき対象でもあった。このような錯綜した関係の中で生まれた地域社会の「公」は、不安定で、脆弱なものにならざるをえなかった。とくに、「無為」だった国家が、基層社会に生まれた「共同、公共の公」が統治の補完として役立つものとしてこれらを政治的支配の一環として取り込むようになると、本来、「下」から形成された「公」が否応なしに官製の性格を強め、やがて、硬直化と形骸化を招くこととなった。伝統中国の郷約も社倉も善会・善堂もそうだった。したがって、官・紳・民三者の間の境界線が曖昧であったことは、国家に対する社会の弱さをも意味することは否めない。

ただし、基層社会における「共同・公共の公」がこのような脆弱性をもつということは、必ずしも官に対する民の無抵抗と従順を意味しなかった。表面的な従順は実はサボタージュを意味するものだったし、逆に、基層社会の百姓たちの生に役立たず、地域社会の風俗や慣行に反する「上」からの一方的な「公」の取り組みはおよそ生命力がないのである。それらはやがて制度や政策の形骸化をもたらすことになる。そして、それはとりもなおさず王朝国家の危機をもたらすきっかけでもあったのである。

以上のような、伝統社会における中国の公の特質をそのまま安易に現代中国に適用することはもちろんできない。しかし、人々の生の視点から現代中国の基層社会をとらえれば、そのなかからは、やはり伝統社会と似たような構造を見出すことが可能である。

まず、単位体制から社区体制に転換した都市部の基層社会において、自分たちが頼っていた「公家」の後退により、人々は自分たちの生のために横のつながりを求める。80年代の末からの法輪功をはじめとした数多くの気功集団の急速な発展、あるいは、人々が健康を保つために自発的に組織して公

園や広場で体操やダンスをするという「広場舞」の普及、そして、なにより も社区の中における各種の自発的な組織が活況を呈しているのは、人々の生 への欲求とそのための横のつながりの追求の意欲が旺盛であることを物語っ ている。また、現代の中国は、郷紳層がもはや存在しないし、国家も伝統の 王朝時代よりはるかに強力になっているが、「半国家・半社会」の「第三領 域」はなお健在である。本書では、そのような存在を基層社会の社区におけ る居民委員会、および住民のなかから次々と現れてくるキー・パーソンに見 出した。さらに、社区における「共同、公共の公」の構築はやはり国家と社 会とが交わった曖昧な形でなされている。そのなかで、「第三領域」的存在 は、基層社会の組織者として「共同、公共の公」の創出をめぐる協働を成り 立たせる重要な役割を果たしている。一方、国家による過剰介入――例え ば、自治組織の居民委員会に対するコントロール――は、ただでさえ国家に 対して弱い立場にある居民委員会を束縛して、社区の「共同、公共の公」を 創出を妨げている。このような現象は伝統中国社会の中でも観察することが できる。

　以上のような相似した現象はただ現象に止まらず、中国社会における国家 と社会との関係の特質をよく表しているように思われる。それでは、現代中 国社会を展望する際に、以上のような相似性に現れた構造的に連続している 伝統の中からどのような経験または教訓を汲むことができるのだろうか。

　現在の中国では、「社区治理」が「社会治理体制」の創新の一環として提 唱されているが、それは日本を含む欧米発のガバナンス論の影響によるとこ ろが大きいといってよい。現在の社区の建設をめぐる政策は、社区における 「治理」の主体の多元化と、諸主体間の合議形式や住民参加などを強調して いるが、それは政府（行政）に止まらずに、非政府部門をも含む「諸社会的 行為者」による自律的協働と連携を目指すガバナンス論と軌を一にしている 側面をもつ。一方で、このような「官」を含む諸主体の間の協働は、中国伝 統社会における「官・紳・民」間の緊張と協働という構造にも通じている部 分があるといってよい。

現代中国の基層社会において、「共同、公共の公」が生み出されつつある現実は、まだ初歩的だが、伝統中国社会における「公」の成長と同じように、見落としてはならない。両者は西洋「近代」的視点から見れば、国家と社会とが相対峙するよりも入り交じっており、そのような曖昧性のなかで、社会に自律性と主体性を見出すことは困難のように見えるが、その実、協働による「共同、公共の公」の形成の契機と現実とが決して欠如していたわけではなかったし、現在も欠如しているわけではない。

　もちろん、このような公の成長は、ある意味では統治権力による基層社会に対する介入度の関数だともいえる。とくに「社会治理」が唱えられているなかで、国家が強力な存在であるため、基層社会においていかにして「民」側の自律性と主体性を確保することができるかはもっとも問われている問題だといってよい。

　まず、国家の側から見ると、基層社会における人々の権利意識の成長により、国家は従来になくその正当性を問われている。また、改革の深化は国家の社会に対する全面的なコントロールからの後退を前提としている。経済発展――これは現在、国家が自らの正当性を維持するための最重要の手段である――を維持していくために、国家が十分にカバーできない社会保障・福祉面を社会の力を頼りにしなければならない。全能的な国家を断念することは国家に残された唯一の選択肢だといってよい。しかし、その一方で、社会に自律性がなければ、もはや活力を生み出すことはできない。国家の過剰介入が社会の公の成長を妨げるということはすでに歴史によって証明されている。そのような歴史的な経験と教訓は、国家による過剰介入がたしかに管理の強化につながるが、それはけっして国家の正当性の強化につながらない、ということを示している。実際、社会の自律性の成長を警戒することは、治者と被治者とを対置させる思考から生まれたものにほかならない。しかし、治者と被治者の同一化を制度的に保障し、近代的意味での「上下相通」を実現することでしか国家は真の正当性をもてないのである。

　一方、基層社会において、新しい社会的構造が構築されつつある中で、社

区における人々の間のつながりがまだ形成過程にあり、社区は真のコミュニティとしてまだ十分に確立されていないといってよい。しかし、人々は生のために互いにつながりを求めており、その意欲は高い。そして、これまでの考察で見られたように、社区においては、「社区養老」、「社区介護」などの試みがなされ、高齢者を中心に各種の組織が創られており、また、小学生の放課後の教室の開設や、最低生活保障や身障者の面倒をみるなど、実に多種多様な活動や試みが展開されている。さらに、実際、様々な取り組みのなかで、たとえ「オオヤケの公」による「上」からの指導が大きな存在として社区にのしかかっているなかにおいてであっても、様々な公的権威を巧みに利用しつつ、基層社会が主体的に「共同、公共の公」を創出する例も決して少なくない。これらの取り組みのなかで、「半国家・半社会」の居民委員会や社区エリートたちによる活躍は目を見張らせるものであり、可能性を感じさせるものである。

　社区は今後、中国の人々にとって、ますます重要なコミュニティになることが予想される。社会の急速な高齢化とこれまでの一人っ子政策とによってもたらされた中国社会で「家」が担ってきた社会保障機能の退化に加えて、社会保障と社会福祉に関する制度的、施設的整備が追い付かない状況下、基層社会の社区において人々が協力し合う体制を構築していくことは今後ますます重要な意味をもつようになるからである。その意味では、基層社会に活力を取り戻すには、国家による制度、政策や環境、施設の整備などの支援と、社区における人々の間のつながりに基づいた互助、共助、そして、諸主体間の協働というガバナンスの実現が現実的に極めて重要なことになってくる。このような協働は社区における「共同、公共の公」をさらに発展させることにつながるのである。

二　易の伝統から見えたもの

　先秦時代の儒教は孟子と荀子という二つの流れによって代表されている（梁 1989『文集 7』：46、101）。前者は「民貴君軽」をはじめとする民本思想に支えられた「仁政」を唱え、後者はやがて韓非子らに代表される法家につながった。法家は「牧民」の視点から法の支配を唱え、その場合の法律は君主による政治的支配の道具であった。それに対して、儒家は何よりも「仁」の徳を最重要視し、「民視、民聴」を大事にする「徳治」を唱えて、そのような徳を最高権力の君主に対して要求したのである。歴代の儒者は君権を制限するために、例えば、董仲舒のように、自然災異をもって君主の権力を制限しようとして「天人相與」説を唱えた者、柳宗元のように、人治的な「政」よりも「制」――制度的構築――による公の実現を主張した者、そして、黄宗羲のように、具体的に君権を牽制する「置相」・「学校」の制度の構想を打ち出した者、など、君権を牽制する装置の必要性を認識した儒者は決していなかったわけではなかったが、それらの思想は、結局、制度として結実して政治体制に組み込まれることはなかった。

　その意味では、近代西欧から伝わった議会制度は、中国の知識人たちにとって、大きなインパクトであった。それは君権に制限を加えた制度として、それまでの儒教的支配のなかでついに制度として生み出されなかったものだったからである。注目すべきは、この近代的な法制度が、法を重視する法家の文脈のなかで理解されるよりも、むしろ、徳を重視する儒教の文脈のなかで理解されていたことである。議会制度は儒教的民本思想を制度化したもの、「公天下」の理念を実現するための制度として理解され、「上下相通」と「君民一体」とを実現するための制度として期待されていた。

　このような政治における「通」という目標への追求は、近代的国家の受容過程でクローズアップされたものだったが、それは中国における政治的伝統を基礎づけるものだったといってよい。本書では、「封建・郡県」をめぐる

議、近代の国会論、費孝通が語った「双軌政治」論、そして、現在の「協商民主」論を通して、「通」という伝統の特質を考察してきた。このような特質は現代中国の政治制度を考察する際にも無視することのできない要素であり、思想的資源である。

　伝統的民本思想の現実の政治における現れとしての「上下相通」・「君民一体」という「通」の政治観は、そもそも『易』にその源をもっている。儒教的民本思想が宇宙万物の一環として易に位置付けられていることは大きな意義をもっている。

　易に代表される伝統的自然法思想のなかでは、「泰・通・和」が理想的な状態だとされている。このような状態はけっして「上」から「下」へという一方通行的なものではなく、それは「循環」と「交代」というダイナミクスのなかで形成されるものである。「泰・通・和」の理想のなかで、君主や君権が相対的なものとしてとらえられており、君権を制限し民意を大事にするという観念が初めから易の自然法思想に埋め込まれていた。易において、「上下交はらずして天下邦无きなり」（『易・彖伝』）に象徴されるように、「上下相通」・「君民一体」は治者と被治者を最大限に縮めただけでなく、「上・下」は決して不変で固定的なものではないことを説く。易姓革命をも含む民本思想を天地人一体の宇宙の法則として正当化するという「作為」は、家父長原理に基づく政治権力に対して行動規範を設け、さらに、それに対する抵抗の思想的資源を提供したのである。

　「封建・郡県」制をめぐる議論のなかで、問題の核心は「民隠」——民の苦しみ——を知り、君民間の阻隔をいかになくして「通」を実現するかだった。近代になって、「封建・郡県」の議論は立憲政治、法治に関する議論にとって代わられ、「民隠」、「民視・民聴」をめぐる議論は近代的「民権」にとって代わられた。しかし、制度や個々の価値が近代化されても、伝統的な「通」の政治観は決して消えることはなかった。中国における伝統が近代的文脈のなかで近代的な価値によって語られていた。例えば、厳復がモンテスキューに傾倒しながらも、その三権分立論に違和感を示して「扶治」の国会

論を展開したのは、「通」の政治観を抜きにしては語れない。また、費孝通の議論に見られるように、西洋の近代的立憲制度は彼にとって、「双軌政治」における「下から上へ」の軌道を強化するためのものであったと言ってもよい。

さらに、易は儒教的価値に超越性を与えたものであった。そのような超越性をもったからこそ、儒教の政治的道徳理念が現実の政治権力と支配道具としての法とに対して、少なくとも理論上道徳的に規定する力をもっていたのである。その意味では、易によって担保された儒教的民本思想の理念は西欧における自然法と相似した役割を果たしていた。近代の梁啓超が法と道徳、儒家と法家との結合を主張したのは、まさにこの点に注目したからだといってよい。

以上の中国政治伝統の特質は、現代の政治の中においても、形を変えながらも息づいている。

1980年代以降の改革開放に伴う経済発展はたしかに多くの中国の人々に豊かさをもたらし、人々の生にある程度応えてきた。つとに、孟子は「恒産ある者は恒心あり」と述べているが、それにもかかわらず、経済の高度成長が30数年間も続いた現在、社会的な不満がむしろ高まり、社会的安定の維持が大きな課題になっている。それは、中国的市場経済の発展が巨大な経済的格差と深刻な権力の腐敗をもたらしたために、人々が公正と公平を強く求めているからであり、また、社会的な発展により、人々の権利意識が鍛えられ大きく成長しているからであろう。その意味では、政治権力の正当性は、現在、これまでになく問われている。このような課題を意識して、政府は自らも「法治」を高く掲げているが、この課題をいかに真摯に取り組んでいくかが問われている。人々が「恒心」を持てるようになるために、国家はただ経済発展を通して富を増やし続けるだけでは不十分である。「恒心」を形成させ、「恒心」を制度的に保障することも強く求められている。より具体的に言えば、富をいかに公平・公正のルールに基づいて分配し、人々の生命、財産を含む権利＝プロパティをいかに守るかという課題にも応えなければな

らないということである。それは視点を変えれば、伝統的な「上下相通」・「君民一体」という課題の現代版と言っても差し支えない。究極な「上下相通」・「君民一体」は「治者と被治者の同一性」にほかならないからである。

　そして、それを実現するために、言い換えれば、「通」の政治を実現し政治的正当性を確保するために、公正な選挙と投票などの手続きのみならず、国家レベルの人民代表大会や、政治協商会議などの制度から、基層社会における公聴会、協議会に至るまで、様々なチャンネルを通して議論を重ね、政策決定過程の民主化を実現していくことが重要である。協商と熟議もまた「通」を保つ重要な方法だといわなければならない。

　また、「法治」はただ道具としての法制度の構築と実行、そしてそれを権威づけることではない。のみならず、政治的正当性をもっぱら合法性に還元してしまう法家的な法実証主義の陥穽も避けなければならない。そのために、正当性は絶えず「人々の同意」という手続きと、中国社会の人々が共有する「社会的諸規範」に適合しているかを問うことによって、絶えず検証されなければならない。『易』の自然法はそのような「超法的原理」という存在の重要性を教えてくれている。「法による支配」はさらに政治における「通」を担保するものであるか否か、したがって、真に民のためであるか否か、という検証を受けなければならないのである。

　以上を要するに、一方では、「オオヤケの公」としての国家が基層社会の百姓をはじめとする民の生に応えるために「法治」に則ってその公共性を発揮し、他方では、基層社会の民が「下」から自律的に「共同、公共の公」を構築していく。この二つの「公」の建設と、官、民、そして、「第三領域」を含む多元的主体の間の協働による真のガバナンスとが、中国社会に活力をもたらす必須条件である。

　中国社会の人々の生への執着は現在も健在である。80年代以降の中国では、生の課題は基本的生活の保障という「温飽」の課題、次いで、まずまずゆとりのある生活という「小康」の課題として追求されてきた。しかし、経済の高度成長による物質的生活の向上とともに、例えば、「維穏」の課題に

象徴されるように、中国社会の人々の不満や不安も増長しているように見える。「頼活」から脱却する生の課題は、現在、「善き生とは何か」という問いとして、国家にとって、そして中国全社会の人々にとって、今こそ問わなければならない課題になっているといってよい。

　最後に、ここ数十年間にわたって実施されていた一人っ子政策が、今後、少なくとも数十年間にわたって、中国社会に巨大な影響を与えることになると付言しておきたい。というのは、高齢化社会の到来と一人っ子同士で家庭をつくることとが「家」という社会保障機能を極端に弱化しつつある。共働きの一人っ子夫婦が数多くの年寄りを扶養しなければならないといういわゆる「逆ピラミッド」現象の問題は、今後、ますます大きな社会的問題として立ち現れてくるだろう。これに対処するために、基層社会の社区は否応なしに百姓たちにとってますます重要な生の場となる。国家の社会保障政策は今後、社区を基盤に展開されることが多くなることは避けられない。そして、人々の「家」観念もこの過程で大きく変わっていくことになる。親子の絆をはじめ、血縁・地縁関係に基づく人々の間のつながりなどの人間関係に対する考えと価値意識は、今後、数十年の単位で一つの大きな変化を遂げることが予想される。その過程で、中国社会はさらに新しい挑戦に直面することになる。そして、この新しい挑戦は、根本的にやはり百姓の「生」に対する新しい問いだと言わなければならない。

あとがき

　本書は筆者の二冊目の日本語の単著である。前著『近代中国の立憲構想』は清末の厳復、梁啓超、楊度と幕末・明治初期の福沢諭吉、加藤弘之などの啓蒙知識人たちの立憲政治観を中心に考察したものだった。近代東アジアの啓蒙知識人たちは自由・平等・立憲などの近代的概念を受容し、それらを唱道した。近代的文明を「始造」するという意味で、近代の啓蒙思想は直接に現代に繋がるものであった。一方で、「始造」は「近代」と前近代との間で大きな断絶があったことを意味する。

　しかし、知識人たちが新しい言葉で政治の新しいあり方を唱えたが、政治はそこから初めて生まれたわけではない。当たり前のことだが、自由・平等などの言葉がまだ登場していなかった時代にも政治が行われていたし、議論されていた。ただそこで用いられていた言葉が異なっていたにすぎない。私たちは近代と現代との間の連続性と、近代と前近代との間の断絶とに無意識的に囚われすぎていないか。「近代」が現代の私たちにとって、ある種の普遍性をもつものとして注視することが重要だが、前近代をただ現代と断絶したものとして片付けてしまうのは果たして良いのか。実際、近代東アジアの知識人たちが熱烈に「近代」を抱擁したが、伝統的教養を身につけた彼らの中の葛藤は現在の我々が容易に想像できるものではなかったと思われる。

　そのような思いを抱きつつ取り組んだのは本書である。その際、「近代」という先入観をできるだけ避けるために、人々の「生」、人々が生を営む「家」をはじめとした「人的共同体」、そして、人々が生のための共同の取り組みによって生み出された「公」などを、政治を考える出発点にして、東西の異同を意識しつつ、議論を進めた。そして、前近代をも視野に入れた連続性の中で見出した伝統と、西洋から受容した「近代」の伝統とをもって現代中国をとらえれば、目の前の諸々の事象に目を奪われ判断が右往左往するこ

とを避けることができると思われる。

　もちろん、大きなタイムスパンのなかで一つの流れを描き出す作業は、同時に、「一をあげて万を漏らす」（「掛一漏万」）ことを覚悟しなければならないということでもある。

　本書の前半は前著の立憲のテーマをさらに考察を深めたものであり、後半はここ 10 年間中国基層社会に対する現地調査に基づいて思考を重ねたものである。内容は書き下ろしたものに加えて、以下の諸論文を部分的に取り入れた上で再構成した。

1. 「『居民』から『市民』へ──『居民委員会』にみる社区自治の可能性」、『北東アジア研究』第 16 号、島根県立大学北東アジア地域研究センター、2008 年 12 月
2. 「公共性から考える中国の『社区』と『自治』」、『総合政策論叢』第 23 号、島根県立大学総合政策学会、2012 年 3 月
3. 「立憲の中国的論理とその源泉」、『政治思想における言語・会話・討議』（『政治思想研究』第 13 号）2013 年 5 月
4. 「『つながり』の形成と『政治』の役割──コミュニティ建設にみる『社区居民委員会』の取り組み」、『中国社会の矛盾と展望』（『中国 21』Vol. 40）2014 年 3 月

　なお、本書は、日本学術振興会科学研究費助成事業、基盤研究（B）（海外学術調査）、「中国格差社会における『つながり』の生成──基層社会の弱者に対する支援を手掛かりに」（研究代表者　李暁東、課題番号 26300011）、および、人間文化研究機構基幹研究プロジェクト「北東アジアにおける地域構造の変容：越境から考察する共生への道」島根県立大学北東アジア地域研究センター研究プロジェクト「近代的空間の形成とその影響」の成果の一部である。記して感謝の意を表したい。

　研究者としての自分は日本で育った。多くの良師益友に出会い、言葉に尽くしえないほどの恩恵を与えられてきたことは、筆者にとって、この上なく

幸いなことだった。

　1994年に宇野重昭先生のゼミの門をくぐって以来、学生として、教育者として、そしてひとりの人間として、4半世紀近くにわたりずっと宇野重昭先生のご指導と薫陶を受けてきた。先生の衰えを知らぬ学問への情熱、先生の人間としての大きさが与えてくださった影響は測り知れないものだった。それだけに、去る4月にこの本を執筆しはじめたところに先生の訃報を聞かされ、大きなショックを受けた。この本は悔しさに駆られて緊張の中で完成したものである。先生から与えられた宿題を完成したことで少しほっとしているが、先生の批評をもはや聞くことができない悔いはいつまでも残るとなった。

　筆者が島根県立大に奉職するここ十数年の間に、修士時代からの先生だった飯田泰三先生に持続的に多くの有益なご教示をいただいた。研究会をはじめ日常的な交流のなかで絶えず多くのヒントを与えてくださった。また、ここ数年、同じ筆者の大学院生時代からの先生である加藤節先生と平石直昭先生が本学大学院での集中講義を担当してくださった。筆者は両先生の講義を傍聴し、講義中の質疑応答や夕食会での歓談を通して、自分の中で東西と日中との間で対話することができた。このような贅沢とも言える貴重な学びの機会を与えてくださった両先生に深く御礼を申し上げる。さらに、加藤先生には著書の一部を読んでいただき、文章の手直しと貴重なコメントをいただいた。そして、本書のタイトルまで入念に推敲してくださった。先生がたから受けた学恩はかけがえのないものだった。

　私の先輩同僚で、畏友でもある井上厚史先生にも深く御礼を申し上げたい。研究室が向かい側にあり、日常的に多くの議論の機会をもつことができただけでなく、いつも親身になって関連資料を紹介したり、貴重なコメントをしたりしてくださった。また、先生の科研に加えさせていただいたおかげで、東アジア各地域の多くの儒教研究者と出会うことができ、視野を広げることができた。

　同僚の石田徹氏は本書の最初の読者である。氏の視点から貴重な感想と助

言をいただいた。のみならず、本書の文章の語学チェックという膨大な作業を快く引き受けてくださった。感謝の言葉をもたない。日本語が母語でない筆者の文章が少しでも読みやすくなっているならば、ひとえに氏のおかげである。もちろん、筆者が文章に対して全責任を負うことは言うまでもない。

さらに、ここ10年あまりの間に、筆者はほぼ間断なく毎年中国で現地調査を実施してきた。共同研究の仲間である唐燕霞先生、南裕子先生、平石耕先生、そして、同僚の江口伸吾氏、張忠任先生とともに一緒に歩き回り、たくさんの議論を交わして、多くの刺激を受けた。深謝の意を表したい。

なお、本書は筆者のサバティカル中に執筆したものである。大学に不在の一年間の間、同僚の沖村理史、山本健三、江口伸吾、佐藤壮諸氏をはじめ、同僚の皆様にたいへんお世話になった。心より感謝したい。

大学院生の皆さんも筆者の大切な益友である。ゼミでの議論や皆さんの率直な意見から多くの刺激を受けた。さらに、大学院生苗婧さんには、参考文献の整理と索引の作成の手伝いをしていただいた。記して感謝したい。

また、本書の出版を温かく見守ってくださり、絶えず励ましの言葉をかけてくださった国際書院の石井彰社長に深く御礼を申し上げたい。

最後に、私事ながら、執筆中に多くの楽しい時間を家族とともに過ごすことができた。執筆に最高の環境を整え、支えてくれた妻の黄宇暁、二人の子健思と弘思に感謝したい。

 2018年　春　浜田にて

李暁東

参考文献

一　原典、資料、事典（中国語は姓名のアルファベット順、日本語は五十音順）

天児慧等編（1999）『岩波現代中国事典』岩波書店
アリストテレス（1961）山本光雄訳『政治学』岩波書店
今井宇三郎（1987）『易経』（新訳漢文大系 23）明治書院
江村栄一校注（1989）『憲法構想』（日本近代思想大系 9）岩波書店
貝塚茂樹（1978）『孔子・孟子』（世界の名著 3）中央公論社
加藤常賢（1983）『書経』（新訳漢文大系 25）明治書院
加藤弘之（1984）植手通有責任編集『西周・加藤弘之』（日本の名著 34）中央公論新社
―――（1990）上田勝美ほか編『加藤弘之文書』同朋舎出版
金谷治（1971）『大学・中庸・孟子』（世界古典文学全集 18）筑摩書房
黄宗羲（1964）西田太一郎訳『明夷待訪録――中国近代思想の萌芽』平凡社
後藤基巳・山井湧編訳（1971）『明末清初政治評論集』（中国古典文学大系第 57 巻）平凡社
西順蔵・島田虔次編訳（1971）『清末民国初政治評論集』（中国古典文学大系第 58 巻）平凡社
高田真治・後藤基巳訳（1969）『易経』岩波書店
竹内照夫（1971）『礼記』（新訳漢文大系 27）明治書院
トクヴィル (Alexis De Tocqueville)（2005）松本礼二訳『アメリカのデモクラシー』岩波書店
並木頼寿責任編集（2010）『開国と社会変容――清朝体制・太平天国・反キリスト教』（新編　原典中国近代思想史第 1 巻）岩波書店
西村克彦（1975）「ブルンチュリ『国法汎論』(Allgemeines Staatsrecht) 新訳」『青山法学論集』第 17 巻第 1 号
21 世紀中国総研編（2006）『中国情報ハンドブック・2006 年版』蒼蒼社
藤井専英（1966）『荀子』（新訳漢文大系 5）明治書院
ブルンチュリ, イ, カ,（Johann Kasper Bluntschli）（1971）加藤弘之・平田東助訳、明治文化研究会編『国法汎論』（明治文化全集補巻・二）日本評論社
ヘーゲル（1991）三浦和男・樽井正義・長井建晴・浅見正得訳『法権利の哲学――あるいは自然的法権利及び国家学の基本スケッチ』未知谷
本田二郎（1977）『周礼通釈』秀英出版

ミル（John Stuart Mill）（1997）水田洋訳『代議制統治論』岩波書店
村田雄二郎責任編集（2010）『万国公法の時代――洋務・変法運動』（新編　原典中国近代思想史第 2 巻）
――――責任編集（2010）『民族と国家――辛亥革命』（新編　原典中国近代思想史第 3 巻）
明治文化研究会編（1967）『政治篇』（明治文化全集第 3 巻）日本評論社
孟子（1972）小林勝人訳注『孟子』岩波書店
モンテスキュー，シャルル＝ルイ・ド（Charles-Louis de Montesquieu）（1989）野田良之他訳『法の精神』岩波書店
ルソー，ジャン＝ジャック（Jean-Jacques Rousseau）（1954）桑原武夫・前川貞次郎訳『社会契約論』岩波書店
ロック（John Locke）（2010）加藤節訳『（完訳）統治二論』岩波書店
陳樹徳（1990）『論語集釈』中華書局
董仲舒（2011）周桂鈿訳注『春秋繁露』中華書局
故宮博物院明清档案部編（1979）『清末籌備立憲档案資料』中華書局
顧炎武（2011）張京華校釈『日知録校釈』岳麓書社
黄宗羲（2005）沈善洪主編・呉光執行主編『黄宗羲全集』浙江古籍出版社
胡漢民編（1930）『総理全集』民智書局
梁啓超（1989）『飲氷室合集』中華書局
梁漱溟（2011）『梁漱溟全集』山東人民出版社
柳宗元（1979）『柳宗元集』中華書局
毛沢東（1991）『毛沢東選集』人民出版社
孫希旦（1989）『禮記集解』中華書局
王先謙（1988）『荀子集解』中華書局
魏源（2011）『海国図志』岳麓書社
夏東元編（2013）『鄭観応集・救時掲要（外八種）』中華書局
『新青年』（影印）第 2 巻 6 号、大安
厳復（1998）王慶成・葉文心・林載爵編『厳復合集』財団法人辜公亮文教基金会
袁珂校訳（1985）『山海経校訳』上海古籍出版社
張為民編（2002）『中国労働統計年鑑』中国統計出版社
張載（1978）『張載集』中華書局
中国国民党中央委員会党史資料編纂委員会（1969）『民報』
周振鶴撰集（2006）『聖諭広訓：集解與研究』上海書店出版社

朱熹（1983）『四書章句集注』中華書局
──（1986）〔宋〕黎靖徳編『朱子語類』中華書局
──（2002）朱傑人・厳佐之・劉永翔主編『朱子全書』上海古籍出版社・安徽教育出版社
『人民日報』
『蛇口消息報』
『新京報』

二　**日本語資料**（姓名の五十音順）

愛知大学現代中国学会編（2014）『中国21』風媒社
阿古智子（2009）『貧者を喰らう国　中国格差社会からの警告』新潮社
東浩紀（2011）『一般意志2.0──ルソー、フロイト、グーグル』講談社
足立啓二（1998）『専制国家史論──中国史から世界史へ』柏書房
天児慧・菱田雅晴編著（2000）『深層の中国社会──農村と地方の構造的変動』勁草書房
───（2018）『中国政治の社会態制』岩波書店
飯島渉・久保亨・村田雄二郎編（2009）『シリーズ20世紀中国史　1中華世界と近代』東京大学出版会
石井知章・緒方康・鈴木賢（2017）『現代中国と市民社会──普遍的《近代》の可能性』勉誠出版
石田雄（1954）『明治政治思想史研究』未来社
───（1956）『近代日本政治構造の研究』未来社
───（1976）『日本近代思想史における法と政治』岩波書店
石塚迅・中村元哉・山本真（2010）『憲政と近現代中国──国家、社会、個人』現代人文社
伊東貴之・渡邉義浩・林文孝（2017）『治乱のヒストリア──華夷・正統・勢』法政大学出版局
────（2005）『思想としての中国近世』東京大学出版会
ヴィル，ピエール・エティエンヌ（Pierre-Etienne Will）（1996）美枝子・マセ訳「近代中国と中国学」『思想』865号
ウェーバー（Max Weber）（1960）世良晃志郎訳『支配の社会学Ⅰ』創文社
────────────（1965）世良晃志郎訳『都市の類型学』創文社
────────────（1971）木全徳雄訳『儒教と道教』創文社

――――――――――――――――――――（1972）清水幾太郎訳『社会学の根本概念』岩波文庫
――――――――――――――――――――（1976）武藤一雄・薗田宗人・薗田坦訳『宗教社会学』創文社
上杉慎吉（1928）『憲法読本』日本評論社
宇野重昭・天児慧編（1994）『20世紀の中国――政治変動と国際契機』東京大学出版会
――――（2012）『北東アジア学への道』国際書院
宇野重規（2007）『トクヴィル　平等と不平等の理論家』講談社
――――編（2010）『つながる―社会的紐帯と政治学』風行社
江上波夫・梅原猛・上山春平・中根千枝（1982）『日本と中国――民族の特質を探る』小学館
江口伸吾（2018）「現代中国における『協商民主』の展開と国家ガバナンスの再構築―基層社会の『民主懇談』、『郷賢参事会』を事例にして―」『北東アジア研究』第29号、島根県立大学北東アジア地域研究センター、2018年3月
大石真（1996）『立憲民主制―憲法のファンダメンタルズ』信山社
大谷敏夫（1991）『清代政治思想史研究』汲古書院
尾形勇（1979）『中国古代の「家」と国家』岩波書店
岡野八代責任編集（2010）『生きる――間で育まれる生』風行社
小野川秀美（1969）『清末政治思想研究』みすず書房
小浜正子（2000）『近代上海の公共性と国家』研文出版
温鉄軍科研グループ（2014）「中国の経済的基礎における『三農』問題と上部構造における『三治』問題」愛知大学現代中国学会編『中国21　中国社会の矛盾と展望』東方書店,2014年3月
戒能通孝（1943）『法律社会学の諸問題』日本評論社
梶谷懐（2015）『日本と中国、「脱近代」の誘惑――アジア的なものを再考する』太田出版
加藤節（1993）『政治と人間』岩波書店
―――（1999）『政治と知識人―同時代史的考察』岩波書店
加藤哲郎（2002）「人民」、佐々木毅・金泰昌編『公共哲学5　国家と人間と公共性』東京大学出版会
加藤弘之（2013）『「曖昧な制度」としての中国型資本主義』NTT出版
加茂具樹（2006）『現代中国政治と人民代表大会――人代の機能改革と「領導・被領

導」関係の変化』慶応義塾大学出版会
川尻文彦（1998）「戊戌以前の変革論――鄭観応の『議院』論を手掛かりに」『中国文化論叢』第7号
祁建民（2006）『中国における社会結合と国家権力――近現代華北農村の政治社会構造』御茶の水書房
岸本美緒（1994）「『市民社会』論と中国」『歴史評論』3月
―――（1999）『明清交替と江南社会――17世紀中国の秩序問題』東京大学出版会
金鳳珍（2004）『東アジア「開明」知識人の思惟空間―鄭観応・福沢諭吉・兪吉濬』九州大学出版会
許介鱗（1970～1971）「日本と中国における初期立憲思想の比較研究――特に加藤弘之と康有為の政治思想の比較を中心にして――」『国家学会雑誌』第83巻第5、6号～11、12号、第84巻第1、2号
清宮四郎（1999）『権力分立制の研究』復刊版　有斐閣
楠本正継（1962）『宋明時代儒学思想の研究』広池学園出版部
クワコウ，ジャン＝マルク（Jean‐Marc Coicaud）（2000）田中治男・押村高・宇野重規訳『政治的正当性とは何か』藤原書店
黄東蘭（2005）『近代中国の地方自治と明治日本』汲古書院
コーエン，ポール・A（Paul A. Cohen）（1988）佐藤慎一訳『知の帝国主義――オリエンタリズムと中国像』平凡社
古賀勝次郎（2014）『鑑の近代――「法の支配」をめぐる日本と中国』春秋社
国分典子（2012）『近代東アジア世界と憲法思想』慶應義塾大学出版会
小坂井敏晶（2011）『増補　民族という虚構』筑摩書房
コゼレック，ラインハルト（Reinhart Koselleck）（1995）杉田孝夫訳「身分制的支配構成単位としての家の崩壊―フランス革命と一八四八年との間のプロイセンにおける国家・家族・奉公人の法転換に寄せて―」『制度知の可能性　Historia Juris 比較法史研究――思想・制度・社会』（比較法史学会編）第四号　未来社
呉茂松（2014）『現代中国の維権運動と国家』慶応義塾大学出版会
小山勉（2006）『トクヴィル　民主主義の三つの学校』筑摩書房
齋藤純一（2000）『公共性』岩波書店
佐々木衛（2012）『現代中国社会の基層構造』東方書店
佐藤慎一（1983）「鄭観応について（一）『万国公法』と『商戦』」『法学』47(4) 東北大学
―――（1983）「鄭観応について（二）『万国公法』と『商戦』」『法学』48(4) 東北大

学
―――（1983）「鄭観応について（三・完）『万国公法』と『商戦』」『法学』49(2) 東北大学
―――（1988）「模倣と反発――近代中国思想史における『西洋モデル』について」『法学』51(6) 東北大学
―――（1990）「『天演論』以前の進化論――清末知識人の歴史意識をめぐって」『思想』792号
―――（1996）『近代中国の知識人と文明』東京大学出版会
滋賀秀三（1984）『清代中国の法と裁判』創文社
重澤俊郎（1943）『周漢思想研究』弘文堂書房
重田徳（1971）「郷紳支配の成立と構造」『岩波講座　世界歴史12　中世6』岩波書店
篠原一（2004）『市民の政治学――討議デモクラシーとは何か』岩波書店
―――編（2012）『討議デモクラシーの挑戦――ミニ・パブリックスが拓く新しい政治』岩波書店
斯波義信（1983）「第Ⅲ章　社会と経済の環境」橋本萬太郎編『民族の世界史5　漢民族と中国社会』山川出版社
―――（2002）『中国都市史』東京大学出版会
島田虔次（1997）『隠者の尊重―中国の歴史哲学』筑摩書房
清水盛光（1939）『支那社会の研究――社会学的考察』岩波書店
―――（1942）『支那家族の構造』岩波書店
―――（1951）『中国郷村社会論』岩波書店
シュウォルツ，B.I.（Benjamin Isadore Schwartz）（1978）平野健一郎訳『中国の近代化と知識人―厳復と西洋』東京大学出版会
新保敦子・阿古智子（2016）『超大国・中国のゆくえ5　勃興する「民」』東京大学出版会
朱伯崑（2009）伊東倫厚監訳・近藤浩之編『易学哲学史』朋友書店
シュミット，カール（Carl Schmitt）（2000）稲葉素之訳『現代議会主義の精神史的地位』みすず書房
杉田孝夫（1996）「共同体論の可能性に寄せて：個人・家族・共同社会」『哲学論叢』7月
―――（2011）「ドイツ観念論における「家族」観と自由」『哲学』4月
スキナー，ジョージ・ウィリアム（G. William Skinner）（1979）今井清一・中村哲夫・原田良雄訳『中国農村の市場・社会構造』法律文化社

鈴木隆（2012）『中国共産党の支配と権力——党と新興の社会経済エリート』慶応義塾大学出版会
セイバイン，G.H.（George Holland Sabine）（1953）丸山眞男訳『西洋政治思想史Ⅰ』岩波書店
瀬川昌久・西澤治彦編／訳（2007）『中国文化人類学リーディング』風響社
曽田三郎（2009）『立憲国家中国への始動——明治憲政と近代中国』思文閣出版
園田茂人（2008）『不平等国家　中国——自己否定した社会主義のゆくえ』中央公論社
高橋和之（1999）「芦部憲法学の理論的諸前提（特集　芦部憲法学の軌跡と課題）」『ジュリスト』12月15日
――――編（2014）『日中における西欧立憲主義の継受と変容』岩波書店
高橋伸夫編著（2010）『救国、動員、秩序——変革期中国の政治と社会』慶応義塾大学出版会
――――編著（2015）『現代中国政治研究ハンドブック』慶応義塾大学出版会
高見沢磨・鈴木賢（2010）『中国にとって法とは何か——統治の道具から市民権利へ』（中国的問題群3）岩波書店
竹中千春・高橋伸夫・山本信人編著（2008）『市民社会』慶応義塾大学出版会
田中耕太郎（1947）『法家の法実証主義』福村書店
田中重好（2010）『地域から生まれる公共性—公共性と共同性の交点』ミネルヴァ書房
田中比呂志（2010）『近代中国の政治統合と地域社会——立憲・地方自治・地域エリート』研文出版
チェン，ジー（Jie Chen）（2015）『中国の中間層と民主主義——経済成長と民主化の行方』NTT出版
田原史起（2000）「村落統治と村民自治——伝統的権力構造からのアプローチ」天児・菱田編著『深層の中国社会——農村と地方の構造的変動』勁草書房
田村哲樹編（2010）『語る——熟議／対話の政治学』風行社
――――（2017）『熟議民主主義の困難——その乗り越え方の政治理論的考察』ナカニシヤ出版
千葉真（2002）「市民社会・市民・公共性」佐々木毅・金泰昌編『公共哲学5　国家と人間と公共性』東京大学出版会
張翔・園田英弘編（2006）『「封建」・「郡県」再考——東アジア社会体制論の深層』思文閣

陳雲・森田憲（2012）「中国の都市におけるゴミ戦争の政治経済学：ゴミ焼却（発電）場に関する住民運動をめぐって」『広島大学経済論叢』7月　第36巻第1号
陳其南（1994）「伝統中国の国家形態と民間社会」溝口雄三・浜下武志・平石直昭・宮嶋博史編『アジアから考える〔4〕社会と国家』東京大学出版会
塚本元(1994)『中国における国家建設の試み──湖南1919‐1921』東京大学出版会
辻中豊・李景鵬・小嶋華津子編（2014）『現代中国の市民社会・利益団体──比較の中の中国』木鐸社
寺田浩明（1990）「清代司法制度研究における『法』の位置付けについて」『思想』792号
─────（1994）「明清法秩序における『約』の性格」溝口雄三・浜下武志・平石直昭・宮嶋博史編『アジアから考える〔4〕社会と国家』東京大学出版会
唐亮（1997）『現代中国の党政関係』慶応義塾大学出版会
遠山隆淑（2017）『妥協の政治学──イギリス議会政治の思想空間』風行社
中尾友則（2000）『梁漱溟の中国再生構想──新たな仁愛共同体への模索』研文出版
中村元哉（2004）『戦後中国の憲政実施と言論の自由1945‐49』東京大学出版会
西村成雄・国分良成（2009）『党と国家──政治体制の軌跡』（叢書　中国的問題群1）岩波書店
野村浩一（2007）『近代中国の政治文化──民権・立憲・皇権』岩波書店
ハイエク, F.A.（F.A. Hayek）（1987）気賀健三・古賀勝次郎訳『自由の条件Ⅱ』（ハイエク全集第6巻）春秋社
狭間直樹編（1999）『梁啓超─西洋近代思想受容と明治日本』みすず書房
─────（2016）『梁啓超──東アジア文明史の転換』岩波書店
バジョット, ウォルター（Walter Bagehot）（2011）小松春雄訳『イギリス憲政論』中央公論社
旗田巍（1973）『中国村落と共同体理論』岩波書店
バディウ, アラン（Alain Badiou）（2015）「『人民』という語の使用に関する二四の覚え書き」バディウ, アラン他著・市川崇訳『人民とはなにか』以文社
早川誠（2014）『代表制という思想』風行社
樋口陽一（1973）『近代立憲主義と現代国家』勁草書房
─────（1998）『憲法Ⅰ』青林書院
菱田雅晴（2000a）「第二章　国家と社会の"共棲"」毛里和子編『大国中国への視座』（現代中国の構造変動1）東京大学出版会
─────（2000b）「覚醒する農民──"農村市民"の誕生」天児慧・菱田雅晴編著『深

層の中国社会——農村と地方の構造的変動』勁草書房
──────編著（2010）『中国　基層からのガバナンス』法政大学出版局
平石直昭（1996）『天』三省堂
フィシュキン，ジェイムズ・S.（James S. Fishkin）（2011）曽根泰教監修・岩木貴子訳『人々が響き合うとき——熟議空間と民主主義』早川書房
フィンリー，モーゼス（Moses I. Finley）（2007）柴田平三郎訳『民主主義——古代と現代』講談社
深町英夫編（2015）『中国議会100年史——誰が誰を代表してきたのか』東京大学出版会
福田歓一（1985）『政治学史』東京大学出版会
夫馬進（1997）『中国善会善堂史研究』同朋舎出版
フリードマン，モーリス（Maurice Freedman）（1995）田村克己・瀬川昌久訳『中国の宗族と社会』弘文堂
マイヤーズ，A.R.（A.R. Myers）（1996）宮島直機訳『中世ヨーロッパ身分制議会』刀水書房
増田四郎（1994）『都市』筑摩書房
増淵龍夫（1983）『歴史家の同時代史的考察について』岩波書店
待鳥聡史（2015）『代議制民主主義——「民意」と「政治家」を問い直す』中央公論社
松澤弘陽（1993）『日本政治思想』（改訂版）放送大学教育振興会
松下圭一（1994）『戦後政治の歴史と思想』ちくま学芸文庫
丸山真男（1976）『戦中と戦後の間』みすず書房
──────（1998）『丸山眞男講義録』東京大学出版会
溝口雄三（1986）「光緒初期の議会論」『中国——社会と文化』第1号
──────（1989）『方法としての中国』東京大学出版会
──────（1995）『中国の公と私』研文出版
──────（1996）「もう一つの五・四」『思想』第870号、1996年12月
──────（2006）「辛亥革命の歴史的個性」『思想』989号
──────・池田知久・小島毅（2007）『中国思想史』東京大学出版会
──────（2011a）『中国思想のエッセンスⅠ異と同のあいだ』岩波書店
──────（2011b）『中国思想のエッセンスⅡ東往西来』岩波書店
宮川公男・山本清編著（2002）『パブリック・ガバナンス——改革と戦略』日本経済評論社

ミル，J.S.（John Stuart Mill）（1997）水田洋訳『代議制統治論』岩波書店
ムフ，シャンタル（Chantal Mouffe）（2006）葛西弘隆訳『民主主義の逆説』以文社
村田雄二郎（1994）「王朝・国家・社会―近代中国の場合」溝口雄三・浜下武志・平石直昭・宮嶋博史編『アジアから考える（4） 社会と国家』東京大学出版会
――――（1997）「中国皇帝と天皇――一つの比較視座」山内昌之・増田一夫・村田雄二郎編『帝国とは何か』岩波書店
村松祐次（1969）「清代の義倉」『一橋大学研究年報　人文科学研究』3月
毛里和子編（2000）『現代中国の構造変動1　大国中国への視座』東京大学出版会
――――（2012）『現代中国政治――グローバル・パワーの肖像』（第3版）名古屋大学出版会
杜崎群傑（2015）『中国共産党による「人民代表会議」制度の創成と政治過程――権力と正統性をめぐって』御茶の水書房
森正夫（1975）「一八－二〇世紀の江西省農村における社倉・義倉についての位置検討」『東洋史研究』3月　33（4）
――――（2006）『森正夫明清史論集第三巻　地域社会・研究方法』汲古書院
安世舟（1975）「明治初期におけるドイツ国家思想の受容に関する一考察――ブルンチュリと加藤弘之を中心として」『年報政治学・日本における西欧政治思想』岩波書店
柳父圀近（2010）『政治と宗教―ウェーバー研究者の視座から―』創文社
山口定（2004）『市民社会論――歴史的遺産と新展開』有斐閣
山田央子（1991、1992）「ブルンチュリと近代日本政治思想――『国民』観念の成立とその受容」（上・下）『東京都立大学法学会雑誌』第32巻第2号、第33巻第1号
山田慶児（1978）『朱子の自然学』岩波書店
――――（1995）『中国医学の思想的風土』潮出版社
山田辰雄編（1996）『歴史の中の現代中国』勁草書房
山本啓（2014）『パブリック・ガバナンスの政治学』勁草書房
吉澤誠一郎（2002）『天津の近代：清末都市における政治文化と社会統合』名古屋大学出版会
李暁東（2001）「制度としての民本思想」『思想』第932号　2001年12月
――――（2005）『近代中国の立憲構想――厳復・楊度・梁啓超と明治啓蒙思想』法政大学出版局
――――（2008）「西周における儒教の『読みかえ』―梁啓超との比較を兼ねて」『北東アジア研究』5月　第14号

─── (2009)「北東アジアの啓蒙思想と『読み換え』―福沢諭吉と西周を例にして―」『北東アジア研究』3月　第17号

─── (2010)「近代中国の『自由主義』―厳復のJ・S・ミルとJ・R・シーリーの『自由』に対する『読み換え』―」『総合政策論叢』3月　第18号

─── (2013)「立憲の中国的論理とその源泉」、政治思想学会編『政治思想における言語・会話・討議』(『政治思想研究』第13号) 風行社

李妍焱 (2012)『中国の市民社会――動き出す草の根のNGO』岩波書店

蠟山政道 (1968)『日本における近代政治学の発達』新泉社

渡辺浩 (1997)『東アジアの王権と思想』東京大学出版会

三　中国語資料（姓名のアルファベット順）

北京石景山区魯谷社区党工委・魯谷社区行政事務管理中心編 (2004)『魯谷社区管理体制創新的理論與実践』

陳家鋼主編 (2015)『協商與協商民主』中央文献出版社

陳剰勇・徐珣 (2013)「参与式治理：社会管理創新的一種可行性路径―基于杭州社区管理与服務創新経験的研究」『浙江社会科学』2月

陳偉東・李雪萍 (2004)「"社区自治"概念的缺陥与修正」『広東社会科学』第2期

─── ・余坤明 (2005)「"転代理"：転型期低収入社区居委会自我"減負"的行為模式―武漢市X社区"門棟自治"的背後」『社会主義研究』第4期

─── (2010)「隣里網絡:自組織的社会結構―解読城市社区自治的一種分析框架」『湖湘論壇』第2期

陳雪蓮 (2007)「従街居制到社区制：城市基層治理模式的転変――"北京市魯谷街道社区管理体制改革"案例分析」愈可平主編『中国地方政府創新案例研究報告 (2005年～2006)』北京　大学出版社

鄧正来 (1997)『国家與社会――中国市民社会研究』四川人民出版社

─── ・(英) J.C 亜歴山大編 (2005)『国家與市民社会』中央編訳出版社

丁元竹 (2007)『費孝通社会思想與認識方法研究』中国社会出版社

杜賛奇 (Duara Prasenjit) (1996) 王福明訳『文化、権力與国家――1900‐1942年的華北農村』江蘇人民出版社

房寧 (2013)『民主的中国経験』中国社会科学出版社

費孝通 (1998)『郷土中国　生育制度』北京大学出版社

─── (1999)『費孝通文集』群言出版社

─── (2000)「社会自理開篇」『社会』10月

―――（2002）「対上海社区建設的一点思考―在"組織与体制：上海社区発展理論研討会"上的講話」『社会学研究』第 4 期

―――（2006）『中国紳士』中国社会科学出版社

馮友蘭（1996）『中国哲学簡史』北京大学出版社

桂勇・崔之余（2000）「行政化進程中的城市居委会体制変遷―対上海市的個案研究」『華中理工大学学報・社会科学版』8 月　第 14 巻第 3 期

―――（2001）「略論城市基層民主発展的可能及其実現途径―以上海市為例」『華中理工大学学報・社会科学版』2 月　第 15 巻第 1 期

韓福国（2017）『我們如何具体操作協商民主――復式協商民主決策程序手冊』復旦大学出版社

何包鋼・王春光（2007）「中国郷村協商民主：個案研究」『社会学研究』第 3 期

何炳棣（2013）徐泓訳注『明清社会史論』聯経出版（台湾）

何博伝（1988）『山坳上的中国――問題・困境・痛苦的選択』貴州人民出版社

候宜傑（1993）『二十世紀初中国政治改革風潮』人民出版社

華偉（2000）「単位制向社区制的回帰――中国城市基層管理体制 50 年変遷」『戦略与管理』第 1 期

黄克武（1994）『一個被放棄的選択――梁啓超調適思想之研究』中央研究院近代史研究所（台湾）

―――（2000）『自由的所以然―厳復対約翰弥爾自由思想的認識與批判』上海書店出版社

―――（2012）『惟適之安――厳復與近代中国的文化転型』社会科学文献出版社

黄宗智（2005）「中国的"公共領域"與"市民社会"？――国家與社会間的第三領域」鄧正来編『国家與市民社会――一種社会理論的研究路径』中央編訳出版社

金観濤・劉青峰（1992）『興盛與危機――論中国社会超穏定結構』（1992 年増訂本）中文大学出版社（香港）

金耀基（1993）『中国民本思想史』台湾商務印書館

康暁光（2002）「未来 3 〜 5 年中国大陸政治穏定性分析」『戦略與管理』第 3 期

李蕉（2011）『張載政治思想述論』中華書局

李君如（2014）『協商民主在中国』人民出版社

李明輝（2005）『儒家視野下的政治思想』台湾大学出版中心

李暁東（2001）『東亜的民本思想與近代化―以梁啓超的国会観為中心』（台湾中央研究院東北亜区域研究

―――（2006）「立憲政治與国民資格――筧克彦対『民報』與『新民叢報』論戦的影

響」『二十一世紀』12 月　第 98 期

李曉蓉・張祖樺主編（2009）『零八憲章』開放出版社（香港）

梁漱溟（1947）「予告選災・追論憲政」（上・下）『観察』第 3 巻第 4、5 期

梁瑩（2012）「公民治理意識、公民精神与草根社区自治組織的成長」『社会科学研究』2 月

梁治平編（1994）『増訂本　法律的文化解釈』生活・読書・新知三聯書店

―――（1996）『清代習慣法：社会与国家』中国政法大学出版社

―――（2013）『尋求自然秩序中的和諧――中国伝統法律文化研究』商務印書館

―――（2015）『礼教与法律――法律移植時代的文化衝突』広西師範大学出版社

陸学藝主編（2002）『当代中国社会階層研究報告』社会科学文献出版社

麻国慶（2009）『永遠的家――伝統慣性与社会結合』北京大学出版社

馬敏・朱英（1993）『伝統与近代的二重変奏――晩清蘇州商会個案研究』巴蜀書社

―――（2003）『官商之間――社会巨変中的近代紳商』華中師範大学出版社

馬仲良主編（2013）『社区居民委員会建設』中国社会出版社

毛丹・彭兵（2008）「加拿大：非制度性社区服務的類型」『寧波大学学報（人文科学版）』第 21 巻第 4 期

閔学勤（2009）「社区自治主体的二元区隔及其演化」『社会学研究』1 月

潘維（2003）『法治与「民主迷信」』香港社会科学出版社有限公司

戚学民（2004）「厳復『政治講義』文本邇源」『歴史研究』第 2 期

―――（2014）『厳復『政治講義』研究』人民出版社

銭穆（1997）『中国近三百年学術史』商務印書館

清華大学凱風発展研究院社会進歩研究所・清華大学社会学系社会発展研究課題組（孫立平執筆）（2012）「"中等収入陥穽"還是"転型陥穽"？」『開放時代』第 3 期

瞿同祖（1981）『中国法律与中国社会』中華書局

―――（2015）『中国封建社会』商務印書館

冉綿恵・李慧宇（2005）『民国時期保甲制度研究』四川大学出版社

桑兵（1995）『清末新知識界的社団概論』生活・読書・新知三聯書店

石発勇（2005）「城市社区民主建設与制度性約束―上海市居委会改革個案研究」『社会』第 2 期

―――（2010）「業主委員会、准派系政治与基層治理―以一個上海街区為例」『社会学研究』3 月

―――（2013）『准公民社区――国家、関係網絡与城市基層治理』社会科学文献出版社

石之瑜（1998）『中国大陸基層的民主改革——集体主義的民主』桂冠図書公司（台湾）

孫立平（2003）『断裂——20 世紀 90 年代以来的中国社会』社会科学文献出版社

―――（2009）『重建社会——転型社会的秩序再造』社会科学文献出版社

談火生・霍偉岸・何包鋼（2014）『協商民主的技術』社会科学文献出版社

王春光（2002）「控制還是聚合？—対当前社区建設的幾点反思」『浙江学刊』第 2 期

王紅梅（2011）『商会與中国法制近代化』南京師範大学出版社

王滬寧（1991）『当代中国村落家族文化——対中国社会現代化的一項探索』上海人民出版社

王栻（1975）『厳復伝』上海人民出版社

王星（2012）「利益分化背景下的城市基層社会秩序建構」『学習与探索』第 2 期

―――（2012）「利益分化与居民参与—転型期中国城市基層社会管理的困境及其理論転向」『社会学研究』2 月

王雄（2017）「執政党提名人大代表候選任制度及其影響」『広州大学学報（社会科学版）』第 16 巻第 2 期

魏丕信（Pierre-Etienne Will）（2006）徐建青訳『十八世紀中国的官僚制度與荒政』江蘇人民出版社

夏建中（2003）「中国公民社会的先声—以業主委員会為例」『文史哲』第 3 期

―――（2005）「城市新型社区居民自治組織的実証研究」『学海』3 月

夏勇（2004）『中国民権哲学』生活・読書・新知三聯書店

蕭公権（2005）『中国政治思想史』新星出版社

―――（2014）張皓・張昇訳『中国郷村——論 19 世紀的帝国控制』聯経出版（台湾）

徐暁軍（2005）「城市社区自治：権力矛盾及其協調—以武漢市 X 社区為個案」『広東社会科学』第 1 期

楊開道（2015）『中国郷約制度』商務印書館

于顕洋（2002）「城市社区管理与自治組織的発展」『浙江学刊』第 2 期

―――（2008）「形式化与合法性—城市社区基層制度結構的変動及功能解釈」『江蘇行政学院学報』第 1 期

余英時（2004）『宋明理学與政治文化』允晨文化

―――（2011）『朱熹的歴史世界——宋代士大夫政治文化的研究』生活・読書・新知三聯書店

約瑟夫・列文森（Joseph R. Levenson）（2000）鄭大華ほか訳『儒教中国及其現代命運』中国社会科学出版社

張東蓀（1947）「我亦追論憲政兼及文化的診断」『観察』第 3 巻 7 期

張灝（1993）崔志海ほか訳『梁啓超与中国思想的過渡1890－1907』江蘇人民出版社
―――（2000）『幽暗意識與民主伝統』聯経出版（台湾）
張晋藩（1997）『中国法律的伝統與近代転型』法律出版社
張静主編（2008）『転型中国：社会公正観研究』中国人民大学出版社
張来治（1997）「城市基層政治権力結構的変遷」『江南論壇』第11期
張平・解華（2011）「中国城市社区自治的梗阻及其消解―以瀋陽市7個社区為例」『東北大学学報（社会科学版）』5月　第13巻第3期
張文宏・阮丹青（1999）「城郷居民的社会支持網」『社会学研究』第3期
趙光勇（2012）「政府主導、利益参与和社区発展―以杭州市社区建設為案例的研究」『中共杭州市委党校』第3期
鄭永年（2015）『民主，中国如何選択』浙江人民出版社
朱伯崑（2009）『易学哲学史』崑崙出版社
朱健剛（1997）「城市街区的権力変遷：強国家与強社会模式―対一個街区権力結構的分析」『戦略与管理』第4期
―――（2010）『国與家之間――上海隣里的市民団体與社区運動的民族志』社会科学文献出版社

四　欧文資料

Benjamin Schwartz（1964）*In Search of Wealth and Power: Yen Fu and the West*, The Belknap Press of Harvard University Press, Cambridge, Massachusetts, London, England.

Hao Chang（1971）*Liang Ch`i-ch`ao and Intellectual Transition in Chian,1890-1907*, Cambridge, Mass.: Harvard University Press.

Hsiao Kung-Chuan（1960）*Rural China: Imperial Control in the Nineteenth Century*, University of Washington Press, Seattle.

J.R. Seeley（1923）*Introduction to Political Science: Two Series of Lectures*, London: Macmillan and Co. Limited.

Joseph R. Levenson（1958）*Confucian China and Its Modern Fate: The Problem of Intellctual Continuity*, Berkeley, California: University of California Press.

Mary Rankin（1986）, *Elite Activism and Political Transformation in China: Zhejiang Province, 1865-1911*, Stanford University Press.

Paul A. Cohen,（1984）*Discovering History in China*, New York: Columbia University Press.

Pierre-Etienne Will (1980) *Bureaucratie et famine en Chine au XVIIIe siècle*, Paris, Mouton.

William Row (1984) *Hankow: Commerce and Society in a Chinese City, 1796-1889*, Stanford University Press.

索　引

アルファベット

rule by law　24, 104, 180, 186, 221
rule of law　24, 104, 180, 186

あ 行

天児慧　22
アラン・バディウ　34, 35
アリストテレス　35, 49, 50, 54
維穏　16, 238, 246, 267, 358
石田雄　133, 134, 135, 137
一社一品　342
一治一乱　11, 92
伊東貴之　307
禹　11
ウィリアム・スキナー　71
ウィリアム・ロー　63, 72
ウェーバー　32, 33, 34, 39, 50, 60, 66, 72, 74, 104, 105, 115, 222
植木枝盛　201
上杉慎吉　133
易　91-101, 104, 106, 115, 117, 145, 146, 148, 149, 168, 224, 356, 357
易姓革命　29, 100, 105, 112, 116, 136, 137, 148, 149, 219, 224, 237
袁世凱　91, 142, 143, 207
オイコス　49, 64
王安石　293, 294, 301
王権神授説　51, 52
王滬寧　81, 82
王夫之　99
王陽明　69, 290
大石真　111
大谷敏夫　284
オオヤケの公　248, 253, 259-261, 275, 288, 294, 296, 297, 299, 302-305, 324, 325, 327, 328, 333, 344, 350, 354, 358
尾形勇　62
小野川秀美　159, 160
温鉄軍　38, 41
温飽　358

か 行

カール・シュミット　125, 129, 134
戒能通孝　63
回避制　152, 156, 161, 196
開明専制　119-122
核心的価値観　23, 24, 26, 348
家族　59, 60, 64-68, 75-80, 84-86, 158, 349, 350
家族国家　62, 134, 135
家族の解体　54, 64
加藤弘之（経済学者）　22, 37
加藤弘之（明治思想家）　124, 130-136, 168
何博伝　15
管子　102

官・紳・民　306, 350, 351, 352
カント　52
韓愈　182
キー・パーソン　263, 264, 306, 307, 328, 340, 351, 352
魏源　128
議事協商会　316, 317
岸本美緒　56, 57, 78, 81
危制　122, 202
義倉　69, 292, 293, 295
堯　11, 174, 181
教化権力　74, 81
郷官　289
郷挙里選　162, 163
業主委員会　262, 263, 312
協商　227-229, 233
協商民主　231-238
郷紳　56, 76, 128, 129, 211, 282, 283, 289, 291-293, 299, 307, 322, 351
郷紳層　287, 301-03, 306, 322
郷村建設運動　208, 213, 215
郷治　284, 286, 287
郷亭　157, 158, 161, 162
郷党　59, 68, 70, 71, 329
郷董　284
共同、公共の公　243, 248, 259, 260, 261, 263, 264, 268, 274, 275, 288, 297-300, 302, 303-306, 333, 344, 350, 351, 353, 354
郷約　68, 70, 208, 210, 211, 217, 285, 289, 291, 297, 298, 351
共有　260, 274

郷里空間　63, 284, 286, 287, 294
許介鱗　132
清宮四郎　187
ギルド　33, 73, 296
禁制　189, 192
楠本正継　306
グロティウス　103
クワコウ　222, 223
訓政　120, 207
群策群力　182, 201, 202
群衆路線　229, 235, 239, 335, 345
群体性事件　16, 321
君民一体　131, 132, 135, 145, 149, 159, 160, 168, 183, 200, 201, 236, 350, 355, 358
兼愛　67
圏子　22, 23, 58, 59
憲政編査館　300
厳復　29-31, 44, 91, 92, 102, 122, 123, 143, 172-178, 180-183, 185-202, 215, 217, 219, 237, 302, 356
公家　247, 248, 253-256, 259, 262, 274, 351
公会　130, 135
康熙帝　284, 291
康暁光　36, 40, 42
恒産　282, 288, 357
孔子　93, 94, 99, 101, 103, 224
恒心　282, 288, 357
黄宗羲　29, 30, 99, 113, 115-118, 145, 149, 355
黄宗智　249
合治　61

索引　383

公天下　154, 155, 199, 281, 282, 303, 355
合法性　222, 223
公有　260
康有為　101, 131, 141
顧炎武　56, 94, 156-158, 161, 162, 167, 198, 199, 289
コーポラティズム　37, 41, 242, 249
国群之自由　178, 179
国民　29-31
国有企業改革　255
国会請願運動　142
国家有機体論　126, 127
コモンウェルス　53, 54, 121
鯀　11

さ　行

齊藤純一　259
作為　105, 356
差序格局　58, 81
差等　59, 60, 68, 73, 74, 75, 349
三権分立　20, 22, 112, 123, 125, 167, 186-188, 191, 195, 199, 207, 225, 237, 356
三代　11, 112, 150, 151, 157, 162, 199
ジー・チェン　41
シーリー　172, 180, 183, 188-191
ジェンクス　188, 199
志願者活動　331, 333
諮議局　300, 301
重田德　307
自然法　91, 101-106, 118, 132, 134, 222, 223, 356

執政為民　305
斯波義信　70, 71, 72, 286, 296, 302
シビル・ミニマム　245
島田虔次　30
清水盛光　33, 62, 63, 65, 68, 70, 71, 84
市民　29, 32, 34, 36, 42, 43
市民社会　34, 43, 54
市民の無気力　246, 273
指名　226, 227
社区建設　256, 257, 258, 268, 272, 307, 315
社区工作准入制度　270, 325
社区自治　269, 272
社区治理　268, 269, 270, 352
社区養老　354
弱勢群体　18, 38, 246, 264, 328
社倉　69, 292, 295, 297, 351
自由ある人民　175
シュウォルツ　177, 178, 188
住宅改革　262
衆治　158, 161, 198
周永康　19, 38
自由民権運動　200
住民代表会議　316
朱子　69, 112, 150-152, 155-157, 159, 290, 292-295, 297, 300, 301, 306
呪術　104-106, 115
守望相助　86, 260, 261, 268, 275
舜　174, 181
準官吏　249
荀子　94, 146, 355
蔣介石　207

小官　161, 198, 199
上下一心　131-133, 135, 137, 145, 149, 159, 160, 163, 167, 168, 183, 200
上下相通　350, 355, 358
小康　15, 245, 358
蕭公権　83, 119, 291, 296, 303
小己之自由　178, 179
上通下達　210, 214, 215, 216
常平倉　69, 292, 293, 295
章炳麟　164-167, 180, 195, 199, 201, 208
胥吏　79, 156, 210, 211, 323
進化論　91, 92, 141
人民　29, 35, 36, 42-44, 119, 228, 233, 236
政界の自由　173, 174
聖諭広訓　284, 291, 298
政治緊張　246, 247
井田（制）　104, 153, 288
正当性　225, 236, 357
「政」と「制」　150, 154, 155
青苗法　293, 294, 301
生民　29, 31, 32, 44
石之瑜　228
責任ある政府　175, 180, 186, 203, 215, 220
善会・善堂　72, 286, 296-299, 351
選挙民主　231, 232, 235
宣講　285, 291
双軌政治　210, 213, 214, 216, 219, 235, 356
曾田三郎　301
孫文　61, 75, 76, 81, 119, 207
孫立平　27, 38, 39, 41
村落家族文化　81

た　行

代行　234
第三領域　248, 249, 263, 281, 289, 301, 302, 307, 321, 352, 358
大衆社会　274
体制外の力　341, 342
泰・否　146, 147, 168
大民主　233
田中耕太郎　225
田原史起　70
民の父母　30, 118, 181, 195
単位体制　242, 245, 253, 254
断裂社会　17, 18
治者と被治者の同一性　84, 180-183, 198-202, 213, 214, 226, 236, 358
地方自治　158, 198, 202, 211, 300
中間層　42
中流階級　35, 36
張載　153, 157
張東蓀　209, 212, 213, 214, 216
超法的原理　222, 223, 224, 358
長老支配　74, 77
陳情　326, 328
陳独秀　208
通　132, 137, 147, 150, 152, 163, 167, 168, 190, 195, 200, 219, 229, 236, 345, 355, 358
通・塞　146, 149, 168
津田左右吉　62
つながり　17, 18, 20, 21, 29, 32, 48, 57,

59, 86, 106, 242, 245, 248, 254, 261, 263-267, 272, 274, 275, 293, 302, 307, 312, 313, 315, 325, 327, 329, 331, 334, 343, 344, 354, 359
鄭観応　131, 145, 160, 163, 172
寺田浩明　70, 303, 308
天　103, 112, 114, 115, 129, 136, 224
天人合一　104, 136, 145
天人相関　113
天民　29, 44
道　103, 105, 112, 136, 155, 185, 186
統一戦線　227, 231, 235
討議デモクラシー　232, 234, 237, 238
闘技民主主義　238
鄧小平　15, 17, 19, 80, 262
投靠　56
党政分離　233
董仲舒　104, 113, 118, 145, 149, 355
遠山隆淑　190
トクヴィル　242, 249
独治　158, 161, 185, 198
トマス・アクィナス　102, 134
富の偏在　246, 247

な 行

内聖外王　112, 151, 153, 155, 281
中根千枝　58
仁井田陞　62
野村浩一　83, 87

は 行

ハーバーマス　232
ハイエク　222
バジョット　190, 191, 192
旗田巍　62
馬敏　72
バラバラの砂　31, 32, 36, 61, 75, 233, 302
半国家・半社会　249, 263, 289, 306, 311, 314, 321, 322, 324, 336, 344, 352, 354
父母官　157, 283
ピエール・エティエンヌ・ヴィル　286
菱田雅晴　250, 307, 314
費孝通　23, 58, 62, 64, 66, 74, 76, 77, 81, 87, 207, 209-217, 219, 257, 260, 261, 264, 325, 343, 356, 357
一人っ子政策　354, 359
百姓　29, 44, 60, 81, 83, 86, 236, 323
広場舞　352
フィシュキン　239
フィルマー　51
馮桂芬　160, 161, 162, 167
夫馬進　72, 298
不久任制　152, 156, 196
福澤諭吉　31, 200
福祉国家　269, 305
扶治　189, 191, 195, 200, 219, 237
物業　312-314, 316, 317
物権法　238, 262
ブルンチュリ　126, 134

プロパティ　53, 357
分治　161
ヘーゲル　31, 52, 54, 62, 64, 88
変通　96, 97, 152
ヘンリー・グレイ　306
法家　24, 101, 103, 113, 185, 199, 221, 222, 224, 225, 355
封建・郡県　149-154, 156, 159, 161, 164, 166-168, 355
荒政　286, 287, 294
保甲制　69, 211, 216, 258, 282
法実証主義　221, 222, 223, 230, 358
放任　167, 220, 287, 302
放任政体　174, 175, 195, 202
房寧　231, 233, 234
法輪功　256, 264, 271, 351
墨子　67

ま行

マクレガー　38
増田四郎　32, 33, 84
増淵龍夫　159, 162
松下圭一　245, 247
マリー・ランキン　63
丸山眞男　200
溝口雄三　31, 87, 207, 284, 285, 307
三つの代表　37, 43, 81, 229, 236
宮川公男　269
ミル　172, 173, 176, 177, 201
民意　114, 120, 122, 123, 229, 236, 237, 306
民隠　162, 167, 168, 236, 356

民貴君軽　219, 224, 236, 237, 281, 288, 355
民権　165, 167, 168, 172, 180-182, 197, 198, 200, 217, 236, 356
民主集中制　228, 232, 237
民度　119
民本思想　29, 30, 113, 115, 117-119, 130, 137, 143, 145, 148, 149, 163, 168, 202, 236, 356, 357
無為　77-79, 85, 167, 210, 211, 213, 215, 219, 220, 264, 282, 295, 302-305, 321, 351
無道　185
網格化管理　315, 316, 319, 329, 342
孟子　30, 67, 97, 99, 112, 114-116, 118, 119, 288, 355, 357
毛沢東　35
毛里和子　236, 249
モンテスキュー　44, 91, 102, 112, 125-127, 172, 178-180, 182, 185-187, 188, 190-192, 196, 199, 304, 356

や行

山田慶児　147
有為　210
有道　185
兪可平　231
楊開道　289
雍正帝　68, 284, 285, 291, 298
楊度　164, 202
余英時　112
善き生　49, 50, 56, 80, 359
吉澤誠一郎　72

予備立憲　142, 164, 172, 300
読み換え　23, 26, 145, 202, 236

ら 行

頼活　55-57, 359
利益集団　37-39, 41, 80
陸学藝　41
李妍焱　317
柳宗元　150, 153-155, 199
梁啓超　30, 31, 61, 81, 84, 102, 103, 106, 113, 119, 123, 142, 148, 164, 224, 225, 357
梁漱溟　62, 207-209, 212-217, 235
梁治平　230
リンカーン　119, 120, 122
林則徐　161
ルソー　34, 36, 121, 122, 201, 217
レイ・オフ　255, 257
老百姓　212, 215, 216
呂氏郷約　290, 291, 297
ロック　51-54, 57, 60, 66, 87, 112, 187, 188

わ 行

和合　23, 130, 131, 209, 235

李暁東（り・ぎょうとう）

1967年中国福建省生まれ。1992年北京日本学研究センター修士課程修了（文学修士）、1999年成蹊大学大学院法学政治学研究科博士後期課程修了（政治学博士）。2005年島根県立大学総合政策学部・大学院北東アジア開発研究科准教授をへて、現在、同教授。同北東アジア地域研究センターセンター長。

著書に『近代中国の立憲構想―厳復・楊度・梁啓超と明治啓蒙思想』（法政大学出版局、2005年）、『東亜的民本思想與近代化―以梁啓超的国会観為中心』（台湾中央研究院東北亜区域研究、2001年）、『転形期における中国と日本――その苦悩と展望』（共編、国際書院、2012年）、『中国式発展の独自性と普遍性 ―「中国模式」の提起をめぐって―』（共編著、国際書院、2016年）など。

［北東アジア学創成シリーズ　第3巻］

現代中国の省察：
「百姓（ひゃくせい）」社会の視点から

著者　李暁東

2018年7月20日初版第1刷発行

・発行者――石井　彰

印刷・製本／モリモト印刷株式会社

・発行所
KOKUSAI SHOIN Co., Ltd.
3-32-5, HONGO, BUNKYO-KU, TOKYO, JAPAN.
株式会社　**国際書院**
〒113-0033 東京都文京区本郷3-32-6-1001
TEL 03-5684-5803　FAX 03-5684-2610
Eメール：kokusai@aa.bcom.ne.jp
http://www.kokusai-shoin.co.jp

Ⓒ 2018 by Li XiaoDong
（定価＝本体価格4,600円＋税）
ISBN978-4-87791-290-1 C3031 Printed in Japaqn

本書の内容の一部あるいは全部を無断で複写複製（コピー）することは法律でみとめられた場合を除き、著作者および出版社の権利の侵害となりますので、その場合にはあらかじめ小社あて許諾を求めてください。

国際政治

宇野重昭・江口伸吾・李暁東編
中国式発展の独自性と普遍性
―「中国模式」の提起をめぐって―

87791-273-4　C3031　　　　A5判　391頁　3,800円

国家と市民社会および市場経済と格差といった視角から、「中国模式論」の独自性・普遍性を探究する。人民を組織して当事者にできるのか、さらに国際秩序との相互作用によってどのように荒波を乗り切るのか。　　　　　　　　　　　　　(2016.3)

新藤宗幸監修、五石敬路編
東アジア大都市のグローバル化と二極分化

87791-163-4　C3031　　　　A5判　237頁　3,200円

[東京市政調査会都市問題研究叢書⑩]　東京、ソウル、香港、上海を素材に低所得市民個々人の生活実態に着目し、二極分化に至る多様性の追究をとおして、グローバル化というものが東アジアに与える影響だけでなく本書は、世界が二極分化する警鐘を乱打する。　　　　　　　　　　　　　(2006.10)

三宅博史・五石敬路編
膨張する東アジアの大都市
―その成長と管理

87791-174-4　C3031　　　　A5判　291頁　3,600円

[東京市政調査会都市問題研究叢書⑪]　東アジアの大都市での人口変動の推移、不動産価格の変動などによる住民生活への影響を検討し、政府・自治体による対応を整理する。さらにインナーエリアの実態、環境改善、コミュニティーの対応などを課題として提起する。　　　　　　　　(2007.11)

五石敬路編
東アジアにおける公営企業改革

87791-187-4　C3031　　　　A5判　345頁　3,800円

[東京市政調査会都市問題研究叢書⑫]　水不足が深刻化されはじめた今日、本書では水道事業における中国・韓国・プノンペン・マニラ・日本での改革の変遷を主に扱いながら、近年登場した民営化論とのかかわりで、公営企業の今後の展開を追究する。　　　　　　　　　　　　　(2008.9)

五石敬路編
東アジアの大都市における環境政策

87791-200-0　C3031　　　　A5判　281頁　3,800円

[東京市政調査会都市問題研究叢書⑬]　住宅、食べ物、リサイクル、景観といった課題に、それぞれ利害関係を持ちながら地域住民や自治体が法的・制度的・財政的にどのように対応しようとしているのか、東京、ソウル、上海などを事例に論じる。　　　　　　　　　　　　　(2009.10)

五石敬路編
東アジアにおける都市の貧困

87791-214-7　C3031　　　　A5判　264頁　2,800円

[東京市政調査会都市問題研究叢書⑭]　自立を促す福祉の仕組みを考慮しつつ中国・上海に注目し貧困と社会保障のあり方を論じ、稼働層と非稼働層の違いに着目しつつ韓国、韓国、台湾における貧困問題および社会保障の特徴と有効性について分析する。　　　　　　　　　　　　(2010.12)

五石敬路編
東アジアにおける都市の高齢化問題
―その対策と課題

87791-223-9　C3021　　　　A5判　203頁　2,800円

[東京市政調査会都市問題研究叢書⑮]　高齢化問題にかかわり都市行政、介護の課題、所得分配に及ぼす影響、税法との関連さらに少子高齢化などの対策、中国における戸籍人口・常住人口の高齢化、流動革命と都市「郡祖」現象など事例研究をとおして論ずる。　　　　　　　　　　　(2011.12)

五石敬路編
東アジアにおける
ソフトエネルギーへの転換

87791-251-2　C3033　　　　A5判　233頁　3,200円

[東京都市研究所都市問題研究叢書⑯]　新エネルギー問題を共通テーマに、日本からは原発問題から自然エネルギーへの模索を、韓国では温暖化防止の観点から、中国は産業化に伴う環境問題に焦点を当て論じている。　　　　　　　　(2013.7)

宇野重昭
北東アジア学への道

87791-238-3　C3031　　　　A5判　395頁　4,600円

[北東アジア学創成シリーズ①]　北東アジアという表現は「地域」に見出される世界史的課題を改めて捉え直そうとする知的作業である。その上で北東アジアの現実的課題を浮き彫りにするきわめて現代的作業なのである。　　　　(2012.10)

国際政治

福原裕二

北東アジアと朝鮮半島研究

87791-270-3　C3031　　　　A5判　267頁　4,600円

[北東アジア学創成シリーズ②] グローバル化した世界状況にあって普遍性を追究する立場から、「朝鮮半島問題」としての韓国・北朝鮮における秩序構想・統一・民族主義を論じ、竹島／独島問題を通して課題解決への展望を模索する。　(2015.7)

松村史紀・森川裕二・徐顕芬編

東アジアにおける二つの「戦後」

87791-225-3　C3031　　　　A5判　285頁　2,800円

[WICCS 1] 総力戦および冷戦という二つの戦後が東アジア地域につくり上げた構造を、アジア太平洋国家としての米・ロ・中・日をはじめとした東アジアの政策変容を追究し国際政治学の原点に立ち返って考察した。　(2012.3)

鈴木隆・田中周編

転換期中国の政治と社会集団

87791-253-6　C3031　　　　A5判　255頁　2,800円

[WICCS 2] エリートと大衆、都市と農村の断層などを抱えながら、中国は劇的変化を続けている。本書ではさまざまな専門領域・問題意識から集団の変化の実態を明らかにしながら、社会の側から国家・社会関係の変容を考察する。　(2013.10)

中兼和津次編

中国経済はどう変わったか
―改革開放以後の経済制度と政策を評価する

87791-255-0　C3033　　　　A5判　467頁　4,800円

[WICCS 3] 市場制度・多重所有制への転換による高度成長によって、経済制度・政策、社会組織、政治体制はどのような変化をし、そうした政策・制度の新展開をどう評価すればよいのか。本書はその本質に迫る。　(2014.2)

新保敦子編

中国エスニック・マイノリティの家族
―変容と文化継承をめぐって

87791-259-8　C3036　　　　A5判　285頁　2,800円

[WICCS 4] 中国におけるモンゴル族、回族、朝鮮族、カザフ族、土族など少数民族における民族文化の伝承あるいは断絶といった実態を教育学の視点から実証的に検証した。アンケート調査、口述史をもとにした調査・研究である。　(2014.6)

松田麻美子

中国の教科書に描かれた日本：
教育の「革命史観」から「文明史観」への転換

87791-280-2　C3031　　　　A5判　355頁　3,800円

[WICCS 5] 中国における歴史教科書の記述内容の変遷を年代別に整理し、抗日戦争および戦後日本を分析。中国の教科書に描かれた日本を素材に、教育の世界での「革命史観」から「文明史観」への転換を検証する。　(2017.3)

阿古智子・大澤肇・王雪萍編

変容する中華世界の教育とアイデンティティ

87791-282-6　C3031　　　　A5判　307頁　4,800円

[WICCS 6] グローバル、地域、国際、国家、文化などに関わるアイデンティティおよびナショナリズムを中国はどのように形成しているのか、それらは相互にどのように関連付けられているのか。歴史と現在を見据えて追求する。　(2017.3)

佐藤幸男編

世界史のなかの太平洋

906319-84-×　C1031　　　　A5判　290頁　2,800円

[太平洋世界叢書①] 本叢書は、太平洋島嶼民の知的想像力に依拠しながら、太平洋世界における「知のあり方」を描く。第一巻の本書では、16世紀からの400年に亘る西欧列強による植民地支配の歴史を明らかにし、現代的課題を提示する。　(1998.7)

佐藤元彦編

太平洋島嶼のエコノミー

近刊

[太平洋世界叢書②] (目次)①太平洋島嶼経済論の展開②MIRABモデルの持続可能性③植民地経済の構造と自立化④ソロモン諸島における近代化⑤フィジーにおける輸出加工区依存戦略の問題性、その他

国際政治

春日直樹編
オセアニア・ポストコロニアル
87791-111-1　C1031　　A5判　235頁　2,800円

[太平洋世界叢書③] 本書はオセアニア島嶼地域の「植民地後」の状況をいくつかの視点から浮かび上がらせ、「ポストコロニアル研究」に生産的な議論を喚起する。人類学者、社会学者、文学者、作家が執筆メンバーである。
(2002.5)

小柏葉子編
太平洋島嶼と環境・資源
906319-87-4　C1031　　A5判　233頁　2,800円

[太平洋世界叢書④] 気候変動、資源の乱獲などにより、環境や資源は限りあるものであることが明らかになり、こうした状況に立ち向かう太平洋島嶼の姿を様々な角度から生き生きと描いている。
(1999.11)

佐藤幸男編
太平洋アイデンティティ
87791-127-8　C1031　　A5判　271頁　3,200円

[太平洋世界叢書⑤] フィジーのパシフィクウエイという生き方、ソロモン諸島における近代化のディスコース、現代キリバスでの物質文明の再考そして太平洋と結ぶ沖縄などの考察を通し、南太平洋から未来の海を展望する。
(2003.9)

南山淳
国際安全保障の系譜学
――現代国際関係理論と権力／知
87791-131-6　C3031　　A5判　299頁　5,800円

[21世紀国際政治学術叢書①] 権力／知概念を導入し、国際関係論という知の体系の内部に構造化されている「見えない権力」を理論的に解明するという方向性を探り、日米同盟の中の沖縄に一章を当て現代国際安全保障の意味を問う。
(2004.5)

岩田拓夫
アフリカの民主化移行と市民社会論
――国民会議研究を通して
87791-137-5　C3031　　A5判　327頁　5,600円

[21世紀国際政治学術叢書②] アフリカ政治における「市民社会」運動を基礎とした「国民会議」の活動を「グローバル市民社会論」などの角度からも検討し、民主化プロセスを問い直し、21世紀アフリカの曙光の兆しを探る。
(2004.9)

池田慎太郎
日米同盟の政治史
――アリソン駐日大使と「1955年体制」
87791-138-3　C3031　　A5判　287頁　5,600円

[21世紀国際政治学術叢書③] アメリカにとっては、55年体制の左右社会党の再統一は保守勢力を結集させる「最大の希望」であった。日米の資料を駆使し、対米依存から抜けきれない日本外交の起源を明らかにする。
(2004.10)

堀芳枝
内発的民主主義への一考察
――フィリピンの農地改革における政府、NGO、住民組織
87791-141-3　C3031　　A5判　227頁　5,400円

[21世紀国際政治学術叢書④] ラグナ州マバト村の住民組織・NGOが連携を取り、地主の圧力に抗し政府に農地改革の実現を迫る過程を通し伝統の再創造・住民の意識変革など「内発的民主主義」の現実的発展の可能性を探る。
(2005.4)

阪口功
地球環境ガバナンスとレジーム発展のプロセス
――ワシントン条約とNGO・国家
87791-152-9　C3031　　A5判　331頁　5,800円

[21世紀国際政治学術叢書⑤] ワシントン条約のアフリカ象の取引規制問題に分析の焦点を当て、レジーム発展における具体的な国際交渉プロセスの過程に「討議アプローチ」を適用した最初の試みの書。
(2006.2)

野崎孝弘
越境する近代
――覇権、ヘゲモニー、国際関係論
87791-155-3　C3031　　A5判　257頁　5,000円

[21世紀国際政治学術叢書⑥] 覇権、ヘゲモニー概念の背後にある近代文化の政治現象に及ぼす効果を追跡し、「越境する近代」という視点から、国際関係におけるヘゲモニー概念への批判的検討をおこなう。
(2006.4)